Klipp und Klar

Übungsgrammatik Grundstufe Deutsch
in 99 Schritten

Christian Fandrych
Ulrike Tallowitz

Ernst Klett Sprachen
Stuttgart

1. Auflage   1 ⁹ ⁸ ⁷ ⁶ ⁵ | 2028 27 26 25 24

Autoren: Prof. Dr. Christian Fandrych, Dr. Ulrike Tallowitz

Redaktion: Eva-Maria Jenkins, Marcelo Rodríguez
Layoutkonzeption: Elmar Feuerbach
Illustrationen: Susanne Bochem, Mainz
Gestaltung und Satz: Regina Krawatzki, Stuttgart
Umschlaggestaltung: Marion Köster
Titelfoto: iStockphoto (showcake), Calgary, Alberta
Druck und Bindung: Elanders GmbH, Waiblingen

Printed in Germany
ISBN: 978-3-12-675426-2

Liebe Lernerinnen und Lerner,

wir sagen es Ihnen klipp und klar! Das bedeutet: kurz und knapp, klar und deutlich, einfach, praktisch, übersichtlich. Genau so präsentiert Ihnen diese Übungsgrammatik die 99 wichtigsten grammatischen Aspekte der deutschen Sprache. Im Inhaltsverzeichnis sehen Sie auf einen Blick die entsprechenden Niveaustufen (A1-B1) des „Gemeinsamen europäischen Referenzrahmens".

Mit **Klipp und Klar** üben Sie
- Schritt für Schritt
- den Grammatikstoff der Grundstufe Deutsch
- in je einem Kapitel pro Doppelseite.

Die Grammatik finden Sie immer auf der linken Seite eines Kapitels: Ein Bild illustriert die Anwendung der neuen Grammatik, Beispiele zeigen Ihnen die grammatischen Strukturen, einfache Regeln und Tabellen erklären sie.

Die Übungen finden Sie immer auf der rechten Seite eines Kapitels: Situationen und Gespräche aus dem Alltag sind die Basis für Einzel- und Partnerübungen.

Klipp und Klar passt zu jedem Lehrwerk. Die Grammatikkapitel sind
- progressiv (von einfach bis komplex) und
- systematisch (nach grammatischen Themen) angeordnet.

Mit **Klipp und Klar** können Sie auch sehr gut allein arbeiten. Dazu finden Sie im Buch
- Lerntipps und Lösungen,
- Übersichten und Verblisten im Anhang und
- ein Register der grammatischen Begriffe.

Klipp und Klar bietet Ihnen alles, was Sie für die Prüfung *Zertifikat Deutsch* brauchen.

Viel Spaß und Erfolg beim Lernen mit **Klipp und Klar** wünschen Ihnen

Autoren und Redaktion.

Inhalt

Partner im Satz (2)

Absichten und Möglichkeiten (1)

Inhalt

Satz-Kombinationen

Perspektiven

Inhalt

Absichten und Möglichkeiten (2)

Beschreiben und Zeigen

Wortbildung

Anhang

Aussagen

❶	❷ Verb			
Ich	koche.			
Heute	koche	ich.		
Ich	arbeite.			
Heute	fahren	sie nach Köln.		
Wir	kommen	gerne	mit.	

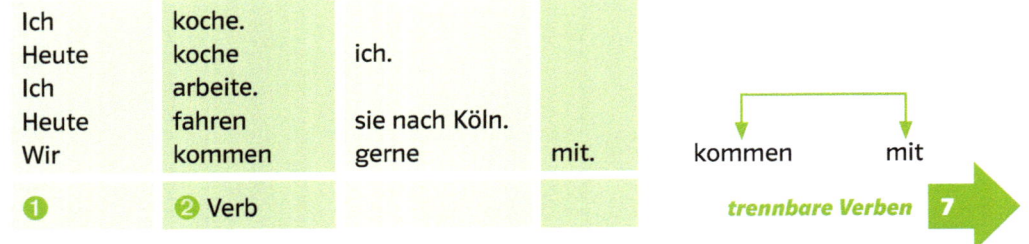

kommen ___ mit

trennbare Verben **7** ➔

Aussagen: Verb auf Position II
Subjekt auf Position I oder direkt nach dem Verb

Ja/Nein-Fragen

❶ Verb	❷	
Kochst	du?	
Arbeiten	Sie?	
Kommen	Sie	mit?

Antworten

Ja.
Nein, ich …

Ja/Nein-Fragen: Verb auf Position I
Subjekt direkt nach dem Verb

Verb-Endung
Singular

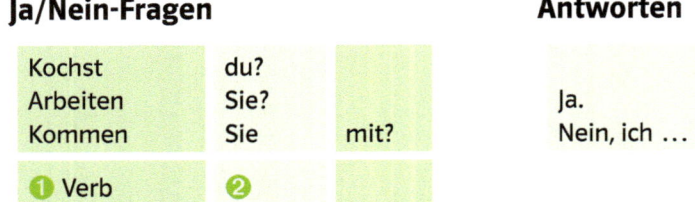

Kochst **du**? (*familiär*)
Kochen **Sie**? (*formell*) ➔ Ja, **ich** koch**e**.

Plural

Kocht **ihr**? (*familiär*)
Kochen **Sie**? (*formell*) ➔ Ja, **wir** koch**en**.

alle Verb-Endungen **3** ➔

1 Machen Sie das?

1. ● Kochen Sie heute?
2. ● Arbeitest du viel?
3. ● Lesen Sie gerne?
4. ● Kommst du heute?
5. ● Hört ihr gerne Musik?

○ _Klar, heute koche ich. (Ja, ich koche heute.)_
○ Ja, _____ .
○ Ja, _____ .
○ Ja klar, _____ .
○ Ja, _____ .

2 Im Zug München-Hamburg

1. ● _Kommen Sie_ _____ aus München?
2. ● _____ nach Hamburg?
3. ● _____ in Hannover?
4. ● _____ in Frankfurt?

○ Nein, ich komme aus Stuttgart.
○ Nein, ich fahre nach Hannover.
○ Nein, ich wohne in Frankfurt.
○ Nein, ich arbeite in Mainz.

3 Sophie fragt und fragt

1. ● Papa, _spielen wir gleich_ _____ ?
2. ● Papa, _____ ?
3. ● Papa, _____ ?
4. ● Papa, _____ ?
5. ● Papa, _____ ?

○ Okay, wir spielen gleich.
○ Gut, wir lesen jetzt.
○ Na gut, wir kochen Spagetti.
○ Gut, wir essen jetzt.
○ Ja, wir fahren gleich.

4 Hobbys am Wochenende

Am Wochenende _schlafe_ und _____ **1** ich gern lange.

Dann _____ **2** ich Tennis oder _____ **3** ein Buch.

Manchmal _____ **4** ich Musik und _____ **5** ein Bild dabei.

Am Wochenende _____ **6** ich immer im Restaurant.

> spielen ● lesen ● ~~schlafen~~ ●
> träumen ● malen ● essen ●
> hören ● ...

5 Fragen Sie und antworten Sie frei:

> lesen ●
> kochen ●
> telefonieren ●
> träumen ●
> ~~arbeiten~~

● _Entschuldigung, arbeiten Sie gerade?_
● _____
● _____
● _____
● _____

○ _Ja! Ich arbeite!_
○ _____
○ _____
○ _____
○ _____

> jetzt ● ~~gerade~~ ●
> heute ● oft ●
> manchmal ●
> gerne ● nie ●
> immer

6 Guten Tag! Im Zug: Ein Passagier steigt ein. Ein Dialog beginnt.

● Guten Tag!

○ Guten Tag.

● Kommen Sie aus _____ ?

○ Ja / Nein, ich komme aus _____ . Und Sie?

● Ich _____ .

○ ...

> arbeiten in ... ● leben in ... ●
> studieren in ... ● fahren nach ... ●
> kommen aus ... ● wohnen in ...

11

"Was machst du, Klaus?"

"Ich spiele."

W-Fragen

Was	machst	du, Klaus?	
Wohin	fahren	Sie?	
Wie	heißen	Sie?	
Wer	kommt	heute	mit?
➊ W-Wort	➋ Verb		

Fragen

- <u>Was</u> machst du, Klaus?
- <u>Wer</u> kommt mit?
- <u>Wie</u> heißen Sie?
- <u>Wo</u> wohnen Sie?
- <u>Wohin</u> fahren Sie?
- <u>Woher</u> kommen Sie?
- <u>Wann</u> kommt ihr?

Antworten

- Ich <u>spiele</u>.
- Ich! (Ich nicht.)
- Müller, Klaus Müller. (Ich heiße Müller.)
- <u>In</u> Hamburg. (Ich wohne in Hamburg.)
- <u>Nach</u> München. (Ich fahre nach München.)
- <u>Aus</u> Italien. (Ich komme aus Italien.)
- Heute. (Wir kommen heute.)

Woher?
... aus ...

Wo?
... in ...

Wohin?
... nach ...

Berlin, Wien, ... (Städte)
Spanien, Russland, Japan, ... (Länder)

Präpositionen 24–28 ➤

1 Wer ...? Wo ...? Was ...? Was passt?

1. Wohin fahren Sie?	_1. c_	a) Morgen.
2. Wer kommt mit?	_____	b) Aus Düsseldorf.
3. Wo wohnen Sie?	_____	c) Nach Bern.
4. Woher kommen Sie?	_____	d) Ich arbeite.
5. Was machen Sie?	_____	e) Wir!
6. Wann fahren wir nach Hamburg?	_____	f) In Salzburg.

2 Ein Dialog im Zug

● Guten Tag! Endlich fahren wir los! __Wohin__ fahren Sie denn?

○ Nach Leipzig, und Sie?

● Ich fahre _____**1** Potsdam.

○ Ah, Potsdam! Schön! Und _____**2** kommen Sie?

● _____**3** München, und Sie?

○ Ich komme gerade aus Nürnberg.

● Arbeiten Sie in Leipzig?

○ Nein, ich arbeite _____**4** Halle, aber ich wohne _____**5** Leipzig.

  Und Sie, _____**6** machen Sie _____**7** Potsdam?

● Ich schaue Schloss Sanssouci an und besuche Freunde.

○ Wie schön!

3 Fragen Sie!

1. ● _____ ○ Ich spiele.
2. ● _____ ○ Heute oder morgen.
3. ● _____ ○ Nein, wir fahren nach Berlin.
4. ● _____ ○ Klaus kommt mit.
5. ● _____ ○ In München.

4 Bürokratie. Fragen und antworten Sie.

Beamter: 1. Wie __heißen Sie__ ? (heißen)

Student: Ich _____ .

Beamter: 2. Woher _____ ? (kommen)

Student: _____ .

Beamter: 3. _____ ? (wohnen)

Student: _____ .

Beamter: 4. _____ ? (studieren)

Student: _____ . (Physik, Germanistik, Soziologie, ...)

Beamter: 5. _____ ? (fahren)

Student: _____ .

"Ich warte!"

sie kommt …
sie kommt nicht …
sie kommt …

"Ich komme!"

Personalpronomen, Verben im Präsens

kommen					
Singular			Plural		
ich	komm**e**	Sie komm**en** (*formell*)	wir	komm**en**	Sie komm**en** (*formell*)
du	komm**st**		ihr	komm**t**	
er / sie / es	komm**t**		sie	komm**en**	

Das Subjekt bestimmt die Endung: **du** komm**st**

! **Hinweis**
"**Sie** kommen" (formelle Anrede, Singular und Plural) ist formal identisch mit "**sie** kommen".

! **Hinweis**
Mündlich oft: ich komm', ich mach', ich sag' …

du oder *Sie* ?

du / ihr (+ **Vorname**):
Familie, Kinder, Freunde,
Studenten (*familiär*)
"**Klaus**, komm**st du** mit?
Ich gehe los."

Sie (+ **Herr / Frau + Familienname**):
Erwachsene, Fremde (formell)

"**Herr Maier**, komm**en Sie** mit?
Gehen wir los?"

Sie oder *sie* ?

Herr Maier, komm**en Sie** mit?
Herr Maier und Frau Stern,
komm**en Sie** mit?

Maria arbeitet, **sie** komm**t** nicht mit.
Klaus und Maria arbeiten,
sie komm**en** nicht mit.

Genus

der … er	**Der Mann** wartet. **Er** wartet lange.	Da kommt **der Zug**. **Er** kommt aus Jena.	maskulin (m.)
das … es	**Das Kind** schläft. Gleich wacht **es** auf.	**Das Auto** ist alt, aber **es** funktioniert.	neutrum (n.)
die … sie	**Die Frau** telefoniert. **Sie** fährt los.	**Die Wohnung** ist groß, aber **sie** ist billig.	feminin (f.)

1 Kombinieren Sie:

macht ● gehst ● ~~male~~ ●	ihr ● du ● wir ●
wohnt ● fahren ● komme ●	Sie ● er ● es ●
machen ● spielst	~~ich~~ ● sie

ich male, _____

_____

_____

2 Wir gehen los – und ihr?

1. ● He Peter, wohin ___*gehst*___ du? ○ Ich _____ jetzt nach Hause. | ~~gehen,~~ gehen

2. ● _____ Sie? ○ Ja, das _____ Sie doch! | arbeiten, sehen

3. ● Klaus und Markus, was _____ ihr? ○ Ruhe! Wir _____ Schach. | machen, spielen

4. Da _____ Markus. Er _____ in Berlin. | kommen, wohnen

5. Wann _____ wir endlich los? Und wann _____ der Zug in Graz an? | fahren, kommen

3 Einladung zum Essen

Klaus und Maria:	1. Katharina, Thomas, komm*t*_____ _*ihr*_ mit? Wir fahr_____ nach Hause.
Katharina und Thomas:	2. Was mach_____ _____ denn da?
Klaus und Maria:	3. _____ koch_____ und dann ess_____ _____.
Katharina und Thomas:	4. Prima! _____ komm_____ gleich. Klaus, koch_____ _____? Oder koch_____ Maria?
Maria:	5. Klaus koch_____. Was trink_____ _____?
Katharina und Thomas:	6. _____ trink_____ gerne Saft.

4 Fragen Sie Freunde:

1. Woher kommen Sie? (Plural) → _*Woher kommt ihr?*_____

2. Wann stehen Sie normalerweise auf? (Singular) → _____

3. Was machen Sie morgens? (Plural) → _____

4. Was spielen Sie gerne? (Plural) → _____

5. Wo wohnen Sie zur Zeit? (Singular) → _____

5 „er", „sie" oder „es"?

1. Das Schiff geht nach England. Heute Abend fährt ___*es*___ los.

2. Klaus spielt nicht, _____ arbeitet.

3. Die Arbeit macht Spaß, aber _____ ist anstrengend.

4. Herr Fischer und Herr Bauer fahren heute nach Nürnberg. _____ arbeiten dort.

5. Da kommt der Zug! _____ fährt weiter nach Hamburg.

6 „Sie" oder „sie"?

1. Ich heiße Ulrich Maier. Wie heiß*en*_____ _*Sie*_?

2. Da kommen Karin und Thomas. Was mach_____ _____?

3. Ah, guten Tag Frau Müller. Komm_____ _____ mit? Wir gehen in die Kantine.

4. Claudia arbeitet, _____ komm_____ nicht mit.

5. ● Guten Abend, Herr Weber und Frau Weber, fahr_____ _____ ins Zentrum? Nehmen Sie mich mit?

   ○ Ja natürlich, steig_____ _____ ein!

15

Der Mann schläft.

Die Frau liest.

Das Kind isst.

Unregelmäßige Verben: Vokal-Änderung

Beispiel: **lesen**

ich	lese	**wir**	lesen
du	**liest**	**ihr**	lest
er / sie / es	**liest**	**sie**	lesen
Sie (*formell*)	lesen	**Sie** (*formell*)	lesen

Singular: **Vokal-Änderung**

Plural und „Sie": keine Änderung

Unregelmäßige Verben **Anhang**

	e → ie	e → i	!!!	a → ä	au → äu	!!!
	lesen	**sprechen**	**nehmen**	**fahren**	**laufen**	**wissen**
ich	lese	spreche	nehme	fahre	laufe	weiß
du	**liest**	**sprichst**	**nimmst**	**fährst**	**läufst**	**weißt**
er / sie / es	**liest**	**spricht**	**nimmt**	**fährt**	**läuft**	**weiß**
wir	lesen	sprechen	nehmen	fahren	laufen	wissen
...	...	...	...	...	...	...
	sehen	essen, geben, helfen		schlafen, tragen		

"werden" **48**

Verb-Endung: Varianten

finden			lächeln			reisen	
ich	finde		ich	lächle		ich	reise
du	findest		du	lächelst		du	reist
er / sie / es	findet		er / sie / es	lächelt		er / sie / es	reist
wir	finden		wir	lächeln		wir	reisen
ihr	findet		ihr	lächelt		...	
sie	finden		sie	lächeln			
Sie (*formell*)	finden		Sie (*formell*)	lächeln			

bilden, arbeiten, warten

klingeln, sammeln

heißen – du heißt ...
beißen

1 Kombinieren Sie:

ihr ● du ● er ●
es ● ich ● wir ●
sie ● Sie

sie spricht, _____

_____

_____

spricht ● nimmt ● weiß ●
gebe ● siehst ● nehme ●
klingeln ● schläft ● sprecht ●
gebt ● gibt ● läufst ● schlaft ●
lauft ● wisst ● liest ●
seht ● wartet

Wer sucht, der findet!

2 Ich lächle nie

1. ● Warum lächelst du nicht?

   ○ ___*Ich lächle nie.*___

2. ● Klingelst du oder ich?

   ○ Ich _____

3. ● Sammeln Sie Briefmarken?

   ○ Nein, ich _____ Münzen.

4. ● Wie _____ der Herr dort? (heißen)

   ○ Tut mir leid, das _____ ich nicht. (wissen)

3 Fragen Sie einen Freund oder eine Freundin:

1. Arbeiten Sie viel? → ___*Arbeitest du viel?*_____

2. Reisen Sie gerne? → _____

3. Warten Sie schon lange? → _____

4. Nehmen Sie Zucker? → _____

5. Was lesen Sie gerade? → _____

6. Sprechen Sie Russisch? → _____

4 Im Flugzeug

Familie Engel ___*fliegt*___ nach Spanien. Das Flugzeug _____ **1**, | fliegen, starten

es _____ **2** los, immer schneller, es fliegt! Martin _____ **3** hinaus. | fahren, sehen

Ulrike _____ **4** ein Buch. Da _____ **5** die Stewardess. | lesen, kommen

Sie _____ **6** nur Spanisch! Endlich. Das Essen! Herr Engel _____ **7** | sprechen, essen

nicht, er _____ **8**. Aber Frau Engel, Martin und Ulrike _____ **9**. | schlafen, essen

Martin _____ **10**: „Wann kommen wir an?" Frau Engel _____ **11**: | fragen, antworten

„Martin, ich _____ **12** es nicht! _____ **13** du nicht?" | wissen, schlafen

Aber Martin _____ **14**, er _____ **15** nicht. | lesen, schlafen

5 Finden Sie Reime:

1. er trägt _____

2. du siehst _____

3. du heißt _____

4. ihr geht ___*ihr seht,*___ _____

schlagen ● wissen ●
lesen ● sehen ● drehen ●
beißen ● stehen ● ...

„Ich bin glücklich – sehr glücklich!"

Frau Kaiser ist Direktorin.
Heute ist sie nervös.
Sie hat viele Termine.

sein und *haben* im Präsens

sein	
ich	**bin**
du	**bist**
er / sie / es	**ist**
wir	**sind**
ihr	**seid**
sie	**sind**
Sie (*formell*)	**sind**

haben	
ich	habe
du	**hast**
er / sie / es	**hat**
wir	haben
ihr	habt
sie	haben
Sie (*formell*)	haben

sein + Adjektiv / Substantiv

Ich	bin	sehr	glücklich.
Wir	sind	heute	müde.
Sie	ist		Direktorin.
Das	ist		Goethe.
❶	❷ Verb		

„sein" + Adjektiv (ohne Endung)
„sein" + Substantiv

haben + Substantiv

Ich	habe	immer	Glück.
Sie	hat		Pech.
Er	hat	nie	Zeit.
Wir	haben		Lust.
❶	❷ Verb		

Feste Wendungen:
„haben" + Substantiv (ohne Artikel)

Deklination der Adjektive ▶ 86, 87

Beispiele mit „sein"

- Ist sie nervös?   ○ Ja (, sie ist nervös).
- Ist er Direktor?   ○ Ja (, er ist Direktor).
- Ist das Goethe?   ○ Nein, das ist Bach.
- Bist du müde?   ○ Ja, ich bin fix und fertig!

Was ist los? Wo ist das Problem?

Da ist Maria! Sie steigt aus.

Beispiele mit „haben" (feste Wendungen)

Ich habe Zeit.

Habt ihr Lust? Fahren wir nach Hamburg?

Ich habe Angst / Hunger / Durst.

Ich habe immer Pech.

Sie hat Talent. Haben Sie auch Talent?

Sie hat Geld, aber kein Talent.

Er hat Mut!

1 Wie ist …?

1. Ich __bin__ aus Wien. Wien __ist__ sehr __historisch__ _____.
2. Wir _____ aus München. München _____ _____
3. Was, ihr _____ aus Mexiko? Mexiko _____ _____
4. Aha, Sie _____ aus London. London _____ _____
5. Marta und Eva _____ aus Rom. Rom _____ _____

> alt ● sonnig ●
> langweilig ●
> kosmopolitisch ●
> interessant ● ~~historisch~~ ●
> schick ● exotisch ●
> gefährlich ● groß

2 Müde oder fit?

1. ● Bist du müde? ○ Nein, ich _____ nicht müde, ich _____ unglücklich.
2. ● _____ Sie nervös? ○ Wir? Nervös? Nein, nein, wir _____ sehr ruhig.
3. ● _____ er fit? ○ Nein im Gegenteil: Er _____ fix und fertig!
4. ● _____ sie arrogant? ○ Arrogant? Nein, sie _____ elegant.
5. ● _____ ihr glücklich? ○ Ja, wir _____ sehr glücklich.

3 Berufe

1. ● __Ist__ sie __Sekretärin__? ○ Nein, sie __ist__ __Direktorin.__
2. ● _____ Sie Direktor? ○ Nein, ich _____
3. ● _____ du Franzose? ○ Nein, ich _____
4. ● _____ Klaus und Karl Lehrer? ○ Nein, sie _____

> ~~Direktorin~~ ●
> Argentinier ●
> Vize-Direktor ●
> Künstler

4 „haben"

1. Ich __habe__ heute viel Zeit, aber ich _____ keine Lust.
2. ● _____ du Talent? ○ Ich _____ Geduld, aber ich _____ kein Talent.
3. ● _____ ihr Geld? Wer Geld _____, der _____ Glück – oder? ○ Geld ist nicht alles!

5 Schlechte Laune: „haben" oder „sein"

Ich bin müde. Das Wetter __ist__ schlecht. Der Chef _____ 1 arrogant. Das Projekt _____ 2 noch nicht fertig. Ich _____ 3 Angst! Und ich _____ 4 keine Lust. Immer _____ 5 ich Pech! _____ 6 das Leben nicht traurig? Was _____ 7 nur los? _____ 8 das normal?

6 Ist das …?

a) ~~der schiefe Turm~~   b) der Eiffelturm   c) der Big Ben

d) das Brandenburger Tor   e) das Empire State Building   f) der Stephansdom

> ~~Pisa~~ ●
> Berlin ● London ●
> Wien ● Paris ●
> New York

a) __Das ist der schiefe Turm. Er ist in Pisa.__

b) _____

c) _____

d) _____

e) _____

f) _____

„Ah, guten Abend Frau Beier, kommen Sie herein!"

Imperativ

	Singular	Plural
familiär	Peter, **komm** bitte!	Ah, Marta und Paul, **kommt** herein!
formell	Frau Beier, **kommen Sie** herein!	Herr und Frau Kunze, **kommen Sie** bitte!

familiär: normalerweise kein Pronomen: Komm! Kommt!
            Bei Kontrast steht manchmal das Pronomen: Mach **du** das mal! (Ich mache es nicht!)
formell: „Sie" ist obligatorisch: Kommen Sie!

Positionen im Satz

Komm	bitte!	
Macht	ab und zu eine Pause!	
Lesen	Sie mal	vor !

① Verb

Funktionen

Bitte
Rat
Aufforderung

Der Imperativ allein ist sehr direkt,
„bitte" und „mal" machen Imperative höflich:
Fahr **bitte** langsam! (Auch möglich: **Bitte** fahr langsam!)
Schau **mal**, ist das nicht schön?

Das sagt man oft:
Hört mal zu, das ist wichtig!
Sprechen Sie bitte langsam!
Nehmen Sie bitte Platz!

Unregelmäßige Verben

e → i	Aber:	arbeiten (-e-)
du sprichst → Sprich!	du fährst → Fahr!	du arbeit**est** → Arbeit**e**!
ihr sprecht → Sprecht!	ihr fahrt → Fahrt!	ihr arbeit**et** → Arbeit**et**!
Sie sprechen → Sprechen Sie!	Sie fahren → Fahren Sie!	Sie arbeiten → Arbeiten Sie!

Ebenso:	Ebenso:	Ebenso:
Lies! Lest! Lesen Sie!	Lauf! Lauft! Laufen Sie!	finden, warten, öffnen, atmen, ...
Nimm! Nehmt! Nehmen Sie!	schlafen, halten, ...	
geben, essen, helfen, sehen, ...		

unregelmäßige Verben **4**

haben	sein
Du hast Angst. → **Hab** keine Angst!	Du bist nicht vorsichtig. → **Sei** vorsichtig!
Ihr habt Angst. → Habt keine Angst!	Ihr seid nicht vorsichtig. → **Seid** vorsichtig!
Sie haben Angst. → Haben Sie keine Angst!	Sie sind nicht vorsichtig. → **Seien** Sie vorsichtig!

1 Reisetipps für Ihren Freund / Ihre Freundin

Autofahren ist gefährlich! _Fahr_ bitte vorsichtig! _____ 1 immer auf | ~~fahren~~, achten,

den Verkehr! _____ 2 mal Pause, _____ 3 gesund und _____ 4 | machen, essen, trinken

nicht so viel Kaffee! _____ 5 viel Geduld und _____ 6 vernünftig! | haben, sein

2 Bitten Sie einen Fremden / eine Fremde!

1. Sprich bitte langsam! → _Sprechen Sie bitte langsam!_ _____

2. Wiederhol das bitte! → _____

3. Erklär das bitte! → _____

4. Hör bitte genau zu! → _____

3 Liebe Kinder ...

Liebe Kinder, ich arbeite heute länger. _Geht_ bitte in die Küche, da ist etwas zu | ~~gehen~~

essen. _____ 1 auch etwas Milch! Dann _____ 2 noch ein bisschen, | trinken, spielen

aber _____ 3 nicht! _____ 4 nicht so spät ins Bett! Und _____ 5 | streiten, gehen, putzen

vorher die Zähne! _____ 6 gut und _____ 7 was Schönes! | schlafen, träumen

Ich komme so um 10 Uhr nach Hause. Eure Mama.

4 Delegieren Sie!

1. Das ist kompliziert. Wer hilft mir mal? (Anna)   _Anna, hilf mir bitte mal!_ _____

2. Wer telefoniert mit der Firma in Jena? (Frau Maier)   _____

3. So ein Chaos! Wer bringt das in Ordnung? (Lukas und Klaus)   _____

4. In Wien ist ein Kongress. Wer fährt hin? (Frau Blau)   _____

5 Bitten Sie höflich!

1. (ihr; warten)   _Wartet bitte_ _____, ich komme gleich!

2. (du; nicht so lange arbeiten)   _____, es ist Freitag!

3. (du; pünktlich sein)   _____, die Maiers sind so pedantisch!

4. (ihr; etwas Geduld haben)   _____, ich bin gleich fertig.

6 Der Chef ist krank. Der Chef schickt eine E-Mail an Herrn Maier.

Lieber Herr Maier, ich bin krank und komme heute nicht!

Bitte _öffnen Sie_ die Post! Rufen Sie mich an und _____ 1 ! Das München-Projekt ist wichtig. _____ 2

nicht bis morgen, _____ 3 sofort! Ganz wichtig:

Frau Rot hat morgen Geburtstag. _____ 4 bitte Blumen und eine Flasche Sekt!

Ah – da ist noch etwas: _____ 5 mit Herrn Huber in Passau,

aber _____ 6 vorsichtig, der Mann ist sehr kritisch.

_____ 7 Geduld und _____ 8 ihm alles!

Bis später, Walter Schmidt.

| warten ● |
| telefonieren ● reagieren ● |
| berichten ● sein ● |
| ~~öffnen~~ ● haben ● |
| erklären ● kaufen |

„So ein Chaos!
Was nehmen wir mit?"

„Ganz ruhig! Räum du
mal auf, ich packe ein!"

Trennbare Verben

Was	**nehmen** wir **mit**?	mitnehmen
	Verb im Satz	**Infinitiv**

! **Hinweis**
Trennbare Präfixe sind
immer betont:

mitnehmen, einpacken, …

Positionen im Satz

Ich	packe	alles	ein.	Aussage
Was	nehmen	wir	mit?	W-Frage
❶	❷ konjugiertes Verb	Satzmitte	Satzende: Präfix	

Fahren	wir	los?	Ja/Nein-Frage
Kommt	bitte schnell	mit!	Bitte, Aufforderung
❶ konjugiertes Verb	Satzmitte	Satzende: Präfix	

Diese Präfixe sind immer trennbar:

ab-	Achtung auf Gleis 3! Der Zug **fährt** gleich **ab**!
an-	**Fang** schon mal **an**, ich komme gleich!
auf-	Ich bin müde, ich **höre** jetzt **auf**.
aus-	Oh, da ist die Schulstraße, hier **steige** ich **aus**!
ein-	Am Samstag **kaufe** ich immer viel **ein**.
her-	**Schau** mal **her**! Findest du das Kleid schön?
hin-	Karl macht morgen ein Fest – **gehen** wir **hin**?
los-	Es ist schon spät, **fahren** wir **los**?
mit-	Wir gehen ins Kino, **kommt** ihr **mit**?
raus-/rein-	**Komm** doch **rein**! (**Komm** doch **herein**!)
vor-	Was machen wir jetzt? – **Schlag** doch was **vor**!
weg-	**Lauf** nicht zu weit **weg**!
zu-	**Hören** Sie mir bitte genau **zu**: …
zurück-	**Komm** bitte bald **zurück**!

Andere Verben mit zwei Teilen:

● Endlich – die Sonne scheint!
Ich **gehe** jetzt **spazieren**. Kommst du mit?

○ Immer **spazieren gehen**! Ich **sehe** lieber **fern**!
(spazieren gehen, fernsehen)

● Heute spielen die Berliner Philharmoniker.
Gehen wir **hin**?

○ Wo **findet** das Konzert denn **statt**?

● Im Nationaltheater.
(hingehen, stattfinden)

Lernen Sie die Schweiz **kennen** – im Winter
fährt man **Schi**, im Sommer **geht** man **baden**!
(kennen lernen, Schi fahren, baden gehen)

1 Unterstreichen Sie die trennbaren Verben:

Heute <u>räume</u> ich mal <u>auf</u>. Die Wohnung sieht chaotisch aus! Wie fange ich nur an? Vielleicht wasche ich zuerst das

Geschirr ab. Dann putze ich die Fenster. Da klingelt das Telefon. Wer ruft denn jetzt an?

Da hört das Klingeln wieder auf. Zu dumm! Ich sauge, wische, trockne ab, poliere … Am Schluss bin ich sehr müde!

2 Ein Albtraum

Jemand sagt: „ _Steigen_ Sie sofort _ein_ ! Wir _____ gleich _____ 1 !"	einsteigen, losfliegen
Ich gehorche. Auf einmal sind da viele Leute. Alle _____ _____ 2 .	herschauen
Jemand _____ die Tür _____ 3 . Wir _____ _____ 4 .	zumachen, losfliegen
Ich rufe: „Halt, halt! Ich _____ nicht _____ 5 , _____	mitkommen, zurückfliegen
Sie sofort _____ 6 !" Alle lachen. Sie _____ nicht _____ 7 .	zuhören
Wohin fliegen wir? Da _____ ich plötzlich _____ 8 .	aufwachen

Ein Glück, ich fliege nicht, ich liege im Bett!

3 Karla und Paul bereiten eine Reise vor

Karla: Bitte, bitte, Paul, ___ _hol das Flugticket ab_ ___ !	~~das Flugticket abholen~~
Dann _____ die Wohnung _____ 1 !	aufräumen
Ah, und bitte _____ auch _____ 2 !	abwaschen
Und _____ den Reisepass _____ 3 !	einstecken
Ich _____ 4 ,	Proviant einkaufen
_____ 5 und	alles einpacken
_____ das Haus _____ 6 .	abschließen
Dann _____ wir endlich _____ 7 .	losfahren

4 „hin" oder „her"?

1. Schau mal _her_ , bin ich nicht schick? 2. Kommen Sie bitte _____ und unterschreiben Sie das!

3. Heute ist ein großes Fest im Park – gehen wir _____ ? 4. Der Film ist sehr brutal, ich gucke lieber nicht

_____ . 5. Gib das Buch mal _____ , es gehört mir!

5 Vergnügungen. Fragen Sie einen Kollegen oder eine Kollegin.

1. spät aufstehen	● _Stehst du auch gerne so spät auf?_	○ _Ja. / Nein. / Nicht so gern._
2. lang frühstücken	_____	_____
3. spazieren gehen	_____	_____
4. einkaufen	_____	_____
5. Freunde anrufen	_____	_____
6. fernsehen	_____	_____
7. Musik hören	_____	_____
8. früh einschlafen	_____	_____
…	_____	_____

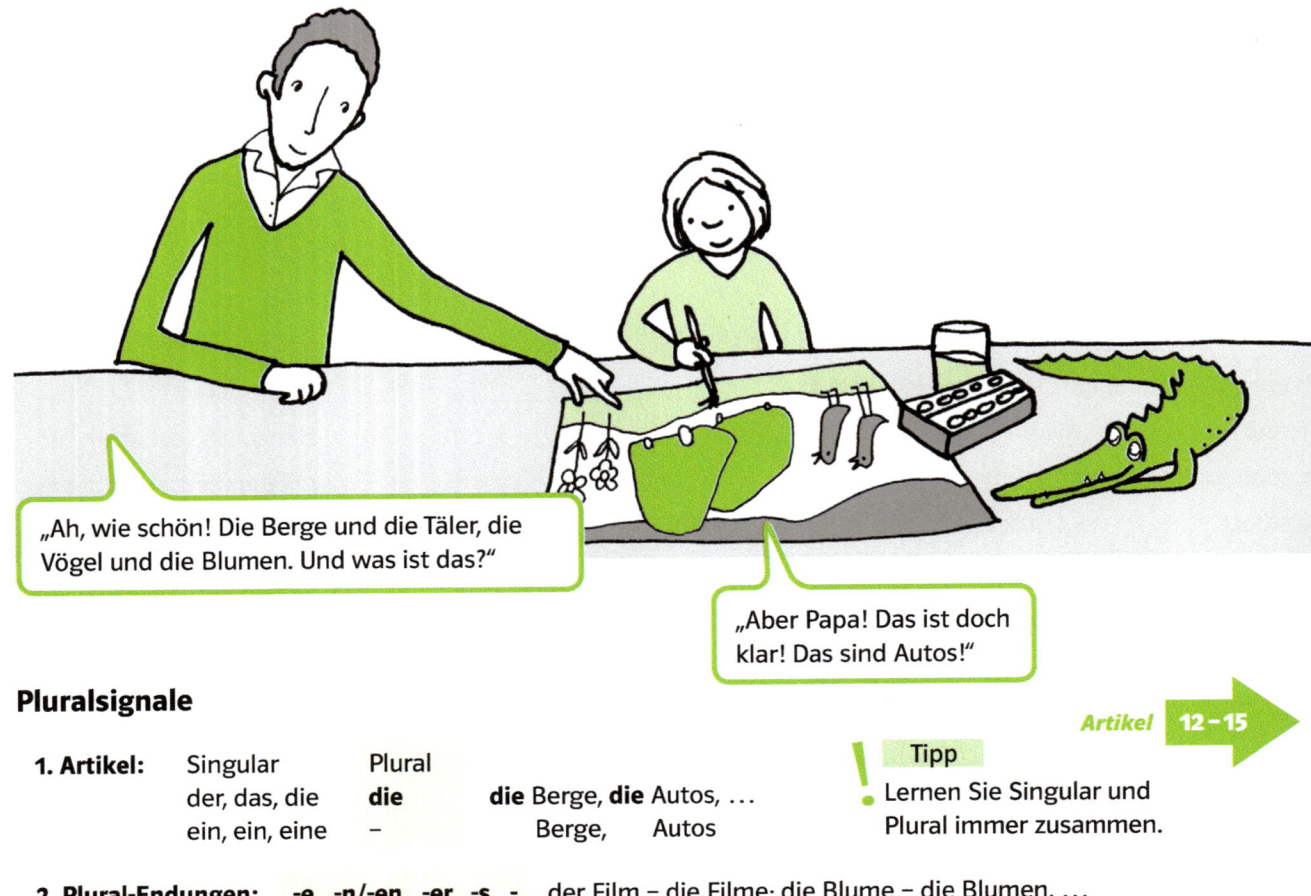

„Ah, wie schön! Die Berge und die Täler, die Vögel und die Blumen. Und was ist das?"

„Aber Papa! Das ist doch klar! Das sind Autos!"

Pluralsignale

Artikel 12 – 15

1. Artikel:

Singular	Plural	
der, das, die	**die**	**die** Berge, **die** Autos, …
ein, ein, eine	–	Berge, Autos

! Tipp
Lernen Sie Singular und Plural immer zusammen.

2. Plural-Endungen: **-e, -n/-en, -er, -s, -** der Film – die Filme; die Blume – die Blumen, …

3. Umlaut: a, au, o, u (Singular) –> **ä, äu, ö, ü** (Plural) der Vogel – die Vögel, …

Es gibt einige Regeln und Trends für die Pluralformen:

Endung	Wann?	Beispiele
-e **¨e**	**oft:** Substantive mit einer Silbe (m., n., f.)	der Tag – die Tage, das Jahr – die Jahre, … der Ball – die Bälle, die Hand – die Hände, …
-n/-en **-nen**	**oft:** feminine Substantive **immer:** nach -e, -ie, -ung, -heit/-keit **oft:** Namen für Personen und Tiere **feminine Endung** -in	die Frau – die Frauen, die Zeit – die Zeiten, … die Theorie – die Theorien, die Übung – die Übungen, … der Kollege – die Kollegen, der Affe – die Affen, die Studentin – die Studentinnen, …
-er **¨er**	**oft:** neutrale Substantive mit einer Silbe einige maskuline Substantive **immer:** nach -tum	das Bild – die Bilder, das Buch – die Bücher, der Mann – die Männer, der Wald – die Wälder, der Reichtum – die Reichtümer, …
-s	**oft:** internationale Wörter, vor allem aus dem Englischen; nach -a, -e, -i, -o, -u	das Baby – die Babys, das Hobby – die Hobbys, das Hotel – die Hotels, das Foto – die Fotos, …
– **¨**	**immer:** bei -chen, -lein **meistens:** bei -er, -en, -el	das Mädchen – die Mädchen, das Vöglein – die Vöglein, … der Lehrer – die Lehrer, der Löffel – die Löffel, …

Fremdwörter mit anderen Pluralformen:

das Museum – die Museen; das Thema – die Themen, die Firma – die Firmen; das Lexikon – die Lexika

Immer Singular: das Obst, das Gemüse, die Milch, die Butter, das Fleisch, …

Immer Plural: die Leute, die Eltern, die Geschwister, die Ferien, die Kosten, die Lebensmittel, die Möbel, …

1 Identifizieren Sie die Pluralsignale:

1. die Schwestern _n_	6. die Töchter ____	11. die Wände ____
2. die Brüder ____	7. die Bücher ____	12. die Menschen ____
3. die Tanten ____	8. die Freundinnen ____	13. die Züge ____
4. die Onkel ____	9. die Büros ____	14. die Regeln ____
5. die Söhne ____	10. die Wohnungen ____	15. die Bilder ____

2 Beim Einkaufen

Sie: Schau mal, die _Birnen_ sehen gut aus!

Er: Ja, die nehmen wir. Kaufen wir auch _____ **1** ?

Sie: Gute Idee! Siehst du die _____ **2** ?

Er: Ja, klar! Aber die sind sehr teuer. Was brauchen wir noch?

Sie: Moment. Wo ist die Liste? Ah, hier steht noch: _____ **3** ,

_____ **4** , _____ **5** , und _____ **6** !

Er: Vergiss nicht die _____ **7** !

| Birne |
| Apfel |
| Pflaume |
| Nudel |
| Ei, Olive, Taschentuch |
| Süßigkeit |

3 Das Urlaubsparadies

Hier finden Sie alles: _Berge_ , _Täler_ und _Seen_ .

Es gibt große _____ **1** und weite _____ **2** ,

lange _____ **3** und dezente _____ **4** ,

bunte _____ **5** und freche _____ **6** .

Eltern und _____ **7** sind hier glücklich, und auch

_____ **8** und _____ **9** sind begeistert! Buchen Sie schnell!

| Berg, Tal, See |
| Wald, Ebene |
| Strand, Hotel |
| Fisch, Vogel |
| Kind |
| Großvater, Großmutter |

4 Bilden Sie Reime:

1. (der Baum) – die Bäume: _____

2. (der Gast) – die Gäste: _____

3. (die Wand) – die Wände: _____

4. (der Zug) – die Züge: _die Flüge_ _____

5. (das Band) – die Bänder: _____

6. (die Rose) – die Rosen: _____

> der Ast ● das Land ●
> der Raum ● der Flug ●
> der Rest ● die Dose ●
> die Hose ● der Rand ●
> die Hand

5 Besitz. Was haben Sie mehr als einmal? Machen Sie eine Liste.

Stifte, Bücher

6 Sprachvergleich   Deutsch   _____ (Ihre Sprache)

Substantive ohne Plural: _das Fleisch_ _____

_____ _____

Substantive ohne Singular: _____ _____

_____ _____

Zahlen

0 – 9		10 – 19		20 – 29		30 – 90	
null	0	**zehn**	10	**zwanzig**	20		
eins	1	**elf**	11	**ein**undzwanzig	21		
zwei	2	**zwölf**	12	**zwei**undzwanzig	22		
drei	3	**drei**zehn	13	**drei**undzwanzig	23	**drei**ßig	30
vier	4	**vier**zehn	14	**vier**undzwanzig	24	**vier**zig	40
fünf	5	**fünf**zehn	15	**fünf**undzwanzig	25	**fünf**zig	50
sechs	6	**sech**zehn	16	**sechs**undzwanzig	26	**sech**zig	60
sieben	7	**sieb**zehn	17	**sieben**undzwanzig	27	**sieb**zig	70
acht	8	**acht**zehn	18	**acht**undzwanzig	28	**acht**zig	80
neun	9	**neun**zehn	19	**neun**undzwanzig	29	**neun**zig	90

! **Hinweis**

- **1** = „eins", aber:
ein Baum, **eine** Pflanze:
Endungen wie Indefinit-Artikel!

35
↙ ↘
fünfund**dreißig**

! **Hinweis**

Im Text schreibt man 1, 2, 3, 4, … , 12 als Wörter: eins, zwei, drei, vier, … , zwölf.
beide (*es gibt genau zwei*): Sie streckt **beide** Hände aus. Er hat zwei Schwestern. **Beide** studieren.

100 – 900		1 000 – 1 000 000		Kombinationen	
(ein)hundert	100	**(ein)tausend**	1 000	210	zweihundert(und)zehn
zweihundert	200	**zwei**tausend	2 000	1 654	(ein)tausendsechshundert(und)
dreihundert	300	**drei**tausend	3 000		vierundfünfzig
vierhundert	400	**zehn**tausend	10 000	11 314	elftausenddreihundertvierzehn
fünfhundert	500	**elf**tausend	11 000		
sechshundert	600	**zwanzig**tausend	20 000	420 933	vierhundertzwanzigtausend(und)
siebenhundert	700	**hundert**tausend	100 000		neunhundertdreiunddreißig
achthundert	800	**zweihundert**tausend	200 000		
neunhundert	900	**eine Million**	1 000 000	1 300 000	eine Million dreihunderttausend

Fragen:
Wie viel kostet die Tasche? – 25 Euro.
Wie viele Schüler sind in der Klasse? – Dreißig.

1 6 5 4
↙ ↓ ↓ ↘
eintausendsechshundertvierundfünfzig

Mathematik

2 + 2 = 4	Zwei plus zwei ist (gleich) vier. (addieren)
3 x 3 = 9	Drei mal drei ist (gleich) neun. (multiplizieren)
9 – 4 = 5	Neun minus vier ist (gleich) fünf. (subtrahieren)
12 : 3 = 4	Zwölf (dividiert) durch drei ist vier. (dividieren)
0,5; 1,7	null Komma fünf; eins Komma sieben
½; 1½	ein halb; eineinhalb (anderthalb) …
⅓; ¼	ein Drittel; ein Viertel
⅛	ein Achtel

Geld

€ 18	achtzehn Euro
€ 3,45	drei Euro fünfundvierzig
€ 0,01	1 Cent
€ 0,50	50 Cent
Fr. 1	ein (Schweizer) Franken
Fr. 1.90	ein Franken neunzig
	(Rappen)

1 Schreiben Sie die Zahlen:

1. 49 _neunundvierzig_
2. 37 _____
3. 98 _____

4. 66 _____
5. 15 _____
6. 24 _____

7. 11 _____
8. 91 _____
9. 73 _____

2 Rechnen und schreiben Sie:

1. _Elf plus einunddreißig ist zweiundvierzig._ $11 + 31 = $ _42_
2. _____ $3 + 14 = $ _____
3. _____ $204 - 3 = $ _____
4. _____ $12 \times 3 = $ _____
5. _____ $16 : 2 = $ _____

3 Vergleichen Sie die Preise:

1. In Deutschland kostet der Fernseher

   dreihundertfünfzig Euro.   (€ 350,- ; SF 490,-)

3. In Österreich kostet der Kühlschrank   (€ 169,56)

   _____   (SF 262,53)

2. In der Schweiz

   _____

4. Das sind _____ Franken

   und _____

4 Telefonnummern.

Man schreibt: 11 49 23   **Man spricht:** „eins eins – vier neun – zwei drei" oder „elf neunundvierzig dreiundzwanzig"

359 21 38   „drei fünf neun – zwei eins – drei acht" oder

„drei fünf neun einundzwanzig achtunddreißig"

Wie ist Ihre Telefonnummer? Wie sagen Sie die Nummer?

_____   _____

(Zahl)   (Wort)

Fragen Sie Ihren Partner / Ihre Partnerin: „Wie ist deine / Ihre Telefonnummer?"

_____   _____

5 Wichtige Telefonnummern. Suchen Sie im Telefonbuch wichtige Telefonnummern. Diktieren Sie die Nummern Ihrem Partner / Ihrer Partnerin.

Nationale Auskunft (Deutschland):   _eins eins acht drei drei_   _118 33_

Nationale Auskunft (Ihr Land):   _____   _____

Internationale Auskunft: _____   _____

Polizei: _____   _____

Feuerwehr: _____   _____

Krankenhaus / Ambulanz: _____   _____

Normalerweise ruft der Kuckuck genau um zwölf.

Aber heute ist er krank. Heute ruft er erst um zehn nach zwölf.

Uhrzeit

 Der Kuckuck ruft oft schon **um fünf** (Minuten) **vor zwölf**.

 Heute ruft er erst **um zehn** (Minuten) **nach zwölf**.

 Das Fußballspiel beginnt **um halb vier** (Uhr).

 Um Viertel nach fünf ist es zu Ende. (Im deutschsprachigen Raum regional: viertel sechs)

Was – **es ist** schon **Viertel vor eins**? (Im deutschsprachigen Raum regional: drei viertel eins)

Temporal-Angaben 50 ▶

Fragen
- **Wie spät ist es? / Wie viel Uhr ist es?**
- (Es ist) halb drei. / Zwölf (Uhr).

- **Um wie viel Uhr / Wann** kommt der Zug an?
- Um zehn nach neun. / Um vier.

Offizielle Situationen (Flughafen, Reisebüro, Radio, …): Zählung von 0 – 24
0.00 Uhr – 12.59 Uhr   Es ist jetzt **vier Uhr** (und) **zwanzig** (Minuten).
13.00 Uhr – 24.00 Uhr   Der Flug geht um **sechzehn Uhr**.

Jahreszahlen
1648: Man spricht: „sechzehnhundertachtundvierzig"
Nicht: ~~eintausendsechshundertachtundvierzig~~
2004: Man spricht: „zweitausend(und)vier"

Im Text:
2007 gibt es zwei neue EU-Länder. Oder:
Im Jahr 2007 gibt es zwei neue EU-Länder.
(Nicht: ~~In 2007~~ …)

Datum
Man schreibt:
Weimar, 23. 4. 1790
München, 1. 2. 02
Zürich, den 3. 7. 2000

Man spricht:
„Weimar, **den** dreiundzwanzig**sten** Vier**ten** siebzehnhundertneunzig"
„München, **den ersten** Zwei**ten** null zwei (oder: zweitausendzwei)"
„Zürich, **den dritten** Sieb**ten** zweitausend"

Ordinalzahlen 95 ▶

Gewichte, Maße
1 kg = ein Kilo(gramm) (= 1000 Gramm)
1 Pfd = ein Pfund
100 g = hundert Gramm
10 g / 1 dag = zehn Gramm
    = ein Deka(gramm) (österr.)

1 cm = ein Zentimeter
1 m = ein Meter
1 mm = ein Millimeter
1 km = ein Kilometer
1 km/h = ein Stundenkilometer, ein Kilometer pro Stunde

4 m² = vier Quadratmeter
10 m³ = zehn Kubikmeter
75 l = fünfundsiebzig Liter
15º = fünfzehn Grad (Celsius)

1 Wie viel Uhr ist es?

5.15 1. _Es ist Viertel nach fünf._

3.30 2. _____

3.20 3. _____

9.50 4. _____

11.45 5. _____

7.55 6. _____

2 Im Reisebüro: Ein Flug nach Südafrika

● _Wann_ fliege ich in Graz los?

○ (17.40) _Um siebzehn Uhr vierzig_ .

● Und _____ 1 komme ich in Wien an?

○ (18.20) _____ 2 .

● Aha. Das geht ja schnell. Und _____ 3 geht es weiter nach Johannesburg?

○ (21.35) _____ 4 .

● Danke! Noch eine Frage: _____ 5 ?

○ (9.15) _Es ist jetzt Viertel nach neun_ !

3 Wichtige Daten. Lesen Sie die Zahlen und schreiben Sie fünf Zahlen in Worten.

1291 _____ 1 : Gründung der Schweiz

1871 _____ 2 : Gründung des Deutschen Reiches

1914 – 1918 _____ bis _____ 3 : Erster Weltkrieg

1918 _____ 4 : Ende der Monarchie, Gründung der Republik Österreich

1933 _____ 5 : Hitler kommt in Deutschland an die Macht.

1939 – 1945 _____ bis _____ 6 : Zweiter Weltkrieg

1949 _____ 7 : Zwei deutsche Staaten entstehen

1955 _____ 8 : Neu-Gründung der Republik Österreich

1989 _____ 9 : Öffnung der Berliner Mauer, Wende in der DDR

1990 _____ 10 : Deutsche Vereinigung

4 Die neue Wohnung. Schreiben Sie in Worten.

zwölften Zehnten
null acht

Lieber Paul,

Berlin, den _12.10.08_

die neue Wohnung ist prima! Wir haben drei Zimmer: Das Schlafzimmer ist

groß, es hat _17 qm_ 1 . Auch das Kinderzimmer ist akzeptabel. Nur das

Wohnzimmer ist ziemlich klein _(nur 12 qm)_ 2 ! Natürlich kostet das viel

Miete: _€ 830,–_ 3 im Monat. Aber jetzt haben wir auch Platz für Besuch –

komm doch mal nach Berlin!   Alles Liebe, deine Claudia

5 Die Einkaufsliste. Schreiben Sie oder diktieren Sie Ihrem Partner / Ihrer Partnerin.

„Schreib bitte mal auf, heute brauchen wir: Drei Kilogramm Kartoffeln, eineinhalb Pfund Karotten, zwei Liter Milch, ein Pfund Butter, dreihundert Gramm Käse, fünfzig Gramm Oliven und ein Liter Salatöl."

Einkaufsliste:
3 kg Kartoffeln
_…_

29

„Ich ruf' später nochmal an, dann machen wir was aus!"

Aussage

Satzklammer

❶	❷		Satzmitte	Satzende
Ich	ruf'		später nochmal	an,
dann	machen	wir	was	aus.
Die Frau	telefoniert.			
Es	ist		schon	spät.

Position I: nur ein Element, oft: Subjekt oder ein Adverb („dann", „heute", „dort", …)
Position II: konjugiertes Verb
Satzmitte: meistens Subjekt zuerst, wenn nicht auf Position I
Satzende: zweiter Verbteil

W-Frage

❶ W-Wort	❷		Satzmitte	Satzende
Wie	heißen	Sie?		
Wo	steigst	du		aus?

> **Hinweis**
> W-Wort: immer auf Position I, Subjekt meistens direkt nach Position II

Ja/Nein-Frage

❶		Satzmitte	Satzende
Telefoniert		Herr Maier gerade?	
Kommst		du	mit?

> **Hinweis**
> Konjugiertes Verb: Position I, Subjekt: meistens direkt nach Position I

Imperativ

❶		Satzmitte	Satzende
Hör		jetzt	auf!
Schreiben	Sie	bitte!	

> **Hinweis**
> Verb im Imperativ: Position I, „bitte" steht manchmal vor dem Verb: Bitte schau mal her!

Satz-Kombinationen

Sie liest	**und**	er sieht fern.	Bleibe ich zu Hause	**oder**	gehe ich spazieren?
Heute arbeite ich,	**aber**	morgen habe ich Zeit.	Ich höre jetzt auf,	**denn**	ich bin sehr müde.

1 Die Sonne scheint! Unterstreichen Sie das Subjekt.

Heute ist <u>Herr Maier</u> froh. Der Chef ist nicht da, die Arbeit ist leicht und die Sonne scheint. Er überlegt: „Was mache ich heute Abend? Fahre ich nach Hause oder gehe ich spazieren?" Da ruft Anna an und fragt: „Gehen wir heute Abend essen?" Aber der Chef kommt früh zurück. Er hat schlechte Laune: „Was machen Sie da, Herr Maier? Rufen Sie bitte sofort in Stuttgart an! Es ist dringend! Wir warten und warten und der Katalog ist immer noch nicht da. Ach ja: Die Kunden aus Hamburg kommen gleich. Heute Abend gehen wir alle essen – Sie kommen bitte mit!"

2 Maiers warten nicht gerne! Ordnen Sie den Dialog.

Marie: **Walter:**

_1. d_ 1. <u>Bist du fertig? Es ist schon spät!</u>

_____ 2. Ja, du weißt doch, Maiers warten nicht gerne! Mach bitte schnell!

_____ 3. Ich habe es. Was nehmen wir mit? Wein? Blumen? Schokolade?

_____ 4. Okay, dann gehen wir jetzt los!

a. Wein und Blumen. Schokolade finde ich kindisch.

b. Ja. Aber ich habe gar keine Lust!

c. Ja ja, ich komme ja schon. Wo ist das Geld?

d. <u>Was? Müssen wir schon los?</u>

3 Formulieren Sie die Bitten als Fragen:

1. Packt bitte alles ein! –> _Packt ihr bitte alles ein?_

2. Hör jetzt bitte auf! –> _____

3. Ruf mich nachher an! –> _____

4. Koch bitte heute Abend! –> _____

4 Was für Fragen passen?

1. ● _Wo wohnt Frau Klos?_   ○ In Halle. (Frau Klos)

2. ● _____? ○ Nein, ich lese.

3. ● _____   ○ Das ist Frau Lohse, die Lehrerin.

4. ● _____   ○ Ich lese gerade ein Buch.

5 Kombinieren Sie Sätze:

1. Heute scheint die Sonne. Herr Maier ist glücklich.

Heute scheint die Sonne und Herr Maier ist glücklich.

Herr Maier ist glücklich, denn heute scheint die Sonne.

| aber ● und ● |
| denn ● oder |

2. Ich gehe gerne spazieren. Ich schwimme nicht gerne.

_____

3. Endlich ist Urlaub! Was meinst du: Fahren wir nach Italien? Fahren wir nach Frankreich?

_____

4. Nein, ich komme heute nicht. Ich habe viel Arbeit und schlechte Laune.

_____

5. Es regnet. Herr Maier ist immer noch glücklich. Anna kommt heute Abend.

_____

„Guck mal, Mama! Da ist ein Pferd!
Und da ist eine Kirche! Und ein Turm!"

Die Mutter schaut hinaus.
Sie sieht ein Pferd, eine
Kirche und einen Turm.

Nominativ und Akkusativ: Indefinit-Artikel

Nominativ	Akkusativ	
Da ist **ein Turm**!	Die Frau sieht	**einen Turm**.
Da ist **ein Pferd**!	Die Frau sieht	**ein Pferd**.
Da ist **eine Kirche**!	Die Frau sieht	**eine Kirche**.
Eine Frau klingelt.	Sie bringt	**einen Brief**.
Ein Zug kommt an.	Wir kaufen	**eine Zeitung**.

Verben mit Dativ oder Akkusativ  **Anhang**

Das Subjekt des Satzes
ist immer ein Nominativ.

Der Kasus des Objekts hängt vom Verb ab. Das Objekt von vielen Verben, z.B. von
„sehen", ist ein Akkusativ. In einigen Sprachen sagt man auch „direktes Objekt".

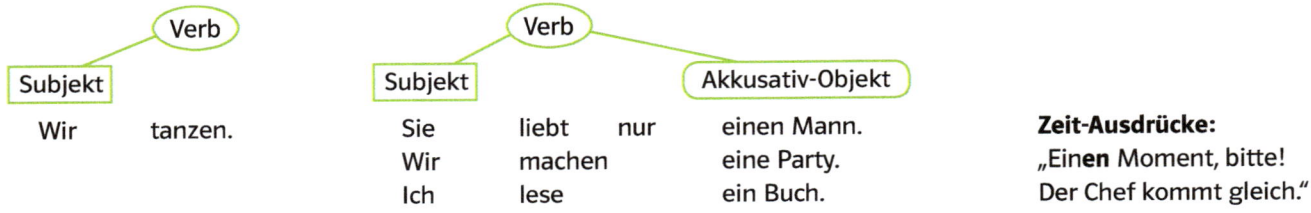

	Verb	
Subjekt		
Wir	tanzen.	

	Verb		Akkusativ-Objekt
Subjekt			
Sie	liebt	nur	einen Mann.
Wir	machen		eine Party.
Ich	lese		ein Buch.

Zeit-Ausdrücke:
„Ein**en** Moment, bitte!
Der Chef kommt gleich."

Nominativ und Akkusativ: Indefinit-Artikel

	Singular						Plural		
	maskulin		neutrum		feminin				
Nominativ	ein	Turm	ein	Pferd	eine	Kirche	Türme	Pferde	Kirchen
Akkusativ	**einen**	Turm	ein	Pferd	eine	Kirche	Türme	Pferde	Kirchen
Dativ	einem	Turm	einem	Pferd	einer	Kirche	Türmen	Pferden	Kirchen
Genitiv	eines	Turms	eines	Pferds	einer	Kirche	Türme	Pferde	Kirchen

Der Indefinit-Artikel ist oft Mengenangabe: Ich kaufe **einen** Apfel und zwei Birnen.

Dativ **15**

Genitiv **19**

1 Was passt hier zusammen?

1. Karl hat heute		Taxi.
2. Angelika macht oft	einen	gute Ideen.
3. Dort drüben ist	ein	Birnen.
4. Hoffentlich findest du bald	eine	Wohnung.
5. Wir suchen	–	Fehler.
6. Sabine isst gern		Frisör.

Achten Sie auf das Genus der Substantive!

2 Im Geschäft

Gisela hat heute Gäste. Sie kauft im Lebensmittelgeschäft ein. Sie nimmt ___*eine*___ Melone, zwei Pfund Äpfel, _____1 Pfund Kartoffeln, _____2 Wein aus Frankreich, _____3 Rinderbraten, _____4 Glas Pilze, _____5 Salat und _____6 Packung Spinat. _____7 Apfel ist schon schlecht. Gisela reklamiert. Dann kauft sie noch _____8 Zeitung und trinkt im Café _____9 Kaffee.

3 Gibt es hier ...?

Wir wohnen in Oberneudorf. Das ist eine kleine Stadt. Hier gibt es

___*eine Kirche*___, _____

_____

_____

Kirche • Schule • Rathaus •
Eissalon • Bank • Kino •
Bahnhof • Einkaufszentrum •
...

4 Zeitausdrücke

1. Er ist schon ___*einen*___ Monat hier. 2. _____ Augenblick, bitte! 3. Er telefoniert _____ Stunde lang.

5 Peter ist reich

Er hat ___*eine*___ Kamera, _____ Auto, _____ Job und _____ Haus.

6 Ein Ehepaar macht einen Ausflug

Herr und Frau Müller machen ___*einen*___ Ausflug. Sie nehmen die S-Bahn. Frau Müller hat schon _____1 Fahrkarte, Herr Müller braucht _____2 Münze für die Maschine. In Starnberg besichtigen sie _____3 Kirche. _____4 Reiseleiter beschreibt gerade _____5 Bild von Dürer. – Im Restaurant essen sie noch _____6 Schweinebraten und trinken _____7 Bier. Dann fahren sie wieder nach Hause.

7 Im Restaurant

1. Kellner: Sie wünschen, bitte?

2. Frau López: Ich möchte gern ___*einen*___ Tee und _____ Stück Kuchen, bitte.

3. Herr López: Und ich möchte _____ Schnitzel und _____ Apfelsaft!

4. Leo: Ich will _____ Wurst und _____ Cola!

5. Kellner: Kommt sofort!

Variieren Sie: Kaffee, Limo, Traubensaft, Glas Milch, Torte, Gulasch, Spagetti, Steak, Pizza, Hamburger, Hot Dog

"Siehst du das Pferd dort?
Und die Kirche? Und den Turm?"

"Nein, nein, ich lese ein Buch."

Nominativ und Akkusativ: Definit-Artikel

Nominativ	Akkusativ
Der Mann fragt:	Siehst du **den Turm**?
Die Frau antwortet:	Nein, aber ich sehe **die Kirche**.
Das Kind fragt:	Seht ihr **das Pferd**?
Die Eltern lachen:	Ja, **das Pferd** sehen wir!

! Hinweis

Das Akkusativ-Objekt
kann auch auf Position I stehen.

Positionen im Satz **23** ➤

Deklination: Definit-Artikel

	Singular						Plural		
	maskulin		neutrum		feminin				
Nominativ	der	Mann	das	Kind	die	Frau	die	Männer	Kinder	Frauen
Akkusativ	**den**	Mann	das	Kind	die	Frau	die	Männer	Kinder	Frauen
Dativ	dem	Mann	dem	Kind	der	Frau	den	Männern	Kindern	Frauen
Genitiv	des	Mannes	des	Kindes	der	Frau	der	Männer	Kinder	Frauen

Unterschied Indefinit- / Definit-Artikel **14** ➤

Dativ **15** ➤

Genitiv **19** ➤

Fragewörter

Nominativ		Akkusativ	
Wer fragt?	**Der** Mann.	**Wen** fragt sie?	**Den** Mann.
Was ist dort?	**Der** Turm.	**Was** siehst du?	**Den** Turm.

1 Wer? Wen? Was?

1. Wer sagt das?   (Mutter)   _Die Mutter._
2. Wer will das?   (Vater)   _____
3. Wen will er sprechen? (Bruder)   _____
4. Was sucht er?   (Buch)   _____
5. Was findet er?   (Briefe)   _____

2 Wie bitte? Wen siehst du? Peter und Karin sind in der Disko. Die Musik ist sehr laut. Karin versteht Peter nicht gut.

Peter: Da, guck mal! Da kommt Celine Dion!

Karin: Was? – ____Wer____ kommt da?

Peter: Celine Dion! Und da ist auch Leonardo di Caprio!

Karin: _____**1** sagst du? _____**2** siehst du?

Peter: Leonardo di Caprio! Mit Madonna! Ich lese gerade eine Biografie von Madonna.

Karin: Wie bitte? _____**3** ?

Peter: Eine Biografie von Madonna. So, und jetzt tanzen wir.

Karin: _____**4** ?

3 Deutschunterricht. Herr López hat heute Kopfschmerzen. Er versteht den Lehrer nicht.

„Entschuldigen Sie bitte, Herr König. Ich verstehe ___den___ Satz nicht, und ich verstehe auch _____**1**
Akkusativ noch nicht. Können Sie bitte _____**2** Deklination noch einmal erklären? Ich verstehe _____**3**
Wörter, aber ich verstehe _____**4** Text nicht.

4 Schule

1. Wiederholen Sie bitte ___den Satz!___
2. Buchstabieren Sie bitte _____ _____
3. Lesen Sie bitte _____ _____ vor!
4. Schreiben Sie bitte _____ _____ ab!
5. Beantworten Sie bitte _____ _____
6. Machen Sie bitte _____ _____

> Text ●
> Übungen ● Wörter ●
> Satz ● Fragen

5 Subjekt (S) oder Objekt (O)?

1. Die Sätze analysiere ich schnell. S ☐ O ☒   3. Den Dieb sieht der Mann.   S ☐ O ☐
2. Der Mann sieht den Dieb.   S ☐ O ☐   4. Die Ampel bemerkt die Frau nicht sofort. S ☐ O ☐

6 Wo ist der Akkusativ? Unterstreichen Sie.

1. Der Hund beißt den Mann.   4. Die Frau liebt der Mann sehr.
2. Die Brüder begrüßt das Kind, nicht den Onkel. 5. Das Land in Afrika kennt die Frau gut.
3. Den Mann sieht die Frau nicht.   6. Der Junge kennt die Frau gut.

Auf einem Schloss in
Märchenland leben
eine Prinzessin und ihre Eltern ...

Die Prinzessin hat einen Ball.
Sie wirft den Ball in die Luft.
Ein Frosch fängt den Ball ...

Indefinit-Artikel

Hier wohnt **eine** schöne Prinzessin.
Ich habe **ein** gelbes Auto.
Er ist **ein** schöner Mann.
Aleppo ist **eine** Stadt.
Maria kauft **einen** Apfel und zwei Bananen.

eine neue Person
eine neue Sache
generelle Charakterisierung
Definition
Zahl

Definit-Artikel

Hier wohnt eine schöne Prinzessin.
Ich habe ein gelbes Auto.
Fragen Sie **den** Mann in Uniform!
Wo wohnt **der** Bundeskanzler?
Wo ist **die** Donau?

Die Prinzessin ...
Das Auto hat vier Türen.

die Person ist schon erwähnt
die Sache ist schon erwähnt
man zeigt auf eine bestimmte Person
die Person ist allgemein bekannt
die Sache ist allgemein bekannt

„Fragen Sie den Mann in Uniform!"

Definit-Artikel auch bei generellen Aussagen:

Der Mensch hat Vernunft, **das Tier** hat Instinkt.
Der Winter ist hier immer sehr kalt.

Kein Artikel im Deutschen:

Er ist Lehrer / Arzt / Mechaniker. *(Beruf)*
Sie ist Deutsche / Französin / Amerikanerin. *(Nationalität)*
Das ist Frau Müller. *(Name)*

1 Stadt-Land-Fluss. Ergänzen Sie die Definitionen.

Stadt ● Land ● ~~Fluss~~ ● Schloss

1. Der Rhein ist ___ein Fluss.___
2. Liechtenstein ist _____
3. Innsbruck ist _____
4. Hamburg ist _____
5. Neuschwanstein ist _____

> Der Mensch denkt und Gott lenkt.

2 Geografie

1. Wie heißt ___die___ Hauptstadt von Österreich?
2. Und wie heißt _____ Land im Norden von Deutschland?
3. _____ Rhein fließt durch die Schweiz, Deutschland und Holland.
4. _____ Meer bei Hamburg heißt „Nordsee".

3 Marias Familie

Marias Familie ist sehr groß. Sie hat noch beide Eltern, ___eine___ Großmutter, _____ **1** Großvater und vier Geschwister: drei Schwestern und _____ **2** Bruder. _____ **3** Schwestern heißen Lore, Franka und Angelika, _____ **4** Bruder heißt Wolfgang. _____ **5** Schwester wohnt in Wien, die anderen wohnen noch zu Hause. _____ **6** Bruder ist 10 Jahre alt. Er hat schon _____ **7** Computer und _____ **8** Fernseher. Franka und Angelika haben zusammen _____ **9** Zimmer. _____ **10** Zimmer ist sehr groß und hat _____ **11** Etagenbett.

4 Indefinit-Artikel, Definit-Artikel oder kein Artikel?

1. Hast du ___einen___ Augenblick Zeit? Ich möchte noch _____ Tasse Tee.
2. Wir warten schon sehr lange. Wann fährt _____ Zug ab?
3. Ist _____ Fisch frisch?
4. Ich möchte bitte _____ Landkarte von Europa. Und was kosten _____ Kugelschreiber?
5. ● _____ Zeitung, bitte! ○ _____ Süddeutsche oder _____ Abendzeitung?
6. Der „Gare du Nord" ist _____ Bahnhof von Paris.
7. Ich schicke einen Brief nach England. Ich brauche _____ Briefmarke.
8. Ergänzen Sie bitte _____ Verben!
9. Fritz hat _____ Sohn. _____ Sohn ist 12 Jahre alt.
10. Ich stelle vor: Das ist _____ Frau Vox, und das ist _____ Herr Bix.

5 Was sind sie von Beruf?

1. Frau Naumann unterrichtet Französisch in der Schule. Sie ist _____.
2. Eduard studiert noch. Er ist _____.
3. Herr Rabe lehrt an der Universität. Er ist _____.
4. Eva schreibt viele Briefe am Computer. Sie ist _____.

Und Sie? Und Ihre Mutter? Und Ihr Vater? Und Ihr Mann / Ihre Frau?

Sabine zeigt der Freundin das Haus.

Dativ

Dativ
Sabine zeigt **der Freundin** das Haus.
Der Briefträger gibt **dem Mann** einen Brief.
Die Stewardess bietet **einem Mann** Tee an.
Der Verkäufer zeigt **den Frauen** die Frühjahrsmode.
Männer schenken **Frauen** oft Blumen zum Geburtstag.

Einige Verben haben diese Konstruktion:

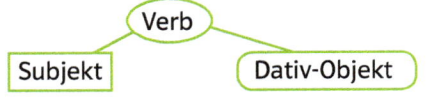

Das Buch   gefällt   **der Studentin**.
Ebenso: schmecken, gehören, antworten, helfen, begegnen, …

Der Dativ bezeichnet meist „die andere Person" im Satz. In einigen Sprachen sagt man auch „indirektes Objekt". Viele Verben im Deutschen haben diese Konstruktion:

Monika   liest   **einer** Freundin   eine Geschichte vor.

! Hinweis

Das Dativ-Objekt kann auch auf Position I stehen: **Den Frauen** gefällt die Frühjahrsmode.

Wem gehört das Auto?

Fragewort: **Wem**?

Deklination

	Singular					Plural		
	maskulin		neutrum		feminin			
Nominativ	der	Mann	das	Kind	die	Frau	die	Männer	Kinder	Frauen
Akkusativ	den	Mann	das	Kind	die	Frau	die	Männer	Kinder	Frauen
Dativ	**dem**	Mann	**dem**	Kind	**der**	Frau	**den**	Männern	Kindern	Frauen
Genitiv	des	Mannes	des	Kindes	der	Frau	der	Männer	Kinder	Frauen
Nominativ	ein	Mann	ein	Kind	eine	Frau		Männer	Kinder	Frauen
Akkusativ	einen	Mann	ein	Kind	eine	Frau		Männer	Kinder	Frauen
Dativ	**einem**	Mann	**einem**	Kind	**einer**	Frau		Männern	Kindern	Frauen
Genitiv	eines	Mannes	eines	Kindes	einer	Frau		Männer	Kinder	Frauen

Verben mit Dativ oder Akkusativ **Anhang** ▶ *Genitiv* **19** ▶ *Deklination der Substantive* **20** ▶

1 Wo ist der Dativ? Unterstreichen Sie.

1. Die Frau schreibt <u>dem Freund</u> einen Brief.

2. Der Freundin schreibt sie nie einen Brief.

3. Heute schickt sie der Mutter ein Paket zum Muttertag.

4. Dorothea Schlegel begegnet Goethe zum ersten Mal 1799.

5. Der Fisch ist nicht gut: Das Mädchen ist krank und den Frauen ist schlecht.

6. Gern zeigen die Leute den Touristen den Weg.

2 Besitz

1. Gehört der Schlüssel ___*dem*___ Mann?   Nein, er gehört ___*der*___ Frau.

2. Gehört das Fahrrad _____ Schülerin?   Nein, es gehört _____ Lehrer.

3. Gehört der Teddy _____ Kind?   Nein, er gehört _____ Vater!

3 Was stiehlt der Dieb wem?

Ein Dieb ist im Hotel „Rosenkavalier". Er stiehlt ___*der*___ Schauspielerin _____ **1** Armband. _____ **2**

Geschäftsmann stiehlt er _____ **3** Kreditkarte. Sogar _____ **4** Kindern stiehlt er _____ **5** Videos.

Und _____ **6** Königin stiehlt er _____ **7** Krone.

4 Ferien in einem fernen Land

Familie Droll aus Dresden macht Ferien. Sie finden das Land sehr schön, aber … das Sushi schmeckt ___*dem*___ Vater

nicht, der Sake schmeckt _____ **1** Mutter nicht, der Reis schmeckt _____ **2** Sohn nicht und die Hotels

gefallen _____ **3** Tochter nicht. Nächstes Jahr bleiben sie zu Hause!

5 Was passt hier?

1. Dieser Kaffee ist dünn. Er ___*schmeckt*___ der Frau nicht.

2. Die Wohnung ist groß und hell. _____ sie den Großeltern auch?

3. Der Koffer ist sehr schwer. _____ Sie bitte der Dame!

4. Das Essen in dem Restaurant ist sehr scharf. Es _____ den Kindern nicht.

5. Typisch Schule: Der Lehrer fragt den Schüler, der Schüler _____ dem Lehrer.

6 Geschenke zu Weihnachten

Onkel ●
Großeltern ● <u>Mutter</u> ●
Vater ● Schwester ●
Bruder

Es ist Weihnachten. Hans hat viele Geschenke für die Familie. Er ___*schenkt der Mutter eine CD und dem Vater …*___

Und was bekommt er?

Personalpronomen: Akkusativ und Dativ

Nominativ	Akkusativ	Dativ
ich	Mein Freund ruft **mich** an.	Das Buch gehört **mir**.
du	Wir besuchen **dich** morgen.	Die Tasche gehört **dir**.
er	Ich suche den Ball. – Wer hat **ihn**?	Was gefällt Paul? – Die Kamera gefällt **ihm**.
sie	Er sucht die Tasche. – Petra hat **sie**.	Was gefällt Maria? – Die CD gefällt **ihr**.
es	Sie sucht das Geld. – Er hat **es**.	Was gefällt dem Kind? – Der Ball gefällt **ihm**.
wir	Doris und Paul besuchen **uns** am Sonntag.	Der Computer gehört **uns**.
ihr	Karin und Hans besuchen **euch** am Montag,	Die Gläser gehören **euch**.
sie	und ihr besucht **sie** am Dienstag.	Und den Müllers? – Die Bilder gehören **ihnen**.
Sie	Aber ich besuche **Sie** heute noch!	Aber das Geld gehört jetzt **Ihnen**

Positionen im Satz

Ich	gebe	dem Mann	das Buch	heute noch.
Ich	gebe	ihm	das Buch	heute noch.
Ich	gebe	**es**	dem Mann	heute noch.
Ich	gebe	**es**	ihm	heute noch.

! Hinweis

Dativ vor Akkusativ

Aber:
Personalpronomen im
Akkusativ steht <u>vor</u> dem Dativ.

„es" 56

1 Was sagen Sie?

1. Die Blumen sind sehr schön!   _1. c_   a) Mir ist kalt.

2. Das Auto fährt zu schnell.   _____   b) Mir ist schlecht.

3. Ich weiß die Antwort nicht.   _____   c) Ich danke dir.

4. Mach bitte das Fenster zu!   _____   d) Das ist mir peinlich.

2 Auf einer Party

1. Ich kenne Ottos Frau nicht. _Kennst du sie?_   3. Ich sehe Franz nicht. _____

2. Ich mag die Musik nicht. _____   4. Ich verstehe die Leute nicht. _____

3 Wo ist denn bloß mein Schlüssel? Herr Meier fährt ins Büro. Er sucht seine Sachen zusammen. Seine Frau hilft ihm.

1. Ich brauche den Brief. _Gib ihn mir bitte!_   3. Hast du meine Telefonkarte? _____

2. Wo ist denn mein Notizheft? _Hol_ _____   4. Dort drüben sind die Fahrkarten! _____

4 Besitz

1. Otto: Sag mal, gehört _dir_ das Fahrrad?   3. Otto: _____ gehört es denn?

2. Peter: Nein, _____ gehört es nicht.   4. Peter: _____ Mann da drüben.

5 Wie geht es dir?

● Hallo, Luise! Hallo, Franz!   ○ Hallo, Karin! Wie geht es _dir_ ?

● Ganz gut. Und ____1___ ?   ○ Nicht so gut. Wir haben beide eine Erkältung.

● Oh, das tut ____2___ leid.

6 Was passt hier?

1. Herr Schmitz reist viel. _Er_ ist jetzt in Rom.

2. Der Film ist sehr gut. Ich sehe _____ heute zum 3. Mal.

3. Willi begegnet einer Dame im Park. Woher kommt _____? _____ ist sie?

4. Die Schüler bitten den Lehrer: „Herr Hausmann, helfen _____ _____ bitte?"

5. Mein Computer ist kaputt. Können Sie _____ reparieren?

7 Beim Mittagessen. Bitten Sie höflich um die Sachen auf dem Tisch.

● ___Gibst du / Geben Sie mir bitte den Saft?___

○ ___Ja, bitte, hier ist er. / Ja bitte, hier hast du ihn.___

> Salz ● Zucker ● Brot ●
> Milch ● ~~Saft~~ ● Wasser

6 Was gefällt / schmeckt Ihnen? Und Ihrem Partner?

Bücher von Günter Grass, Jazz, Technomusik, Comics,

Mangos, Bananen, Frühling, Sommer, Herbst, Winter, …

Beispiel: _Mir gefällt Jazz gut. Und Ihnen?_

> gut ● sehr gut ●
> nicht gut

"Nein, Frau Dr. Franke ist leider nicht hier."

"Herr Schmidt? Nein, der ist auch nicht da."

"Nein, Frau Dr. Franke ist noch nicht zurück."

"Herr Schmidt? Nein, der ist leider auch noch nicht zurück."

Negation im Satz

Ich	gebe	ihm das Bild	**nicht**.		
Ich	brauche	das Buch jetzt	**nicht**.		
Ich	rufe	ihn heute	**nicht**	an.	Verb mit Präfix
Hans	ist	wirklich	**nicht**	mein Bruder.	„sein" + Substantiv
Der Film	ist	gar	**nicht**	gut.	„sein" + Adjektiv
Herr Schmidt	ist		**nicht**	da.	„sein" + Adverb
Der Zug	fährt	heute	**nicht**	schnell.	Adverb: wie?
Das Flugzeug	kommt	sicher	**nicht**	aus Hamburg.	Objekt mit Präposition

„nicht" negiert den Satz. Tendenziell steht „nicht" am Ende des Satzes, aber einige Elemente stehen immer nach „nicht".

Negation mit „kein" **18** →

Negation als Korrektur

Ich	gebe	**nicht ihm** das Bild,	sondern ihr.	Korrektur der Aussage
Susie	ruft ihn	**nicht heute** an,	sondern morgen.	
Heute	kommt	**nicht meine Schwester**,	heute kommt mein Bruder.	

„nicht" negiert hier nur ein Element des Satzes und steht vor diesem Element.

Wichtige Negationen mit „nicht":

Eva ist **leider nicht** da, Monika **auch nicht**.

Das Essen schmeckt mir **gar nicht**.

● Ist Johanna schon hier?   ○ Nein, **noch nicht**.

● Geht Ralf noch in den Kindergarten?   ○ Nein, er geht **nicht mehr** in den Kindergarten, er geht jetzt in die Schule.

Andere Negationswörter:

● Siehst du etwas?   ○ Nein, ich sehe **nichts**.

● Du hörst mir **nie** zu!   ○ Doch, ich höre dir immer zu!

Frage mit „nicht":   ● Gehst du heute **nicht** zum Deutschkurs?

○ **Doch**, natürlich gehe ich!   ○ **Nein**, heute gehe ich nicht.

1 Formulieren Sie negativ:

1. Das Buch gefällt mir gut. → *Das Buch gefällt mir nicht gut.*

2. Das ist nett von Ihnen! → _____

3. Ich bleibe hier. → _____

4. Ich kenne sie. → _____

2 Fragen und Antworten

● Hören Sie nicht gut?   ○ *Doch, ich höre gut.* _____

● Kommen Sie heute nicht?   ○ _____

● Fahren Sie nicht gern Auto?   ○ _____

● _____   ○ Nein, ich komme nicht mit.

● _____   ○ Nein, es gibt nichts mehr zu trinken.

3 Was ist das Gegenteil?

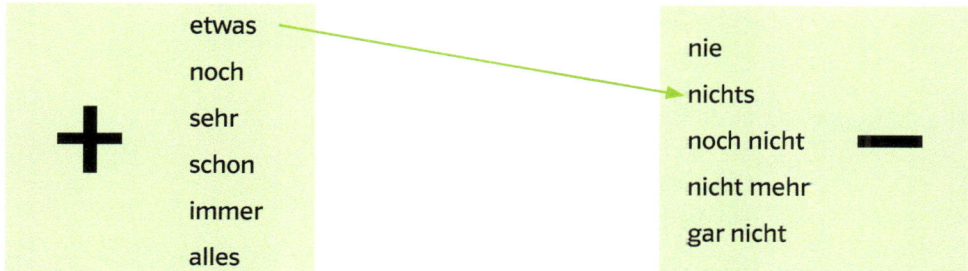

+	**−**
etwas	nie
noch	nichts
sehr	noch nicht
schon	nicht mehr
immer	gar nicht
alles	

4 Was ist denn mit Karin los?

● Es ist 12 Uhr! Und Karin ist ___*noch nicht*___ hier!

○ Schon 12 Uhr? Dann kommt sie sicher _____ __1__ !

● Um 13 Uhr ruft Karin an: Ich kann _____ __2__ kommen,

   ich habe zu viel Arbeit.

● Das macht _____ __3__ ! Jakob ist _____ __4__ hier.

○ Wir sehen uns alle morgen.

leider nicht ●
nicht mehr ●
nichts ● auch nicht ●
~~noch nicht~~

5 Etwas stimmt nicht!

1. Heute ___*spielen nicht die Rolling Stones*___ , sondern die „Bad Boys". | ~~Rolling Stones~~

2. Ali _____ , er schenkt ihr die CD. | das Buch

3. Franz _____ , er gibt es ihr. | ihm, das Buch

4. Angelika _____ , sie fährt erst morgen nach Hause. | heute

6 Erklären Sie:

1. Die Sonne scheint.   *Es regnet nicht.* _____ | ~~regnen~~

2. Sie hat wenig Geld.   _____ | reich

3. Es ist zu laut hier!   _____ | verstehen

4. Georg telefoniert viel.   _____ | gern schreiben

Jetzt ist Peter arm. Er hat keinen Job mehr, kein Haus und auch keine Kamera mehr.

Negation: *kein*

Peter hat einen Job,
ein Haus und
eine Kamera.
Im Traum ist Elisabeth eine Prinzessin.
Er hat drei Kinder.
Petra trinkt Kaffee.
Er hat viel Geld.

Peter hat **keinen Job**,
kein Haus und
keine Kamera mehr.
In der Realität ist sie **keine Prinzessin**.
Sie hat **keine Kinder**.
Ulla trinkt **keinen Kaffee**, sondern Tee.
Sie hat **kein Geld**.

Indefinit-Artikel:	ein Haus	→	kein Haus
Ohne Artikel:	Kaffee	→	keinen Kaffee
	Glück	→	kein Glück
Plural:	Kinder	→	keine Kinder

Deklination

	Singular						Plural			
	maskulin		neutrum		feminin					
Nominativ	kein	Rock	kein	Hemd	kein**e**	Hose	kein**e**	Röcke	Hemden	Hosen
Akkusativ	kein**en**	Rock	kein	Hemd	kein**e**	Hose	kein**e**	Röcke	Hemden	Hosen
Dativ	kein**em**	Rock	kein**em**	Hemd	kein**er**	Hose	kein**en**	Röcken	Hemden	Hosen
Genitiv	kein**es**	Rocks	kein**es**	Hemds	kein**er**	Hose	kein**er**	Röcke	Hemden	Hosen

 Hinweis

Die Deklination von „kein" ist
wie die Deklination von „ein".

Ohne Fleiß kein Preis

Deklination von „ein" ◀ **15**

Genitiv **19** ▶

kein
Sie hat **keinen Mantel**.
Er hat **kein Geld**.
Sie kauft **keine Blumen**.
Er hat **kein Auto**.
Er hat **keinen Hunger**.
Er kauft **keinen Pulli**, sondern eine Jacke.

nicht
Er wäscht **den Mantel nicht**.
Sie findet **das Geld nicht**.
Er kauft **die Blumen** heute **nicht**.
Er kann **nicht Auto fahren**.
Sie hat **nicht viel Hunger**.
Sie kauft **nicht den lila, sondern den rosa Pulli**.

1 „kein" oder „nicht"?

1. Heute ist es ___nicht___ kalt hier.

2. Er hat _____ Glück in der Liebe.

3. Sie hat _____ Kugelschreiber.

4. Wir haben _____ Haus, sondern eine Wohnung.

5. Er versteht _____ gut Deutsch.

6. Der Computer hat zum Glück _____ Virus.

2 Wie ist das in Ihrem Land?

1. In Deutschland fangen Kinder mit 6 Jahren die Schule an.   Z.B.: ___In den Niederlanden fangen Kinder mit 5 Jahren___ ___die Schule an.___

2. In der Schweiz spricht man vier Sprachen. _____

3. In Österreich gibt es 3000-Meter-Berge. _____

4. Deutschland hat viele Hafenstädte. _____

5. Deutschland hat zwei Meeresküsten. _____

3 Ein Gespräch. Sprechen Sie mit einem Partner: Bei Ihnen ist alles anders.

Partner:

Sie:

1. Ich gehe sonntags zum Fußball.   ___Ich gehe nie zum Fußball.___

2. Meine Familie sieht viel fern. _____

3. Wir haben einen Videorekorder. _____

4. Ich sehe gern Fernsehkomödien. _____

5. Wir spielen auch Kartenspiele. _____

4 Sagen Sie das Gegenteil:

1. Ich rufe Frau Dr. Franke an.   →   ___Ich rufe Frau Dr. Franke nicht an.___

2. Er schreibt den Brief.   →   _____

3. Sie hat Zeit.   →   _____

4. Sie hat viel Zeit.   →   _____

5. Das Zimmer hat Telefon.   →   _____

5 Wo steckt die Wahrheit? Beate schreibt einen Brief an ihre Mutter. Sie schreibt von ihrem neuen Freund Andreas.

Andreas ist wunderbar. Er ist immer pünktlich und sehr höflich. Er ist 20 Jahre alt, und er ist Informatiker. Er arbeitet bei Siemens. Er hat ein Auto, und er raucht nicht. Er isst sehr gern Fisch. Er steht morgens immer sehr früh auf und geht dann gleich zur Arbeit. Er ist sehr reich. ...

Tatsächlich weiß Beate: ___Andreas ist nicht immer pünktlich, und er ist auch nicht immer höflich.___

___Er ist nicht 20 Jahre alt, sondern 30, und ...___

_____

_____

_____

Das ist Herr Schmitz und sein Hut.

Das ist der Hut des Filmstars.

Und das? Das ist Monikas Hut.

Wessen Hut ist das? – Das ist Monika**s** Hut.
Wessen Computer ist das? – Das ist **ihr** Computer.
Wessen Brille ist das? – Das ist die Brille **des** Chef**s**.
(Wem gehört die Brille? – Dem Chef.)

Funktion von Possessiv-Artikel und Genitiv: Ausdruck von Besitz und Zugehörigkeit.
Fragewort: **Wessen**?

Dativ ◀ **15**

Possessiv-Artikel

ich	mein	Darf ich vorstellen, das ist **mein Sohn** Hans.
du	dein	Wo ist denn **dein Sohn** heute?
er	sein	Dort drüben, das ist Otto, und daneben, das ist **sein Bruder**.
sie	ihr	Ah, da ist Susanne, und das ist **ihr Mann**.
es	sein	Hier ist auch das Baby und **sein Stoffhund**.
wir	unser	Wie gefällt euch **unser Haus**?
ihr	euer	Wo liegt denn **euer Haus**?
sie	ihr	Darf ich vorstellen: Das sind Herr und Frau Schulz, und das ist **ihr Sohn**.
Sie	Ihr	Frau Wang, wo ist denn **Ihr Mann**?

„ein", „kein" ◀ **12, 18**

Deklination des Possessiv-Artikels: wie *„ein"* und *„kein"*

	Singular						Plural		
	maskulin		neutrum		feminin				
Nominativ	mein	Bruder	mein	Kind	mein**e**	Schwester	mein**e**	Eltern	Ebenso: dein, sein, ihr, sein, unser, euer, ihr, Ihr
Akkusativ	mein**en**	Bruder	mein	Kind	mein**e**	Schwester	mein**e**	Eltern	
Dativ	mein**em**	Bruder	mein**em**	Kind	mein**er**	Schwester	mein**en**	Eltern	
Genitiv	mein**es**	Bruders	mein**es**	Kindes	mein**er**	Schwester	mein**er**	Eltern	

euer Bruder, aber: eu**ren** Bruder, eu**re** Schwester, eu**re** Kinder …; unsere Schwester, mündlich auch: uns**re** Schwester

! **Tipp** **Drei Entscheidungen:**

1. **Wer** hat etwas?   sie -> **ihr** Vater, er –> **sein** Vater, ich –> **meine** Eltern
2. **Artikel** des Substantivs: **seine** Mutter (die Mutter), **sein**_ Vater (der Vater)
3. **Kasus** des Substantivs: Er besucht **seinen** Vater (Akkusativ).

Genitiv

das Büro **des Chefs**
das Lachen **des Kindes**
die Praxis **der Ärztin**
das Werk **eines Meisters**
die Blätter **der Bäume**

Substantiv + Genitiv

Name im Genitiv

Monikas Auto
Österreichs Grenzen

Hans'_ Anzug
Heinrich **Heines** Gedichte

Genitiv + Substantiv

von + Dativ statt Genitiv

Substantive ohne Artikel:
der Verkauf **von Äpfeln**
Umgangssprache:
das Auto **von Frau Müller**
die Freundin **von meinem Bruder**

Substantiv + „von" + Dativ

Deklination der Substantive ▶ **20**

1 Wohin kommen die Sachen? Frau K. packt den Koffer aus. Ihre Sachen kommen in das Regal links, seine Sachen in das Regal rechts

ihre Haarbürste,
_____
_____
_____
_____
_____

Buch •
Handtasche • Föhn •
~~Anzug~~ • ~~Haarbürste~~ •
Zeitschrift • Regenschirm •
Strumpfhose • Kostüm •
Shorts • Rasierapparat •
Lockenwickler

sein Anzug,
_____
_____
_____
_____
_____
_____

2 Was passt zusammen?

1. der Titel _1. b_ a. der Banken
2. der Gipfel ____ b. der Zeitschrift
3. der Name ____ c. der Sekretärin
4. das Geld ____ d. der Welt
5. das Ende ____ e. des Berges

Kennen Sie diese Filme?

6. Das Kabinett ____ a. Gottes
7. Geheimnisse ____ b. der Sterne
8. Aguirre oder der Zorn _8. a_ c. des Dr. Caligari
9. Krieg ____ d. einer Seele

3 Wessen ...? Wem ...?

1. Wolfgang, lass bitte _deine_ Zeitung nicht immer auf dem Tisch liegen!
2. Ich finde _____ Schlüssel nicht. Wo sind sie nur?
3. Wo ist denn Georg? Ist das hier _____ Fahrrad?
4. Maria ist schon weg, aber _____ Tasche ist noch hier!
5. _____ Deutschlehrerin heißt Frau Linde, wir mögen sie sehr gern.
6. _____ Mantel ist das hier in der Garderobe? Und _____ gehört der Hut?
7. Frau Kondratzky, bitte buchstabieren Sie _____ Namen!
8. Wie ist bitte der Vorname _____ Tochter, Herr Bode?
9. Erika! Jörg! Kommt rein und macht _____ Hausaufgaben!

wessen? •
wem? • mein •
~~dein~~ • sein • ihr • unser •
euer • Ihr • ihr

4 Partyfloskeln

1. Guten Abend, Herr Scholz, sind Sie allein? Ist _Ihre_ Frau nicht da?
2. Wie geht es denn _____ Mann, Frau Schumacher?
3. Und wie geht es _____ Kindern, Herr Ackermann?
4. Herr Danzig, darf ich Ihnen _____ Mann vorstellen?

5 Das ist meine Familie

Links vorn, das ist _mein_ Vater, daneben _____ **1** Mutter. Gleich rechts daneben, das ist _____ **2** Tante Anna, die Schwester _____ **3** Mutter. Hinten stehen Richard, mein Bruder, und _____ **4** Frau Carla. Die Tochter _____ **5** Bruders ist auch da, gleich vorn rechts. Ganz vorn liegt _____ **6** (Richard) Hund, er gehört auch zur Familie. Und wo bin ich?

„Ja klar, wir sehen uns jeden Morgen im Lift."

„Erika, kennst du schon meinen neuen Nachbarn, Herrn Müller?"

Deklination der Substantive

Der Artikel zeigt Genus und Kasus des Substantivs. Das Substantiv selbst hat nur wenige Endungen.

	Singular			Plural		
	maskulin	neutrum	feminin			
Nominativ	der ⎫	das ⎫	die ⎫	die ⎫ Maler	Bilder	Künste
Akkusativ	den ⎬ Maler	das ⎬ Bild	die ⎪	die ⎭		
Dativ	dem ⎪	dem ⎪	der ⎬ Kunst	den Malern	Bildern	Künsten
Genitiv	des ⎭ Malers	des ⎭ Bildes	der ⎭	der Maler	Bilder	Künste

<table>
</table>

! **Hinweis**
Genitiv: -es nach Wörtern mit einer Silbe und
nach *-d, -t, -s, -sch, -tz*: des Wort**es**, des Fluss**es**, des Witz**es** …

! **Hinweis**
Dativ Plural: Fremdwörter mit *-s*:
die Radio**s** – den Radio**s**

n – Deklination

Typ I **Typ II**

	Singular			Plural	
	maskulin		maskulin		
Nominativ	der ⎫ Nachbar	der ⎫	Name	die ⎫	
Akkusativ	den ⎪	den ⎬	Namen	die ⎪	Nachbarn – Namen
Dativ	dem ⎬ Nachbarn	dem ⎭		den ⎬	
Genitiv	des ⎭	des	Namens	der ⎭	

Nur ein paar Substantive haben n-Deklination (Beispiele im Nominativ und Genitiv):

Typ I: immer *-n/-en* außer im Nominativ Singular
Maskuline Lebewesen auf *-e*: der Junge – des Junge**n**, der Kunde – des Kunde**n**, der Affe – des Affe**n**,
der Türke – des Türke**n**, der Franzose – des Franzos**en**, …
Fremdwörter auf *-ant, - ent, -ist, - oge, -at*: der Student – des Student**en**, der Biologe – des Biolog**en**, …
Einige weitere maskuline Substantive: der Herr – des Herr**n**, der Mensch – des Mensch**en**,
der Nachbar – des Nachbar**n**, der Bauer – des Bauer**n**, der Bub – des Bub**en** (österreichisch / süddeutsch), …

Typ II: wie Typ I, aber *-s* im Genitiv Singular
Einige maskuline Abstrakta auf *-e*: der Name – des Name**ns**, der Gedanke – des Gedank**ens**,
der Friede – des Fried**ens**, der Buchstabe – des Buchstab**ens**, …
Ebenso: Ein Substantiv neutrum: das Herz – das Herz – dem Herz**en** – des Herz**ens**

1 Ergänzen Sie die richtige Form des Substantivs:

| der Antragsteller
| die Ehefrau
| der Freund
| der Park
| das Kind
| der Vater

1. Bitte eintragen: Geburtsdatum des ___*Antragstellers*___ und der _____.

2. Im Sommer besuchen uns wieder unsere _____ aus der Schweiz.

3. Ich liebe Palermo! Dort gibt es so viele _____!

4. Leihst du deinen _____ dein Auto?

5. Was schenkst du denn deinem _____ zum Geburtstag?

2 Endung -(e)n oder nicht?

1. Student*en* ___ haben meist nicht viel Geld, sie essen deshalb in der Mensa.

2. Buchstabieren Sie bitte Ihren Vor- und Nachname_____!

3. Wir kennen das Mädchen, aber nicht den Junge_____.

4. Wie gefällt denn den Praktikant_____ ihre Arbeit?

5. Der Löwe_____ ist der König der Tiere_____.

6. Kennen Sie schon Herr_____ Oculi, den Augenarzt?

7. Optimist_____ sagen, das Glas ist halb voll, Pessimist_____ sagen, das Glas ist halb leer.

3 Was passt hier?

1. der Anfang ___*des Films*___
2. das Ende _____
3. das Büro _____
4. das Gehalt _____
5. die Abfahrt _____
6. die Dame _____
7. die Meinung _____
8. die Stimme _____

Bestimmen Sie zuerst den Artikel: „der", „das" oder „die"?

Chef •
Zug • Herz • Liebe •
Haus • ~~Film~~ • Kollege •
Leute

(Manche Wörter passen auch mehrfach.)

4 Nachbarschaft. Setzen Sie die Wörter ein und ergänzen Sie die Endung (wenn nötig).

● Kennst du schon unseren neuen ___*Nachbarn*___ , _____ **1** Gérard?

○ Ja, ich finde ihn sehr nett. Ich glaube, er ist _____ **2** .

● Stell dir vor, er hat einen _____ **3** als Haustier, aus Mexiko.

○ Wie aufregend! Ich hoffe, der _____ **4** beißt unsere Katze nicht.

● Ich glaube nicht. Er ist ja zahm und tut den _____ **5** und Haustieren nichts.

Herr •
Franzose • Mensch •
~~Nachbar~~ • Herr •
Affe

Schreiben Sie ähnliche Dialoge mit: Nachbar / Nachbarin, Herr / Frau, Däne, Grieche, ... Löwe, Hase, ...

_____
_____
_____
_____

„Ich ziehe mich alleine an und putz' mir dann die Zähne."

Die Mutter zieht ihn an.

Reflexive Verben

	Akkusativ					Dativ			
ich	ziehe	**mich**	an		ich	ziehe	**mir**	den Mantel	an
du	ziehst	**dich**	an		du	ziehst	**dir**	den Mantel	an
er					er				
sie	zieht	**sich**	an		sie	zieht	**sich**	den Mantel	an
es					es				
wir	ziehen	**uns**	an		wir	ziehen	**uns**	den Mantel	an
ihr	zieht	**euch**	an		ihr	zieht	**euch**	den Mantel	an
sie	ziehen	**sich**	an		sie	ziehen	**sich**	den Mantel	an
Sie	ziehen	**sich**	an		Sie	ziehen	**sich**	den Mantel	an

Subjekt   Reflexiv-Pronomen

Reflexiv-Pronomen im Akkusativ

Wenn es ein Akkusativ-Objekt gibt,
dann steht das Reflexiv-Pronomen im Dativ.

Hinweis
Reflexiv-Pronomen
= Personal-Pronomen.
Außer: **sich**

Dativ ◀ 15

Ebenso: sich (die Hände) waschen, sich die Zähne / die Nase putzen, sich rasieren, sich duschen, ...
Weitere reflexive Verben: sich freuen, sich schämen, sich beeilen, sich sorgen, sich erholen,
sich ausruhen, sich amüsieren, sich etwas merken, sich bedanken, sich erkundigen, ...

Gegenseitig

Anke und Ralf lieben **sich**.
(Oder: Sie lieben **einander**.)

Ebenso: sich begrüßen, sich kennen lernen,
sich ansehen, sich begegnen, sich verstehen,
sich küssen, sich umarmen, ...

Positionen im Satz

❶	❷ Verb			Satzmitte			Satzende
Marianne	ruht		**sich**		im Urlaub		aus.
Jeden Tag	sonnt	sie	**sich**		am Strand.		
Jeden Morgen	putzt		**sich**	Peter		die Zähne.	
	Setzen	Sie	**sich**	bitte	hierher!		

Das Reflexiv-Pronomen steht normalerweise ganz links in der Satzmitte.
Aber: Ein Personalpronomen als Subjekt steht immer <u>vor</u> dem Reflexiv-Pronomen.

1 Ergänzen Sie das Reflexiv-Pronomen:

1. Es ist 7 Uhr! Steh bitte auf, wasch __*dich*__ und putz _____ die Zähne!

2. Beeilt _____ bitte!

3. Vorsicht, das Messer ist scharf! Schneiden Sie _____ nicht!

4. Wann sehen wir _____ wieder, mein Liebster?

5. Freust du _____ schon auf die Ferien?

6. Merk _____ die Regel gut!

7. Vorsicht, die Suppe ist heiß! Verbrenn _____ nicht den Mund!

2 Wo fehlt etwas? Ergänzen Sie das Reflexiv-Pronomen an der richtigen Stelle.

1. Das Kind spielt mit der Kerze und verbrennt den Finger.

   Das Kind spielt mit der Kerze und verbrennt sich den Finger.

2. Jedes Jahr zu Silvester verletzen viele Menschen beim Feuerwerk.

3. Sie gehen ins Kabarett und amüsieren köstlich.

4. Wir erkundigen nach den Preisen für einen Flug nach Stuttgart.

5. Morgen wasche ich die Haare.

3 Hermann und Annette

1. Hermann und Annette – sich schon seit langem kennen

   Hermann und Annette kennen sich schon seit langem.

2. sich jeden Tag an der Bushaltestelle sehen _____

3. sich jedes Mal freundlich begrüßen _____

4. sich immer im Bus nebeneinander setzen _____

5. sich während der Fahrt gut unterhalten _____

6. sich am Ende der Busfahrt verabschieden _____

7. sich sehr sympathisch finden _____

8. aber: sich nie am Abend treffen und sich nie zu Hause besuchen _____

4 Hermann erzählt. Erzählen Sie aus der Perspektive von Hermann.

1. Ich kenne Annette schon seit langem.

2. *Jeden Morgen sehen wir uns an der Bushaltestelle.*

3. Wir begrüßen _____

4. …

5 Eine andere Geschichte

Anke und Ralf lernen sich im Italienischkurs kennen. Sie finden sich gleich sympathisch.

Schreiben Sie die Geschichte weiter: sich oft nach dem Unterricht treffen – sich gut verstehen – sich verlieben – sich streiten – sich wieder vertragen – sich verloben – heiraten – Happyend!?

„Ah! Die Mücke ist schön dick! Aber die Fliege ist noch dicker! Und da! Der Käfer ist am dicksten. Den hol' ich mir!"

Komparativ und Superlativ

Grundform	Komparativ	Superlativ
dick	dick**er**	**am** dick**sten**
dünn	dünn**er**	**am** dünn**sten**
schlecht	schlecht**er**	**am** schlecht**esten**
teuer	teu**er**	**am** teuer**sten**
lang	läng**er**	**am** läng**sten**
kurz	kürz**er**	**am** kürz**esten**
groß	größ**er**	**am** größ**ten**
nah	näh**er**	**am** nä<u>ch</u>**sten**
hoch	höh**er**	**am** hö<u>ch</u>**sten**
gut	**besser**	**am besten**
gern	**lieber**	**am liebsten**
viel	**mehr**	**am meisten**
sehr	**mehr**	**am meisten**

Besondere Formen:
-esten nach *-d, -t, -s, -ß, -sch, -x, -z*
teuer – teu<u>r</u>er, sauer – sau<u>r</u>er, …

a, o, u –> ä, ö, ü
Ebenso: alt, arg, arm, hart, kalt, krank, scharf, schwach, schwarz, stark, warm, grob, dumm, gesund, jung, klug

Unregelmäßig:
A arbeitet **viel**, aber B arbeitet **mehr**.
Ich interessiere mich **sehr** für Biologie, aber noch **mehr** für Chemie.

Vergleiche

Hans ist (genau) **so groß wie** Erika.
Norbert ist **nicht so groß wie** Hans.
Hans und Erika sind **größer als** Norbert.

Das sagt man oft:
Die Mücke ist dick, aber die Fliege ist **noch dicker**. Herr Braun hat viel Geld, aber Herr Schwarz hat **noch mehr**! Frau Lila hat **viel mehr** Geduld als ihr Mann.

! **Hinweis**
Grundform: **wie**
Komparativ: **als**

Satzklammer **23** →

Positionen im Satz

Er	kommt	später	zurück	als sie.
Hans	ist	genauso	groß	wie Erika
❶	❷			

! **Hinweis**
„als …" und „wie …" meistens nach der Satzklammer!

1 Schreiben Sie den Komparativ und den Superlativ:

1. alt _____älter_____ _____am ältesten_____ 5. viel _____mehr_____ _____am meisten_____
2. jung _____ _____ 6. teuer _____ _____
3. groß _____ _____ 7. gut _____ _____
4. hoch _____ _____ 8. gern _____ _____

2 Etwas Geografie

1. Hamburg ist etwa so groß ____wie____ Vancouver.
2. Ist die Donau wirklich länger _____ der Rhein?
3. Der Eiffelturm ist nicht so hoch _____ das World Trade Center.
4. Was glauben Sie: Ist die Zugspitze höher _____ das Matterhorn oder umgekehrt?

   (Die Zugspitze ist der höchste Berg Deutschlands, das Matterhorn der höchste Berg der Schweiz.)

3 Vergleichen Sie:

1. Heute ist es viel ____wärmer als____ gestern, 28 Grad!
2. Alex ist nicht so _____ er glaubt!
3. Dein Stuhl sieht _____ aus _____ mein Stuhl.
4. Thomas arbeitet viel _____ sein Nachbar.
5. Ich interessiere mich sehr für Malerei, aber noch _____ für Theater.
6. Sind die Menschen heute _____ früher?

> warm • klug •
> höflich • sehr • viel •
> bequem

4 Meine Freundin und ich

1. Meine Freundin Beate ist zwei Jahre ____jünger als____ ich.
2. Sie geht gern Schilaufen, aber ich schwimme _____.
3. Sie ist 5 cm _____, aber sie wiegt genauso _____ ich.
4. Ihre Haare sind schwarz und etwas _____ meine.
5. Ich gehe oft ins Kino, aber sie ist eine Filmfanatikerin, sie geht _____.

Schreiben Sie noch drei Sätze: viele Leute kennen, schon 2 Jahre hier leben, viel fernsehen

5 Hobbys

Maria sagt: „Ich fahre ____gern____ Rad, aber ____lieber____ gehe ich spazieren."

Und Sie? Was machen Sie gern?

(schwimmen, tauchen, Tennis spielen, Golf spielen, joggen, tanzen, wandern, klettern, …)

6 Eine Super-Familie

> Großmutter / Großvater •
> Mutter / Vater • Onkel / Tante •
> Schwester / Bruder •
> Nichte / Neffe • …

1. Wer in Ihrer Familie ist

   ____am geduldigsten____, wer am …?

2. Meine … ist am geduldigsten, …

> jung •
> alt • schlank •
> fleißig • musikalisch •
> humorvoll • geduldig

Die Tierpflegerin gibt den Tieren ihr Futter, dem kranken Tiger gibt sie Medizin.

Elemente in der Satzmitte

Satzklammer

❶	❷	Satzmitte				Satzende
Die Tierpflegerin	gibt			den Tieren		ihr Futter.
Die Kinder	ziehen			sich	schnell	die Schuhe
Heute	bringe	ich		meiner Mutter		den Wagen.
Morgen	bringt	sie	ihn	mir		
						aus.
						zurück.

Position I: Subjekt oder Adverb

Satzmitte: Subjekt meist direkt hinter dem Verb, wenn nicht auf Position I
Dativ vor Akkusativ, aber Pronomen im Akkusativ vor Dativ
Adverbien stehen oft zwischen zwei Objekten.

Positionen im Satz **11, 16**

Akkusativ oder Dativ auf Position I

❶	❷		Satzmitte			Satzende
Bernd	liest		seinen Kindern		ein Märchen	vor,
den Schluss	erzählt	er	ihnen	aber erst morgen.		
Das	verstehe	ich		gut!		
Die Tierpflegerin	bringt		ihren Tieren	heute	neues Futter,	
dem kranken Tiger	gibt	sie			Medizin.	

Akkusativ oder Dativ auf Position I: Verbindung mit Kontext, Thema, Kontrast

Neue Information

Neue Information

❶	❷		Satzmitte		Neue Information	Satzende
Heute	bringe	ich	meinem Sohn		ein Fahrrad	mit.
Morgen	leihe	ich		das Fahrrad	einem Freund.	
Ich	kaufe		ihr	das Kleid	heute.	
Ich	kaufe		ihr	heute	ein Kleid.	

Neue Information: rechts in der Satzmitte, oft mit Indefinit-Artikel!

Indefinit-Artikel **14**

1 Am Bahnhof. Markieren Sie: <u>Subjekt</u> <u>Akkusativ-Objekt</u> <u>Dativ-Objekt</u>

<u>Der Zug</u> kommt in Köln an. Peter Schulz steigt aus. Er hat Hunger und sucht ein Restaurant. Da sieht er am Zeitungskiosk eine Kollegin. Sie lächelt ihn an. Er vergisst seinen Hunger sofort. Schnell geht er hin und begrüßt sie: „Guten Tag, Frau Korte. Was machen Sie denn hier? Darf ich Sie zu einem Kaffee einladen?" Frau Korte nimmt die Einladung an. In der Cafeteria holt er ihr eine Tasse Kaffee und sie bietet ihm Schokolade an. Fast eine Stunde unterhalten sie sich. Dann fährt ihr Zug ab und Peter ist wieder allein.

2 Wohin gehören Dativ und Akkusativ?

1. Heute bringt der Briefträger Post aus Amerika. (dem Ehepaar)

　　Heute bringt der Briefträger dem Ehepaar Post aus Amerika.

2. Nächste Woche besuche ich in London. (dich) _____

3. Er sagt ihr noch nicht. (es) _____

4. Wir schenken einen Rasenmäher. (unseren Nachbarn) _____

3 Formulieren Sie anders:

1. Ich fange morgen meine Diät an! –> *Morgen fange ich meine Diät an!*

2. Volker sieht <u>jeden Abend</u> die Nachrichten im Fernsehen. –>

3. Es regnet nun schon <u>zwei Stunden</u>. –>

4. Leider kommen <u>Herr und Frau Stolz</u> heute nicht mit. –>

5. Der Flüchtling erzählt uns <u>immer wieder</u> die Geschichte seiner Familie. –>

4 Warten am Flughafen. Antworten Sie mit dem Thema auf Position I:

1. Sag mal, was bringst du deinen Freunden und
　ihrer Tochter aus Kanada mit?

Meinen Freunden bringe ich Lachs mit, und ihrer
Tochter Schokolade.

(Freunden – Lachs; Tochter – Schokolade)

2. Ich fahre nach Bayern, zum Schloss
　Neuschwanstein. Kennst du das?

_____
_____

(Bayern – gut; Schloss Neuschwanstein – nicht)

3. Kennst du den Witz von der Ameise
　und dem Elefanten?

_____
_____

(den Witz – noch nicht)

5 Was macht der Koch / der Lehrer / der Arzt?

1. bereitet – der Koch – vor – am Nachmittag – kauft – das Fleisch – die Suppe – er – dann

　Der Koch bereitet am Nachmittag die Suppe vor. Dann kauft er das Fleisch.

2. am Donnerstag Morgen – 45 Tests – seinen Schülern – erklärt – er – korrigiert – noch einmal – die Regel –
　am Mittwoch Abend – der Lehrer

3. verschreibt – eine Lungenentzündung – sofort – der Arzt – hat – ein Antibiotikum – denn – er – dem Mann

55

Sätze mit Lokal-Objekten

Wo?

Im Kühlschrank sind Milch und Käse. Das Obst steht **auf dem Tisch**.
Die Getränke sind **unter dem Regal**. Der Schlüssel hängt **über dem Regal an der Wand**.

Wo ist etwas?
Wo passiert etwas?

Präposition + Substantiv im Dativ (= Lokal-Objekt)

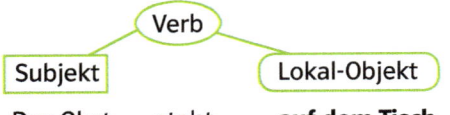

Subjekt	Verb	Lokal-Objekt
Das Obst	steht	**auf dem Tisch**.

Statische Verben:
sein, bleiben, liegen, stehen, sitzen,
hängen, stecken, ...

Gebrauch **25** ➤

Lokale Präpositionen

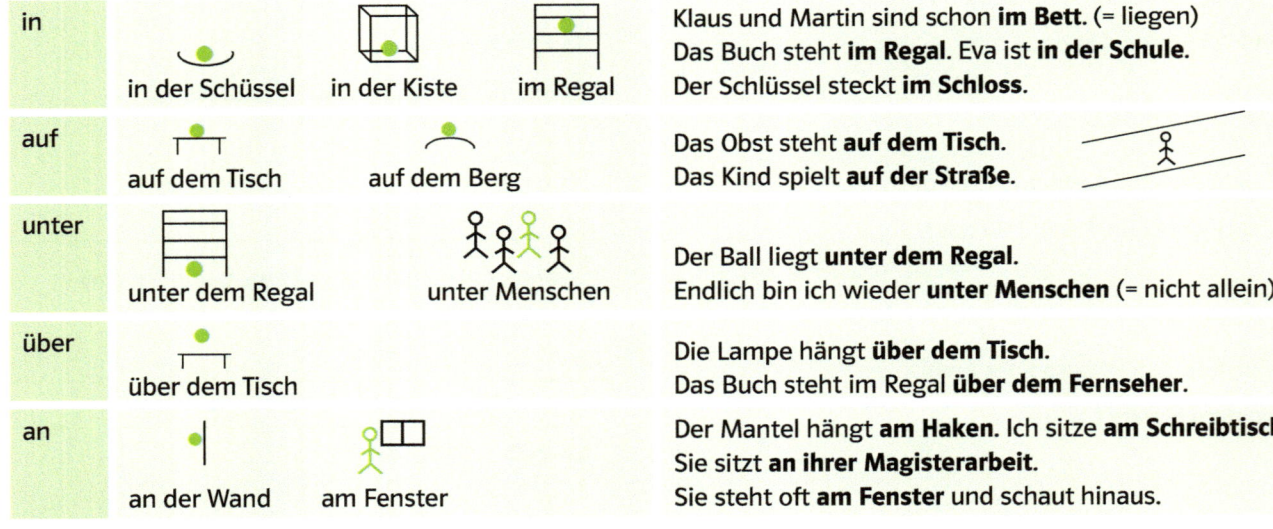

in	in der Schüssel · in der Kiste · im Regal	Klaus und Martin sind schon **im Bett**. (= liegen) Das Buch steht **im Regal**. Eva ist **in der Schule**. Der Schlüssel steckt **im Schloss**.
auf	auf dem Tisch · auf dem Berg	Das Obst steht **auf dem Tisch**. Das Kind spielt **auf der Straße**.
unter	unter dem Regal · unter Menschen	Der Ball liegt **unter dem Regal**. Endlich bin ich wieder **unter Menschen** (= nicht allein).
über	über dem Tisch	Die Lampe hängt **über dem Tisch**. Das Buch steht im Regal **über dem Fernseher**.
an	an der Wand · am Fenster	Der Mantel hängt **am Haken**. Ich sitze **am Schreibtisch**. Sie sitzt **an ihrer Magisterarbeit**. Sie steht oft **am Fenster** und schaut hinaus.

am: an + dem → **am** Fenster   Mündlich auch: auf'm (= auf dem), über'm (= über dem),
im: in + dem → **im** Regal   unter'm (= unter dem)
Aber: Jemand zeigt auf etwas: an **dem** Fenster, in **dem** Haus (= an **diesem** Fenster, in **diesem** Haus)

dieser **92** ➤

1 Was passt hier zusammen?

1. ~~Das Buch steht~~   4. Das Bild hängt   a. im Korb.   b. auf dem Schrank.

2. Das Foto liegt   5. Die Katze liegt   c. über dem Kamin.   d. am Fenster.

3. Der Schreibtisch steht   6. Der Koffer liegt   e. unter der Zeitung.   f. ~~im Regal.~~

1. *Das Buch steht im Regal.*   4. _____

2. _____   5. _____

3. _____   6. _____

2 Was für ein Chaos!

Liebe Helga, ich halte das nicht mehr aus. Diese Kinder! Schrecklich!

Die Wohnung ist ein einziges Chaos: In der Küche stehen Tassen und

Teller ___*auf dem Tisch*___ , das Obst liegt _____ 1 ,

Käse und Wurst sind _____ 2 , und die Zeitung liegt

_____ 3 . Das Wohnzimmer sieht nicht besser aus:

Die Spielsachen liegen _____ 4 und _____ 5 .

Nur das Bild hängt am richtigen Platz: _____ 6 , _____ 7 .

Sind deine Kinder auch so schlimm? Wann wird das endlich besser?

Melde dich mal!

Liebe Grüße, Veronika

Achten Sie auf das Genus!

| ~~auf, Tisch~~; auf, Boden
| in, Regal
| unter, Tisch
| auf, Sofa; unter, Stühle
| an, Wand; über, Kamin

3 Was passt?

1. Seid ihr immer noch ___*im*___ Bett?

2. Der Hut hängt _____ Garderobe.

3. Such doch mal _____ Schublade!

4. Ich sitze gerne _____ Schatten.

_____ Baum.

5. Bitte, Kinder, spielt _____ Garten, nicht _____ Straße!

6. Nur _____ Freunden fühle ich mich richtig wohl!

7. Haben Sie auch eine Satellitenschüssel _____ Dach?

8. _____ Wolken scheint immer die Sonne.

4 Lieber Klaus,

vielen Dank für alles! Leider muss ich jetzt schnell los.

Das Buch von Jurek Becker ___*liegt auf dem Wohnzimmertisch*___ . Ich finde es

sehr gut! Die Fotos _____ 1 . Wir haben keine Getränke mehr, die

Flaschen _____ 2 . Es gibt noch etwas Milch, die _____ 3 . Deine Jacke _____ wieder

_____ 4 , vielen Dank für's Leihen! _____ 5 eine Fahrkarte für die U-Bahn, ich brauche sie

nicht!

Alles Liebe, Susanne

liegen ● hängen ● sein ●
stehen ● stecken

P.S. Ach mein Gott, der Fahrradschlüssel – wo ist der nur?

Ich glaube, er liegt _____ 6 , vielleicht _____ 7

er aber auch _____ 8 .

Kühlschrank ●
Regal ● Wohnzimmertisch ●
Fahrradschloss ●
Schublade ● …

Lieber Hans,
hier ist ein Foto von meiner
Familie. Rechts neben mir
sitzt mein kleiner Bruder
Micha und links ist meine
Schwester Carola. Hinter uns
stehen meine Eltern und
zwischen ihnen, das ist
Onkel Paul.
Alles Liebe, Sylvia

Sätze mit Lokal-Objekten

Wo?

Neben mir sitzt mein kleiner Bruder Micha.
Hinter uns stehen meine Eltern, und
zwischen ihnen, das ist Onkel Paul.

Links ist meine Schwester Carola.
Hinten stehen meine Eltern.

Wo ist etwas?
Wo passiert etwas?

Präposition + Dativ (= Lokal-Objekt)

Lokal-Adverb

Lokale Präpositionen

neben		Das Bad ist **neben der Küche**. Die Post ist **neben dem Supermarkt**.
zwischen		Paul sitzt **zwischen Karin und Sven**. ● Wo ist nur das Foto? ○ Es liegt **zwischen den Briefen**.
vor		**Vor dem Haus** steht ein alter Baum. Ich warte **vor der Post** auf dich.
hinter		Er steht **hinter ihr**. Das Kind versteckt sich **hinter der Tür**.

Lokal-Adverbien

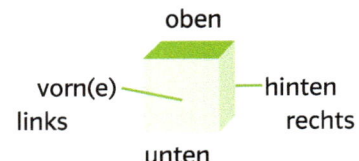
oben
vorn(e) — hinten
links — rechts
unten

Wir wohnen **oben**, Maiers wohnen **unten**.
Hinten stehen die Erwachsenen, **vorn** sitzen die Kinder.
Links sitzt Micha, **rechts** meine Schwester.

Weitere Lokal-Adverbien **29** ➤

Was steht – sitzt – liegt – ist ...?

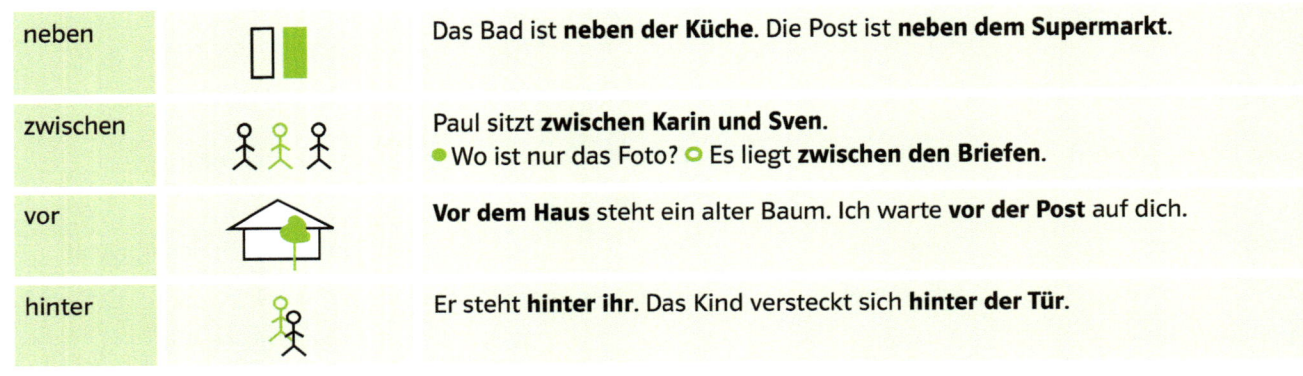

sein	Der Ball **ist** unter dem Tisch. Das Buch **ist** in der Küche. Karl **ist** im Wohnzimmer.
stehen	Das Buch **steht** im Regal. Der Teller **steht** auf dem Tisch. Was **steht** in dem Brief?
liegen	Das Buch **liegt** auf dem Boden. Neben dem Teller **liegen** Messer und Gabel. Die Jacke **liegt** auf dem Stuhl. Das Wort **liegt** mir auf der Zunge. (idiomatisch: *es fällt mir gleich ein*)
sitzen	Hinter dem Vorhang **sitzt** eine Katze. Kinder, **sitzt** bitte nicht so lange vor dem Fernseher! (*seht nicht so lange fern*). Die Schraube **sitzt** nicht fest. Die Brille **sitzt** auf der Nase.
hängen	Der Schlüssel **hängt** am Haken. Der Mantel **hängt** an der Garderobe. Das Bild **hängt** an der Wand.
stecken	Der USB-Stick **steckt** im Computer. Der Schlüssel **steckt** im Schloss. Wo **steckst** (= bist) du denn?
bleiben	Wie lange **bleibt** er in der Stadt?

! Hinweis
Im Deutschen benutzt man oft die spezifischen Verben, nicht so oft „sein".

1 Familienskizze

Da, schau mal: Das ist mein Vater – da, zwischen

meiner Mutter und meinem großen Bruder. Rechts

neben meinem Bruder steht Großvater. Hier vorne

sitze ich. Rechts neben mir liegt Prinz, unser Kater.

Links von mir sitzt meine Tante Herta, die finde ich sehr nett.

Skizzieren Sie:

2 Wer wohnt wo?

1. Familie Winkler wohnt _____*ganz links.*_____

2. Das Ehepaar Staudinger wohnt _____

3. Frau Schröder und ihr Freund wohnen _____

4. Familie Curic wohnt _____

Winkler   Curic   Staudinger
Schröder

ganz links ● ganz rechts ●
links neben ● zwischen ●
rechts neben

3 Das neue Haus

Liebe Carmen,

das ist also unser neues Haus! ___*Neben*___ ___*dem*___ Haus gibt es einen kleinen

Garten. Das Haus hat zwei Stockwerke: _____ **1** sind die Küche, eine

Toilette, das Wohnzimmer und eine Abstellkammer, _____ **2** sind die Schlafzimmer. Das Bad ist

_____ _____ **3** (unser) Schlafzimmer und _____ **4** Kinderzimmer, das ist sehr

praktisch. _____ _____ **5** Erdgeschoss ist noch ein großer Keller, das ist in

Deutschland ganz normal. Leider ist _____ _____ **6** Haus e ne Baustelle,

darum ist es oft sehr laut. Aber das hört sicher bald auf!

zwischen ●
unter ● oben ● vor ●
neben ● unten

Achtung!
das Haus, das Schlafzimmer,
das Erdgeschoss

4 Sitten. Formulieren Sie mit Präpositionen aus den Kapiteln 24 und 25.

1. Vorhänge, die Fenster (Pl.)   In Deutschland haben viele Leute ___*Vorhänge vor den Fenstern.*_____

2. viele Satellitenschüsseln, die Dächer   _____ gibt es _____

3. Radwege, Gehsteig   In vielen Städten gibt es _____

5 liegen – stehen – hängen …?

1. Das Foto

*liegt im*

*Regal.*

2. Das Foto

_____

3. Das Foto

_____

6 Ein Traum

Samstagmorgen. Ich schlafe lange. Dann stehe ich auf. Alles ist schon fertig: Eine weiße

Tischdecke _*liegt*_ **1** Tisch. Der Kaffee duftet; ein Korb mit Brötchen _____ **2**

Kaffeekanne, und auch die Zeitung _____ **3** Tisch. Die Katze _____ **4** Fensterbrett und

schnurrt mich freundlich an. Das Wochenende kann beginnen!

"Wohin stellen wir die Vase? Ins Regal? Ans Fenster? Auf den Tisch?"

"Am besten in den Schrank, da sieht man sie nicht!"

Sätze mit Direktional-Objekten

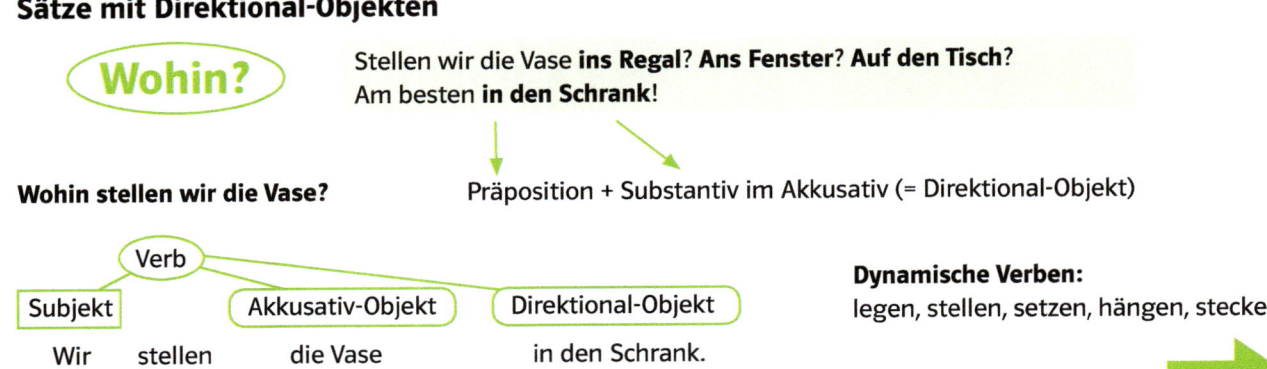

Wohin?

Stellen wir die Vase **ins Regal? Ans Fenster? Auf den Tisch?**
Am besten **in den Schrank**!

Wohin stellen wir die Vase?

Präposition + Substantiv im Akkusativ (= Direktional-Objekt)

Verb

Subjekt — Akkusativ-Objekt — Direktional-Objekt

Wir   stellen   die Vase   in den Schrank.

Dynamische Verben:
legen, stellen, setzen, hängen, stecken, ...

„kommen", „gehen", „fahren" ... **27, 28** ➜

Perspektiven

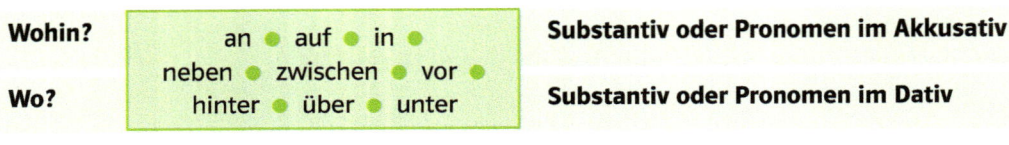

Wohin?   an ● auf ● in ●   **Substantiv oder Pronomen im Akkusativ**
neben ● zwischen ● vor ●
Wo?   hinter ● über ● unter   **Substantiv oder Pronomen im Dativ**

Wohin?

Setzen Sie sich doch **aufs Sofa**, das ist bequemer!
Ich **lege** die Schlüssel **unter die Fußmatte**.
Stell das Auto doch **in die Garage**!
Hängen Sie den Mantel hier **an die Garderobe**.
Steck bitte das Hemd **in die Hose**!
Die Schulsachen **gehören** nicht **in die Küche**!
● **Wohin kommen** denn die Teller?
○ Hier **in den Schrank**!

Wo?

Man sitzt sehr gut **auf dem Stuhl**!
Paula **liegt auf dem Sofa** und liest.
Im Schrank steht die Vase gut, da seh' ich sie nicht!
● Wo **ist** nur mein Reisepass?
○ Such doch mal **in deiner Handtasche**!
Im Wohnzimmer findest du die Zeitung.
Die Kinder **verstecken** sich immer **im Schrank**.

ans: an + das → **ans** Fenster   Mündlich auch: aufs, hinters, übers, vors Regal (= auf das, hinter das, ...)
ins: in + das → **ins** Regal
Aber: Jemand zeigt auf etwas: an **das** (= an **dieses**) Fenster; in **das** (= in **dieses**) Regal.

„dieser" **92** ➜

1 Was passt hier zusammen?

1. ~~Hängen wir das Bild~~
2. Stell bitte den Tisch
3. Ich lege die Zeitungen
4. Setz dich bitte
5. Ich stelle das Buch
6. Hängen Sie Ihren Mantel

a. dort an den Haken!
b. ins Regal.
c. ~~über den Kamin?~~
d. ans Fenster.
e. hinter deine Mutter!
f. zwischen die Lexika.

1. _Hängen wir das Bild über den Kamin?_
2. _____
3. _____
4. _____
5. _____
6. _____

2 Fototermin

Achten Sie auf das Genus!

Klaus, setz dich bitte mal ___neben deine___ Schwester. Karl, du bist so groß,

stell dich mal _____ **1** Geschwister! Und leg die Zeitung _____ **2**

Tisch! Was machen wir mit Waldi, dem Hund? Am besten legt er sich

_____ **3** ganze Familie, sonst sieht man ihn nicht. Nein, Waldi, setz

dich bitte nicht _____ **4** Tisch! So ist es gut! Bitte alle lächeln!

> auf ● unter ●
> ~~neben~~ ●
> vor ● hinter

3 Wo ist das? – Wohin gehört das?

● Ich finde den Fahrradschlüssel nicht, er hängt nicht ___am___ Schlüsselbrett und er steckt nicht

_____ **1** Schloss! ○ Du steckst ihn doch oft _____ **2** Handtasche, vielleicht ist er da? Oder

such mal _____ **3** Manteltaschen. Am besten hängst du ihn in Zukunft immer _____ **4**

Schlüsselbrett, dann finden wir ihn immer. ● Ah, jetzt sehe ich ihn, er liegt _____ **5** Wohnzimmertisch. Du

hast recht, Schlüssel gehören _____ **6** Schlüsselbrett. Jetzt muss ich aber los, tschüs!

4 Jetzt räumen wir auf! Ergänzen Sie Verben und Lokal-Objekte.

Achten Sie auf das Genus!

Jetzt räumen wir auf! Die Kinder helfen mit! Aber man muss ihnen alles sagen:

___Stellt___ bitte die Tassen und Teller ___in den Schrank___! Hebt das Obst auf und

_____ es _____ **1**, _____ den Korb dann _____ **2**!

Räumt bitte im Wohnzimmer auf: _____ die Spielsachen _____ **3**

und _____ die Bücher _____ **4**! _____ eure Jacken

_____ **5**! _____ bitte das Fahrrad _____ **6**,

nicht _____ **7**.

| ~~Schrank~~
| Korb, Tisch
| Kiste
| Regal
| Garderobe, Garage
| Garten

5 Wohin mit den Möbeln?

Karin und Margot ziehen in eine Wohngemeinschaft. Sie richten die Küche gemeinsam ein. Aber sie haben sehr

unterschiedliche Meinungen!

Karin: ___Stellen___ wir den Tisch ___an die Wand___? (Wand)

Margot: Nein, nein, nicht an die Wand! Wir stellen ___ihn___ (er) besser _____ **1**

(Mitte des Raums), _____ **2** . (Lampe)

Karin: Wirklich? Das finde ich nicht gut. Dann lieber _____ **3** (Fenster), da hat man

wenigstens Licht!

Spielen Sie mit einem Partner / einer Partnerin weiter.

Kommen Sie zu uns auf die Insel, denn bei uns sind Sie König! Leben Sie am Strand, unter Palmen, am Meer!

Verben + Direktional- Objekt

Wohin kommen / gehen / fahren … Sie?
Kommen Sie **zu uns**! Kommen Sie **auf die Insel**!
Kommen Sie **nach Deutschland**!

„zu" und „nach" immer + Dativ

Präposition + Akkusativ

Verben + Lokal- Objekt

Wo wohnen / leben / sind … Sie?
Bei uns sind Sie König!
In Deutschland gibt es auch arme Leute.

Immer: Präposition + Dativ

> **! Hinweis**
> Direktional-Objekte: Nur „zu" und „nach" mit Dativ, sonst immer Akkusativ!

Verwendung der Präpositionen
Wohin?

zu	Gehen wir **zu dir**! Im Urlaub fahren wir **zu Freunden nach Polen**. Ich gehe jetzt **zur** (= zu der) **Post**. Er geht **zum** (= zu dem) **Marktplatz**. (*Personen, Institutionen, Läden, Plätze*)
nach	Ich fahre **nach Österreich / nach Zürich**. Die Straße führt **nach Norden**. Schau mal **nach links**! (*Länder + Orte <u>ohne Artikel</u>, Lokal-Adverbien*)
in	Wir fahren **in die Schweiz / in die USA / in den Süden**. Ich gehe **in die Schule / ins Haus**. (*Länder + Orte <u>mit Artikel</u>; Gebäude*)
auf	Kommen Sie **auf die Insel**! Lauf nicht **auf die Straße**! Ich gehe **auf die Universität**. Wir fahren **aufs Land**. (*Insel, Oberfläche, Institution*)
an	Fahrt **ans Meer / an den Strand**! Geh bitte nicht zu nah **ans Ufer**, das ist gefährlich! (*Meer, See, …; Nähe / Rand von etwas*)

Wo?

bei	Bleib bitte **bei mir**! Ich arbeite **bei Siemens**. Die Bank ist **bei der Kirche**. Ich habe einen Termin **beim** (= bei dem) **Zahnarzt**. (*Personen, Arbeitsplatz, Nähe*)
in	Ich wohne **in Österreich / in Zürich. In welcher Stadt** wohnen Ihre Kinder? (*Länder + Orte <u>ohne Artikel</u>; Gebäude*)
in	Ich arbeite **in der Schweiz / in den USA**. Ich bin **in der Schule / im Haus**. (*Länder + Orte <u>mit Artikel</u>: Gebäude*)
auf	**Auf Kreta** ist es heiß. Es gibt kein Leben **auf dem Mond**. Manche Menschen leben **auf der Straße**. (*Insel, Oberfläche*)
an	Ich bin **am Strand / am Meer**. Vorsicht **am Bahnsteig 3**, der Zug fährt ein! (*Meer, See, …; Nähe / Rand von etwas*)

> **! Hinweis**
> Ich gehe / fahre **nach Hause**. (*in meine Wohnung*)
> Ich gehe / fahre **heim**. (*süddeutsch/österreichisch*)
>
> **zum**: zu + dem → **zum** Strand; **zur**: zu + der –> **zur** Schule
> **beim**: bei + dem → **beim** Zahnarzt

Ich bin **zu Hause**. (*in meiner Wohnung*)
Ich bin **daheim**. (*süddeutsch/österreichisch*)

Aber: Jemand zeigt auf etwas:
Ich gehe zu **dem** (= zu **diesem**) Haus

Präpositionen ◀ **24** **28** ▶

„dieser" **92** ▶

1 Dativ oder Akkusativ?

Achten Sie auf das Genus!

Isabella: ● Was machen wir heute? Gehen wir __ins__ Kino oder _____ **1** Theater?

Konstanze: ○ _____ **2** Theater sind die Leute so elitär, da gehe ich nicht so gerne hin, und

_____ **3** Kino gibt es gerade keinen guten Film.

Isabella: ● Wir können auch _____ **4** (zu, mein) Bruder gehen, der macht heute ein Fest.

Konstanze: ○ Oh Gott, die Feste _____ **5** (bei, dein) Bruder kenne ich, nein, da bleibe ich lieber

_____ **6** (zu, Haus).

2 Ein perfekter Ausflug

Am Morgen holt unser Reisebus Sie __vor der__ Haustür ab. Dann fahren wir

_____ **1** Österreich. Wir frühstücken _____ **2** Café unterwegs.

Danach geht es weiter _____ **3** Salzburg. Dort gehen wir zuerst _____ **4**

Mozarthaus, dann steigen wir _____ **5** Burg. Der Nachmittag ist frei.

Um fünf Uhr treffen wir uns _____ **6** Dom und gehen gemeinsam _____ **7** Essen.

Das Gasthaus liegt sehr schön _____ **8** Ufer der Salzach. Abends fahren wir gemütlich

wieder zurück _____ **9** Hause.

> ~~vor~~ ● an ● nach ●
> in ● auf ● zu

3 Geografie. Fragen Sie Ihren Partner / Ihre Partnerin.

> ~~Jena~~ ●
> Graz ● Genf ● Malmö ●
> Istanbul ● Rom ● Kiew ●
> Prag ● Mailand ● Seattle ●
> Krakau

● _In welchem Land liegt Jena?_ _____

○ _Jena liegt in Deutschland._ _____

> Polen ● die Türkei ●
> Italien ● Tschechien ●
> Österreich ● ~~Deutschland~~ ●
> die Ukraine ● die Schweiz ●
> die USA ● Schweden

4 Hobbys und Interessen

1. Ich arbeite __bei der Post__. Am Wochenende fahre ich gerne _____ See. Da angle ich. Das ist

   sehr entspannend, man sitzt einfach nur _____ Ufer und schaut _____ Wasser.

2. Wir gehen noch _____ Schule. Im Sommer fahren wir mit meinen Eltern _____ Meer,

   meistens _____ Insel. Dort liegen wir die meiste Zeit einfach _____ Strand oder baden

   _____ Meer. Das ist Erholung!

3. Also, ich wandere gerne. Egal, wo. Manchmal steige ich _____ Berg, manchmal wandere ich

   _____ Wald, oft gehe ich zu Fuß _____ Stadt.

4. Wir fahren am Wochenende oft _____ Freunden. _____ Freunden ist es gemütlich und

   persönlich, nicht so anonym wie _____ Hotel. Wir haben auch oft Gäste. Die bleiben manchmal

   ziemlich lange _____ (wir), wir gehen mit ihnen _____ Museum oder

   _____ Oper. Freunde sind das Wichtigste!

5 Was machen Sie gerne in Ihrer Freizeit?

Schreiben Sie einen kurzen Text wie in Übung 4: Wohin fahren Sie gerne? Wo sind Sie gerne?

Woher?
Die Orangen kommen **aus** Südafrika,
die Eier sind **vom** Bio-Bauernhof.

Weitere lokale Präpositionen + Dativ
Woher?

aus	● Kommen Sie **aus Mexiko**? ○ Nein, ich bin **aus Chile**. Sie nimmt das Buch **aus dem Regal**. Ich trinke **aus dem Glas / aus der Tasse**. Ich komme **aus dem Urlaub**. (Ich fahre in Urlaub; ich bin im Urlaub)	*Herkunft* *Gegenteil von „in"*
von	Sie kommt **von ihrer Mutter**. Sie kommt gerade **von der Arbeit**. Iss bitte **vom Teller**, nicht **vom Tisch**!	*Bewegung weg von …*

vom: von + dem –> **vom** Strand; aber: Jemand zeigt auf etwas: Kommst du von **dem** (von **diesem**) Strand?

Wo?

gegenüber	**Gegenüber dem Kaufhaus** ist der U-Bahn-Eingang. **Dem Kaufhaus gegenüber** … Sie steht **mir gegenüber**.

> **Hinweis**
> „gegenüber" steht vor oder hinter dem Substantiv; immer hinter dem Pronomen!

Weitere lokale Präpositionen + Akkusativ

durch	Hast du Lust – bummeln wir **durch die Altstadt**? Er joggt jeden Morgen **durch den Park**. Schau mal **durch das Fernrohr**, da sieht man alles ganz deutlich!
gegen	Der Vogel fliegt **gegen die Scheibe**. Sie schwimmt **gegen den Strom**. (idiomatisch: *sie tut nicht das, was alle tun*)
über	Gehen Sie nur bei Grün **über die Ampel / über die Straße**! Er fährt **über die Brücke**. (*auf die andere Seite*) Fährt der Zug nach Wien auch **über Salzburg**?
um (herum)	Fahren wir durch die Stadt oder **um die Stadt** (herum)? Abends sitzt die ganze Familie **um den Tisch** (herum).
entlang	Er geht **die Straße entlang**. (*er folgt der Straße*)
bis	Ohne Artikel: Ich fahre **bis Düsseldorf**. (*Endpunkt*) Mit Artikel: Immer Kombination mit zweiter Präposition: Ich fahre **bis zum** Stadtplatz. Der Weg geht **bis ans** Ufer.

Zur U-Bahn? Gehen Sie über den Zebrastreifen, dann links, immer die Straße entlang, biegen Sie dann rechts ab. Gegenüber dem Kaufhaus ist der Eingang.

> **Hinweis**
> „entlang" steht meistens hinter dem Substantiv!

1 Was passt?

1. Ich komme von der

2. Kommt ihr aus

3. Fahren wir zu

4. Der Regen trommelt gegen

5. Geh endlich aus der

6. Das Kind läuft über die

7. Ich geh' jetzt ins

8. Ich trinke aus der

a. Düsseldorf

b. Tasse

c. Arbeit

d. Wiese

e. Büro

f. Kerstin und Eva

g. das Fenster

h. Sonne

1. _Ich komme von der Arbeit._

2. _____

3. _____

4. _____

5. _____

6. _____

7. _____

8. _____

2 Woher? Ergänzen Sie „aus" oder „von" + Artikel (wo nötig).

1. Was – Sie sind auch ___aus der___ Schweiz?

2. Komm endlich _____ Haus, es ist so schönes Wetter!

3. Geh doch bitte _____ Ufer weg, das ist gefährlich!

4. Auf dem Weg _____ Flughafen in die Stadt gibt es immer einen schrecklichen Stau.

5. Warum kommst du denn schon wieder so spät _____ Arbeit?

6. Kommt ihr gerade _____ Urlaub? Ihr seht so erholt aus!

3 Wie komme ich zur Uni?

● Entschuldigung, wie komme ich zur Uni?

○ Das ist etwas kompliziert. Gehen Sie immer ___die Straße entlang___ , | entlang, Straße

_____ 1 . Gehen Sie _____ 2 , dann kommen | bis zu, Park; durch Park

Sie an eine Baustelle. Sie müssen _____ 3 gehen, | um … herum, Baustelle

_____ 4 . Überqueren Sie diese Straße und | bis an, Schnellstraße

biegen Sie dann nach links ab, dann ist es nicht mehr weit.

Der Haupteingang der Uni ist _____ 5 . | gegenüber, Hochhaus

● Vielen Dank, das ist sehr freundlich. Wissen Sie, ich bin _____ 6 , | aus, USA

da sind die Universitäten meistens auf einem extra Campus, da findet

man alles!

4 Wegbeschreibung von Passau nach München. Ergänzen Sie: „durch", „über", „entlang", „bis (zu)".

Ihr könnt ___über___ Mühldorf fahren, aber da kommt man _____ 1 viele kleine Orte, das kann lange

dauern. Besser fahrt ihr _____ 2 Straubing und Landshut, da ist alles Autobahn. Die Autobahn geht

_____ 3 München-Schwabing. Dann fahrt ihr Richtung „Deutsches Museum", immer der Isar

(= Fluss in München) _____ 4 . Fahrt auf keinen Fall _____ 5 Zentrum, das ist mit dem

Auto sehr problematisch. Beim Deutschen Museum ist eine Brücke; _____ 6 diese Isar-Brücke

müsst ihr fahren. Dann ist es nicht mehr weit _____ 7 uns, wir wohnen in der Milchstraße, gleich hinter

dem Kulturzentrum Gasteig. Gute Fahrt!

„Dort drinnen ist das Paradies, und ich stehe hier draußen!"

Sätze mit Lokal-Objekten

Wo?

Wo ist etwas?	Wo passiert etwas?

hier, da, dort
drinnen – draußen; drüben
oben, unten, vorne, hinten, links, rechts
irgendwo – nirgendwo / nirgends
überall, …

! Hinweis
Adverbien haben keine Endungen.

Verwendung der Lokal-Adverbien

hier *(ganz nah beim Sprecher)*	da *(allgemein: Präsenz, Lokalisierung)*	dort *(entfernt vom Sprecher)*
„Der Ball ist **hier**."	„Ah, **da** ist der Ball!" „Tut mir leid, Karl ist nicht **da**!"	„Siehst du den Ball **dort**?"

drinnen – draußen	Dort **drinnen** ist das Paradies, und ich stehe hier **draußen**!
da drin / hier drin	● In welchem Schrank sind nur die Tassen? Schau mal **da drin**!
drüben	● Wo ist die Post? Die ist da **drüben**. *(auf der anderen Seite)*
überall	● Hast du meine Brille gesehen? Ich suche sie **überall**, aber ich kann sie
irgendwo / nirgendwo	**nirgendwo** (**nirgends**) finden! Ich glaube, die liegt **irgendwo** im Bad.
innen – außen	**Außen** ist das Auto rot, **innen** ist es grau und schwarz.
woanders	Hier ist das Buch nicht! Such lieber **woanders**, vielleicht im Wohnzimmer!

Kombinationen: **Hier drinnen** ist es sehr warm! Der Laden ist **da vorne**, hinter der Post.
Links hinten sitzt meine Tante. Oder: **Hinten links** sitzt meine Tante.

Lokal-Adverbien (1) ◄ 25

Aussagen

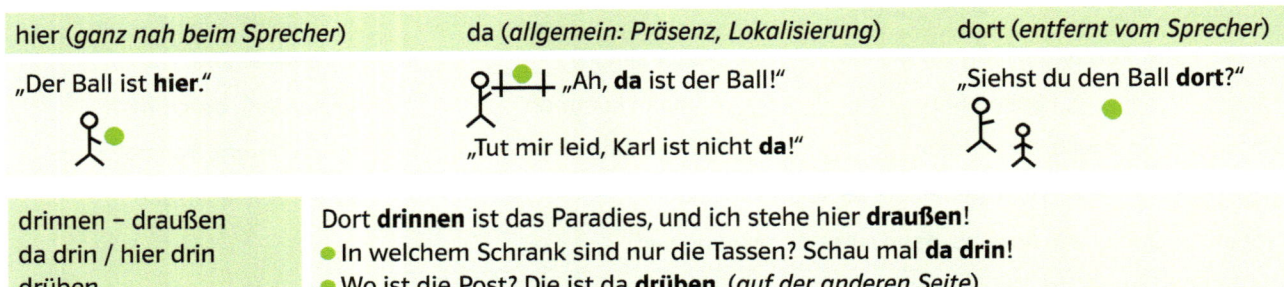

	Dort drinnen	ist	das Paradies,			
und	ich	stehe		**hier draußen**!		
	Heute	spielen	wir	**hier**	nicht	mit.
	❶	❷		Satzmitte		Satzende

Negation ◄ 17

Lokal-Adverbien bei Substantiven

● Siehst du das rote Haus **dort**? ○ Ja, es gefällt mir sehr gut!

Den Mann **da vorne** kenne ich, er ist ein Kollege meiner Frau.

! Hinweis
Das Adverb bestimmt das Substantiv, es steht direkt nach dem Substantiv.

1 Gegensätze

1. Ah, das ist also euer Haus. Wohnt ihr oben oder ___unten___?

2. ● Hallo, Gertrud, ist Bernd _____? ○ Nein, tut mir leid, der ist schon weg.

3. Es gibt hier überall teure Läden, aber _____ akzeptiert man Kreditkarten.

4. Seht ihr den Fluss dort? Auf dieser Seite ist Deutschland, _____ beginnt schon Polen.

5. ● Ah! Endlich! Hier drinnen ist es schön warm! ○ Ist es _____ so kalt?

2 Drehbuch für einen Krimi

Szene 1.

Robert kommt in den Raum. Er sucht ___überall___ den Tresorschlüssel, aber er

findet ihn _____ **1**.

Robert (nervös): „Wo versteckt Martha nur den Tresorschlüssel? Moment, vielleicht

ist er _____ **2**, auf dem Schrank? Ah, da ist Marthas Tasche, vielleicht

ist er _____ **3**? Nein, auch nicht. So ein Mist! Das gibt es doch nicht,

er ist einfach _____ **4**. Was mache ich nur?" – Plötzlich geht das Licht aus.

Robert: „Wer ist _____ **5**? Martha, bist du das?" …

da drin ●
weg ● ~~überall~~ ●
nirgends ● da ●
dort oben

3 Thomas ist krank. Ordnen Sie die Wörter zu Sätzen.

1. Mami, das Buch – gibst – mir – du – bitte – dort oben? ___Mami, gibst du mir bitte das Buch dort oben?___

2. bringst – auch – von da hinten – du – mir – den Stift? Ich will malen!

3. Holst du mir auch meinen Teddy? Er – da draußen – liegt – im Garten.

4. Machst du bitte das Fenster auf? Es – hier drinnen – sehr heiß – ist.

4 Die Berge sind wunderschön! Finden Sie passende Lokal-Adverbien, auch in Kombinationen.

Liebe Karla,

seit drei Tagen bin ich in Tirol. Es ist wunderschön: ___Oben___ auf den Bergen ist es kalt, aber man hat eine prima

Sicht. _____ **1** liegt auch noch Schnee! Wir wohnen aber zum Glück im Tal, _____ **2** ist es

schön warm. Der Sommer _____ **3** ist herrlich: _____ **4** blühen die Bäume, die Menschen

sind freundlich und genießen die Sonne. Am Abend sitzt man hier oft _____ **5**, im Garten, und isst

Brot mit dem berühmten Speck. Es gibt nur einen Nachteil: In den Bergen gibt es _____ **6** Wanderer,

_____ **7** ist man ganz allein.

5 Ein Mietshaus. Beschreiben Sie, wo die Familien wohnen. Kombinieren Sie.

oben, unten, vorne, hinten, links, rechts, in der Mitte, unter …

Beispiel: ___Links hinten wohnt die Familie Vargas.___

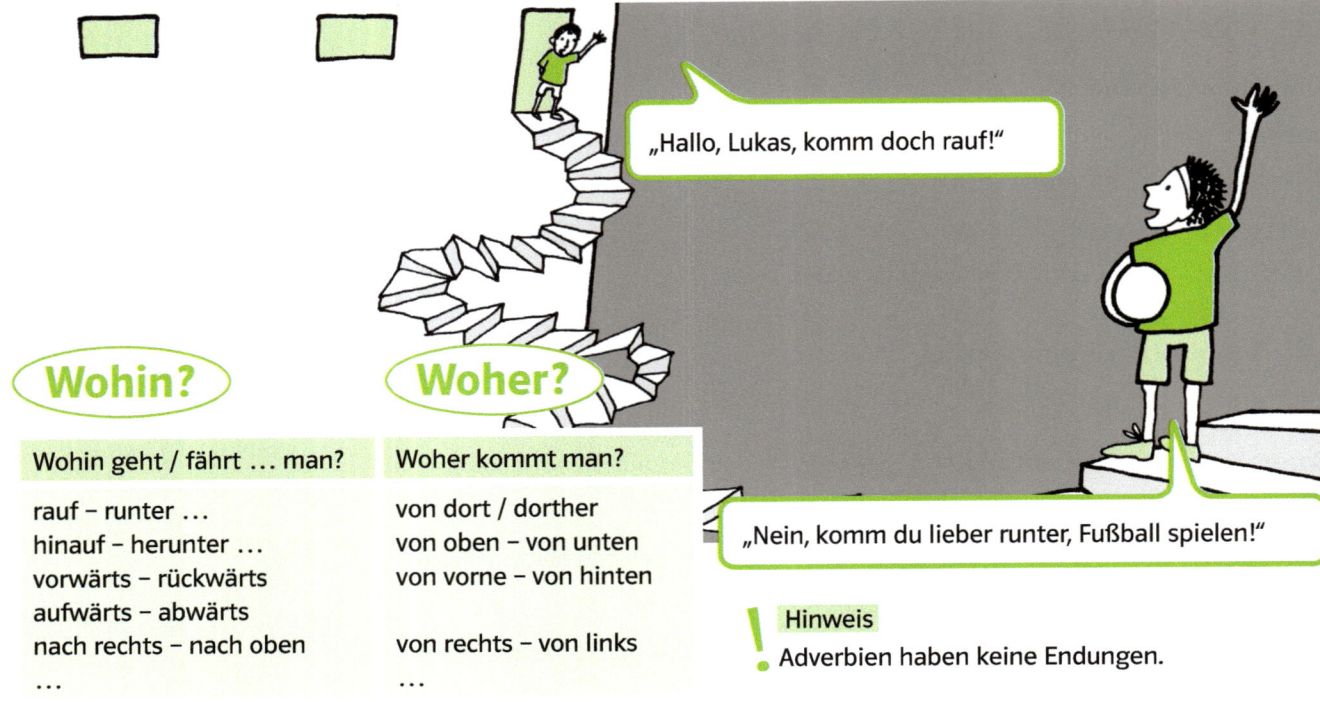

"Hallo, Lukas, komm doch rauf!"

"Nein, komm du lieber runter, Fußball spielen!"

Wohin?

Woher?

Wohin geht / fährt … man?	Woher kommt man?
rauf – runter …	von dort / dorther
hinauf – herunter …	von oben – von unten
vorwärts – rückwärts	von vorne – von hinten
aufwärts – abwärts	
nach rechts – nach oben	von rechts – von links
…	…

! **Hinweis**
Adverbien haben keine Endungen.

Direktional-Adverbien

her- (*zum Sprecher*)	hin- (*vom Sprecher weg*)

Komm doch **herunter**!

Gehen wir **hinauf**?

Kurzform

herauf-	**hin**auf-	rauf- (=herauf- / hinauf-)
herüber-	**hin**über-	rüber- (=herüber- / hinüber-)
herunter-	**hin**unter-	runter-
heraus-	**hin**aus-	raus-
herein-	**hin**ein-	rein-
„zu mir her"	*„von mir weg"*	*man spezifiziert nicht*

"hin-", "her-", "hinauf-", "rauf-" … sind Teil des Verbs.   (oft schriftlich)   (oft mündlich)
"herunterkommen": Er kommt zu mir herunter.

trennbare Verben ◀ 7

Weitere Direktional-Adverbien

rüber – nach drüben	Da drüben ist ein Freund von mir, ich geh' mal schnell **rüber / nach drüben**.
hierher – dorthin	Komm mal **hierher**, ich möchte dir was sagen! Schau mal **dorthin**, siehst du das Schiff?
aufwärts – abwärts	Ich hasse Achterbahnen – erst geht es langsam **aufwärts**, und dann steil **abwärts**.
vorwärts – rückwärts	In manchen Karussels fährt man mal **vorwärts**, mal **rückwärts** – das ist noch schlimmer.
geradeaus	Gehen Sie immer **geradeaus**, bis Sie an eine große Kreuzung kommen.
irgendwohin, überallhin	Ich möchte am liebsten **irgendwohin** fahren. Egal wohin! **Überallhin**, nur weg von hier!
nach rechts – nach oben	Fahren Sie erst **nach rechts** und dann **nach links**! Schau mal **nach oben**!
von dort / dorther	Sie kommen aus der Ukraine? Meine Freundin ist auch **von dort / dorther**.
von rechts – von oben	In England kommen die Autos **von rechts**! Arabisch liest man **von rechts nach links**.
von außen – von innen	**Von außen** sieht das Haus sehr alt aus, aber **von innen** ist es ganz modern!

Direktional-Adverbien im Satz

Die Autos	kommen		hier	nicht	**von links**!	
Heute	parkst	du	hier aber gut		**rückwärts**	ein!
❶	❷		Satzmitte			Satzende

	Schauen	Sie	mal	**nach rechts**!	
	❶		Satzmitte		Satzende

Alles Gute kommt von oben.

Direktional-Adverbien stehen meistens am Ende der Satzmitte, <u>nach</u> der Negation.

Negation ◀ 17

1   Ergänzen Sie Adverbien mit „her-" und „hin-":

1. Schau mal, draußen scheint die Sonne, gehen wir ___hinaus___ auf die Terrasse?

2. Kommt schnell _____ **1**, draußen ist es ja unheimlich kalt!

3. ● Hast du Lust, steigen wir morgen auf den Berg?

    ○ Nein, tut mir leid, der ist mir zu hoch, da steige ich nicht _____ **2**.

    ● Aber oben hat man eine tolle Sicht ins Tal _____ **3**.

    ○ Dann steig du _____ **4** und schau zu mir _____ **5**!

2   Eine Bergtour. Ergänzen Sie Lokal- und Direktional-Adverbien.

Der erste Tag. Ich schaue vorsichtig durch das Fenster ___hinaus___. Die

Sonne scheint. So ein schöner Tag! Ich öffne das Fenster, aber sofort

mache ich es wieder zu: Es kommt ein kalter Wind _____ **1**!

Wir packen die Rucksäcke und marschieren los. Ein kurzer Blick

_____ **2**: Der Berg ist sehr hoch! _____ **3** liegt Schnee!

Es geht immer steiler _____ **4**. Wir schauen nicht _____ **5**,

und nicht _____ **6**, nur _____ **7**.

Die Luft wird immer dünner. Karl bleibt stehen und schaut ins Tal

_____ **8**. Das ist ein Fehler! Man soll immer nur _____ **9** schauen.

Wir treffen andere Bergsteiger, sie kommen _____ **10**. Ist es noch weit? Nicht mehr sehr weit,

sagen sie. Endlich sind wir ganz _____ **11**. Die Sonne scheint warm auf uns _____ **12**, die Sicht

ist wunderbar!

> geradeaus ●
> herunter ● hinauf ●
> aufwärts ● von oben ●
> oben (2x) ● nach links ●
> nach oben ● nach rechts ●
> ~~hinaus~~ ● herein ●
> hinunter

3   In der Geisterbahn. Ordnen Sie die Wörter zu Sätzen.

1. Der Zug fährt los. Wir – nach rechts – fahren. ___Wir fahren nach rechts.___ _____

2. Da! Von links – eine kalte Hand – mich – fasst – an. _____

3. Ein Skelett – zu uns – herunter – lacht. _____

4. Jetzt – vorwärts – wir – nicht mehr – fahren. _____

5. Unter uns ist ein riesiger Affe. Er – herauf – klettert – zu uns! _____

6. Wann – wir – fahren – wieder – hinaus – aus der Geisterbahn? _____

4   Antworten Sie mit einem Direktional- oder Lokal-Adverb:

1. ● Schau mal, Mami, da drüben ist Karl! ○ Ja, aber ___geh nicht rüber, das ist zu gefährlich.___ _____

    (nicht … gehen, zu gefährlich)

2. ● Sieh mal, Mathilde, da vorne ist ein schickes Restaurant! ○ Ja, aber wir … _____

    (nicht … gehen, keine Zeit)

3. ● Setzen wir uns nach drinnen oder nach draußen? ○ Ich … _____

    (lieber … sitzen, … kalt sein)

4. ● Paul, kletter bitte nicht auf den Baum, das ist gefährlich! ○ Aber Mami, … _____

    (… so eine schöne Sicht haben)

„Leiden Sie auch so unter dem Wetter?"

„Nein, ich liebe den Regen!
Ich leide mehr unter der Hitze!"

Verben mit Präpositional-Objekt

Leiden Sie auch **unter dem Regen**?
Schon am Montag **freue** ich mich **auf das Wochenende**!
Jetzt **bin** ich endlich **mit dem Studium fertig**.

Viele Verben haben ein Präpositional-Objekt.
Die Präposition gehört fest zum Verb und
bestimmt den Kasus.

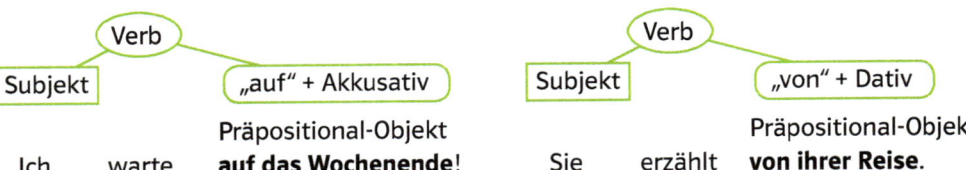

Subjekt	Verb	„auf" + Akkusativ
		Präpositional-Objekt
Ich	warte	**auf das Wochenende**!

Subjekt	Verb	„von" + Dativ
		Präpositional-Objekt
Sie	erzählt	**von ihrer Reise**.

> **! Tipp**
> Lernen Sie die Verben
> mit Präposition und
> Kasus,
> zum Beispiel so:
> „warten auf den Regen",
> „erzählen von dem
> Traum"

Manche Verben haben zwei Möglichkeiten:

<u>Mit</u> Präpositional-Objekt:
Ich **ärgere** mich **über ihn**.
Unterhaltet ihr euch schon wieder **über Politik**?
Vergiss nicht **auf die Schlüssel**! (österreich. Standard)

<u>Ohne</u> Präpositional-Objekt:
Ich **ärgere** mich.
Lukas und Sonja **unterhalten** sich.
Vergiss die Schlüssel nicht! (deutscher Standard)

Mit <u>einem</u> Präpositional-Objekt:
Ich **freue** mich **auf das Wochenende**. (*am Donnerstag*)
Ich **denke** immer **an das Wochenende**. (*Gedanken*)
Er **leidet an einer** schweren **Krankheit**. (*längere Zeit*)

Mit einem <u>anderen</u> Präpositional-Objekt:
Ich freue mich **über das Geschenk**. (*ich habe es schon*)
Was denken Sie **über die neue Regierung**? (*Meinung*)
Leiden Sie auch **unter dem Wetter**? (*im Moment, jetzt*)

Manche Verben haben <u>zwei</u> Präpositional-Objekte:
Er **bedankt** sich **bei ihr für die Geschenke**. **Mit dir** diskutiere ich nicht mehr **über Erziehung**!

Aussagen

❶	❷			Satzmitte		Satzende
Sie	dankt	ihm	sehr	**für seine Hilfe.**		
Mit dir	diskutiere	ich	nicht mehr	**über Erziehung**!		
Wann	fängst	du	endlich	**mit der Arbeit**	an?	

Präpositional-Objekte stehen
rechts in der Satzmitte (nach der
Negation) oder auf Position I.

Präpositional-Objekte:
auf, durch, für, gegen, ohne, über, um: **Mit Akkusativ**

Mit Dativ: aus, bei, mit, nach, seit, von, unter, zu
Mit Akkusativ oder Dativ: an

Verben mit festen Präpositionen **Anhang** ➤

1 Was passt? Was passt nicht?

1. Ich warte schon lange   4. Ich spreche nicht gerne   a. auf Montag.   d. auf den Bus.

2. Ich freue mich nicht   5. Sie interessiert sich gar nicht b. an ihn.   e. unter der Hitze.

3. Seit Tagen leide ich   6. Ich denke immer nur   c. für Fußball   f. über Politik.

1. _Ich warte schon lange auf den Bus._

2. _____

3. _____

4. _____

5. _____

6. _____

2 Lebensberatung

Sie wollen das Leben positiver sehen? Hier sind ein paar Tipps: Viele Menschen hoffen nur ___*auf*___ die Zukunft,

sie freuen sich immer nur _____ **1** den nächsten Monat, das nächste Jahr. Das ist gefährlich! Leben Sie

in der Gegenwart! Freuen Sie sich auch _____ **2** kleine Dinge in Ihrer Umgebung: bunte Schmetterlinge,

freundliche Menschen, kleine Komplimente. Interessieren Sie sich _____ **3** Ihre Mitmenschen, denken

Sie nicht immer nur _____ **4** sich selbst! Manchmal klappt nicht alles optimal – ärgern Sie sich nicht

_____ **5** kleine Probleme! Und: Fangen Sie heute _____ **6** Ihrem neuen Leben an!

3 Gesprächspartner. Ergänzen Sie die Präposition und den Artikel. Achten Sie auf den Kasus.

___*Mit*___ Werner diskutiere ich gerne _____ **1** Politik. _____ **2** Frisör unterhalte ich mich

immer _____ **3** Urlaub. _____ **4** Nachbarin spreche ich immer _____ **5** Garten,

und _____ **6** Karin rede ich gerne _____ **7** Gott und die Welt.

4 Sei vorsichtig!

1. Herr Grasberger – Politik – diskutieren _Diskutier nicht mit Herrn Grasberger über Politik!_

2. Herbert – der Unfall – erzählen _____

3. Frau Kreuzer – die Scheidung – erinnern _____

4. In der Schule – das Wochenende – träumen _____

5. Mutter – der Geburtstag – vergessen _____

5 Persönliche Vorlieben. Fragen Sie Ihren Partner / Ihre Partnerin oder schreiben Sie Ihre Vorlieben auf einen Zettel.

sich (sehr) interessieren

sich ärgern / sich freuen

oft denken

hoffen

leiden

sich (nicht) gerne unterhalten

neugierig sein

protestieren

```
        auf •
gegen • unter • an •
    für • über •
        mit
```

Politik   Sport   Mode   Kochen

Unhöflichkeit   Unpünktlichkeit

Urlaub   Freundlichkeit

Arbeit   die Vergangenheit

Frieden   Glück   Reichtum

die Zukunft   das Wetter ...

● _Interessieren Sie sich für ...?_   ○ _Nein, interessiere mich für ..._

"Also, der Wagen macht ein komisches Geräusch!"

frisch verheiratet …

"Machen Sie sich keine Sorgen, ich kümmere mich darum! Ich rufe Sie morgen an."

Bezug auf Aussagen und Sachen

• Der Wagen macht ein komisches Geräusch.

○ Ich kümmere mich **darum**.
(sich kümmern um)

• Am 4. Juli habe ich Geburtstag.

Dazu lade ich meine Freunde ein.
(jemanden einladen zu)

Präpositional-Adverbien beziehen sich auf eine **ganz Aussage** oder auf **eine Sache**.

Form: da + bei → dabei
Vor Vokal: da + auf → darauf

Ebenso: dafür, dagegen, damit, dazu, …
Ebenso: darum, darin, darunter, darüber, …

Bezug auf Personen

• Hier ist der Kranke!   ○ Gut, ich kümmere mich **um ihn**.

• Ich komme morgen!   ○ Prima, ich freue mich schon **auf dich**!

! **Bei Personen**:
Präposition + Personalpronomen
(nicht: ~~darum, darauf~~)

Fragewörter

• **Worüber** beschwert er sich denn?   ○ Über die laute Musik!

• **Über wen** redet ihr?   ○ Über deinen Chef.

Bei Sachen: „wo" + Präposition: wobei, …
Vor Vokal: „wor-": worauf, worüber, …
Bei Personen: Präposition + Fragewort

Das sagt man oft:

• Komm, räum mal auf!   ○ Nein, ich habe keine Lust **dazu**!
Hier ist alles sehr bürokratisch – **daran** gewöhne ich mich nie!
Was macht die Diplomarbeit – bist du schon **damit** fertig?
Worauf wartest du noch? Fang endlich an!
Womit soll ich das bezahlen? (*so viel Geld habe ich nicht*)

• „Eine Umfrage: Sind Sie für Atomkraft?"
○ „Nein, ich bin dagegen!"

1 Ratschläge. Was passt?

1. Die Arbeit macht mir keinen Spaß.
2. Die Beamtin ist sehr unfreundlich zu mir.
3. Morgen ist eine schwere Prüfung!
4. Er weiß nichts von meinen Sorgen.
5. Ich freue mich sehr über Wolfgangs Geschenk!

a. Dann erzähl ihm doch davon!   1. d
b. Dann bereite dich gut darauf vor!   _____
c. Dann bedank dich doch bei ihm!   _____
d. Dann hör doch damit auf!   _____
e. Dann beschwer dich doch über sie!   _____

2 Fragen

1. (sich besonders freuen) ● _Worauf freust du dich besonders?_   ○ Auf das Wochenende.
2. (gerade telefonieren) _____   ○ Mit meiner Freundin.
3. (sich gerne erinnern) _____   ○ An meinen vierten Geburtstag.
4. (oft träumen) _____   ○ Von einem Lotteriegewinn.

3 Ergänzen Sie:

1. ● Herr Ober, das Essen ist zu salzig. ○ Oh, das tut mir leid! Ich kümmere mich sofort _darum_.
2. Ein tolles Geschenk! _____ freue ich mich sehr! Ich danke Ihnen ganz herzlich _____.
3. ● Wann schreibt mir denn Jutta endlich wieder! ○ Denk doch nicht immer _____, es gibt noch andere Menschen!
4. ● Herr Minister, was sagen Sie zu den Vorwürfen? ○ _____ sage ich momentan gar nichts!
5. Ihre Arbeit ist hervorragend – ich gratuliere Ihnen ganz herzlich _____.
6. ● Wie lösen wir nur dieses Problem? ○ Sei mal still, ich denke gerade _____ nach!
7. Der Computer ist sehr langsam. _____ arbeite ich nicht mehr.
8. ● Schrecklich heiß ist es hier! ○ Ja, aber Sie gewöhnen sich sicher bald _____.
9. Herr Gretscher ist ein hervorragender Mitarbeiter. Ich kann mich immer vollkommen _____ verlassen.

4 Eine glückliche Ehe

Gut, er ist kein Märchenprinz. Und er ist nicht immer ordentlich. _Daran_ gewöhnt man sich aber nach einer Weile. Aber wir interessieren uns beide _____ 1 (Musik, Theater, Kunst). Ich bin nicht mehr so verliebt _____ 2 wie am Anfang, aber es ist völlig klar: Ich gehöre _____ 3 und er gehört _____ 4. Seit acht Jahren bin ich _____ 5 verheiratet und ich bin sehr glücklich _____ 6. Nur _____ 7 (Politik) streiten wir manchmal. Er ist so konservativ! Ich bin für mehr Umweltschutz, er ist _____ 8. Ich bin _____ 9 (der Feminismus), er ärgert sich _____ 10. Und so weiter. Meistens diskutieren wir gar nicht _____ 11 es hat ja doch keinen Sinn.

5 Fragen Sie Ihren Partner / Ihre Partnerin:

● _Worauf freust du dich? / Worauf freuen Sie sich?_
○ _Ich freue mich auf die Ferien._

(Angst haben, sich ärgern, träumen, lachen, oft sprechen, immer diskutieren, oft denken, glauben, sich interessieren, …)

mein Chef ●
die Arbeit ● Fußball ●
meine Freundin ● mein Freund ● Geld ●
Liebe ● Gott ● Politik ● die Ferien

Ich bin 6 Jahre alt und kann schon rechnen!

Schon wieder dieser Lärm! Ich will endlich in Ruhe lesen.

Ich habe einen Termin. Ich muss pünktlich sein.

Modalverben im Satz

						Bedeutung
Aussage:	Er	**kann**		schon gut	**rechnen.**	*Fähigkeit*
	Hier	**können**	Sie	sich	**erholen.**	*Möglichkeit*
W-Frage:	Was	**willst**	du	denn	**lesen?**	*Plan, Absicht*
	❶	❷ Modalverb konjugiert		Satzmitte	Satzende: Infinitiv	

Ja/Nein-Frage:	**Müssen**	Sie heute	**pünktlich sein?**	*Notwendigkeit*
	❶ Modalverb konjugiert	Satzmitte	Satzende: Infinitiv	

Präsens

	können	wollen	müssen
ich	kann	will	muss
du	kann**st**	will**st**	mus**st**
er sie es	kann	will	muss
wir	könn**en**	woll**en**	müss**en**
ihr	könn**t**	woll**t**	müss**t**
sie	könn**en**	woll**en**	müss**en**
Sie	könn**en**	woll**en**	müss**en**

Erinnern Sie sich? Andere Verben mit zwei Teilen!

Trennbare Verbern **7**

! Hinweis
- Keine Endung:
  - ich kann   er kann
  - ich will   er will

! Hinweis
- Modalverb ohne Infinitiv:
  - Komm, wir gehen jetzt spazieren!
  - Ich will aber nicht!

  Mich anziehen? Das kann ich schon alleine!
  (Der Infinitiv ist implizit.)

Besondere Verwendung von *können*

Höfliche Bitte

Erlaubnis

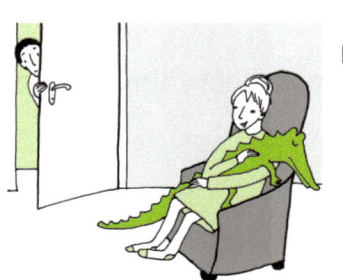

„Können Sie mir bitte helfen?"

„Sie können ruhig hereinkommen!"

1 „müssen" oder „können"?

1. Ich habe es eilig. Ich ____muss____ um 10 Uhr in der Uni sein.

2. Er ist schon hier? Das ist unmöglich, das _____ nicht sein.

3. Heute komme ich nicht mit. Ich _____ heute das Haus putzen.

4. Fremdsprachen? Ich _____ gut Französisch und ein bisschen Chinesisch.

2 Was passt?

1. Können Sie mir bitte mal helfen?	___1. d___	a. Ja, natürlich. Ist dir kalt?
2. Kannst du bitte das Fenster zumachen?	_____	b. Ja, klar. Also pass auf: …
3. Kannst du das noch einmal wiederholen?	_____	c. Aber natürlich. Verstehen Sie mich jetzt?
4. Können Sie bitte etwas langsamer sprechen?	_____	d. Ja, natürlich, gern. Was kann ich machen?

3 Hallo! – Eine Nachricht auf dem Anrufbeantworter. Ergänzen Sie bitte: wollen – können – müssen

Hallo, Elisabeth! Hier spricht Heinz. Elke und ich ____wollen____ am Wochenende einen Ausflug machen.

_____ 1 du mitkommen? Das Wetter ist gut, da _____ 2 wir endlich mal in die Berge gehen.

Am Samstag _____ 3 ich noch Einkäufe machen, aber am Sonntag _____ 4 wir früh losfahren.

Ich _____ 5 zum Mittagessen oben auf dem Berg sein. Ruf bitte schnell zurück!

4 Was fehlt hier? Markieren Sie in den Sätzen mit ||, wo ein Verb oder ein Modalverb fehlt und notieren Sie es.

1. Herr Schmidt liegt im Krankenhaus. Er muss jeden Morgen um fünf Uhr eine Tablette ||. 2. Er nicht allein aufstehen. 3. Am Sonntag kommt seine Freundin zu Besuch, aber sie schon bald gehen. 4. Sie will noch ihre Großeltern. 5. Herr Schmidt liest ein Buch, es ist sehr spannend; er es gar nicht mehr aus der Hand legen. 6. Um acht Uhr er fernsehen, aber es gibt keinen guten Film.

1. || ____nehmen____ 2. _____ 3. _____ 4. _____ 5. _____ 6. _____

5 Was muss man da machen?

1. Sie haben Ihre Kreditkarte verloren. (Bank anrufen – sofort) ___Ich muss sofort die Bank anrufen.___

2. Karin meldet sich zum Sprachkurs an. (Formular ausfüllen – zuerst)

3. Juan will Auto fahren. (Führerschein machen – zuerst)

6 Fragen Sie bitte höflich!

1. ___Können Sie mir bitte das Salz geben?___ Ja, hier bitte.

2. _____ S – C – H – M – I – T – Z.

3. _____ Nein, ich habe leider kein Kleingeld.

7 Was sagen Sie in dieser Situation?

1. Sie sind die Chefin in einem Büro. Sie interviewen eine Kandidatin für den Job als Sekretärin. Das wollen Sie wissen:

   Briefe mit dem Computer schreiben? Englisch? Auto fahren? Abends länger bleiben?

2. Sie sitzen im Bus. Sie wollen zum Kaufhaus Karstadt. Was fragen Sie den Busfahrer?

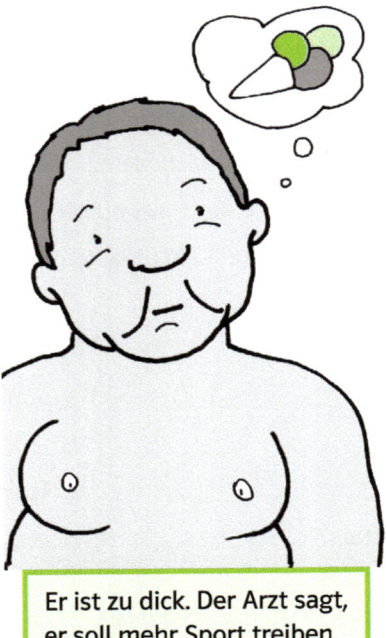

Endlich habe ich den Führerschein – ich darf Auto fahren!

Er ist zu dick. Der Arzt sagt, er soll mehr Sport treiben.

Ich bin so müde! Ich möchte jetzt am liebsten eine Tasse Kaffee.

Modalverben im Satz

						Bedeutung
Aussage:	Sie	**darf**		nun endlich	**Auto fahren.**	*Erlaubnis*
W-Frage:	Wann	**soll**	ich	morgen	**kommen?**	*Aufforderung*
	❶	❷ Modalverb konjugiert		Satzmitte	Satzende: Infinitiv	

					Bedeutung
Ja/Nein-Frage:	**Möchten**	Sie	einen Kaffee	**trinken?**	*Wunsch*
	❶ Modalverb konjugiert		Satzmitte	Satzende: Infinitiv	

Präsens

Erinnern Sie sich? Andere Verben mit zwei Teilen!

Trennbare Verbern ◄ 7

	dürfen	**sollen**	**(kein Infinitiv)**
ich	darf	soll	möchte
du	darf**st**	soll**st**	möchte**st**
er sie es	darf	soll	möchte
wir	dürf**en**	soll**en**	möcht**en**
ihr	dürf**t**	soll**t**	möcht**et**
sie	dürf**en**	soll**en**	möcht**en**
Sie	dürf**en**	soll**en**	möcht**en**

! Hinweis
Keine Endung:
ich darf   er darf
ich möchte   er möchte

! Hinweis
Modalverb ohne Infinitiv:
Ich möchte jetzt am liebsten einen Kaffee!
(Der Infinitiv ist implizit.)

ich muss ◄ 33
starke Notwendigkeit
Ich brauche Geld:
Ich **muss** arbeiten.

ich soll
Aufforderung durch andere Person
Deine Schwester ist krank,
du **sollst** sie anrufen.

Du sollst Vater und Mutter ehren!
(Aus der Bibel)

ich will ◄ 33
starker Wille, Plan
Kim **will** Deutsch lernen, denn
sie **will** in München arbeiten

ich möchte
vorsichtiger Wunsch; höflich
Ich **möchte** einmal eine Reise nach Afrika machen.
Beim Einkaufen: Ich **möchte** bitte 100 g Salami.

1 Verkehrs-Quiz

 1  2  3  4 5 P

_____ a. Hier _____ man nur 50 fahren.

_____ b. Autos _____ hier halten.

_____ c. Hier _____ man parken.

_____ d. Autos _____ jetzt anhalten.

___3___ e. Jetzt _____darf_____ man weiterfahren.

2 Erziehung

Kind:

• Ich will ein Eis haben!

• Ich will jetzt nach Hause gehen!

• Ich will heute schwimmen gehen!

Mutter:

○ Wie sagt man das?

○ Wie sagt man das?

○ Wie sagt man das?

Kind:

• *Ich möchte bitte ein Eis haben.*

• _____

• _____

3 Situationen: Muss ich? Darf ich? Kann ich?

1. Ich kann zwar Klavier spielen, aber ich ___darf / soll___ nicht. (Das stört die Nachbarn.)

2. Ich darf zwar Klavier spielen, aber ich _____ nicht. (Das Klavier ist kaputt.)

3. Ich will nicht kommen, aber ich _____. (Es ist nötig.)

4 Was schreibt Klaus?

Klaus macht eine Weltreise. Er schickt seiner Freundin Sibylle eine Postkarte.

Liebe Sibylle, mir geht es gut, mach dir keine Sorgen. Nur noch zwei Monate, dann komme ich nach Hause. Vergiss mich nicht! Schöne Grüße an deine Familie! Dein Klaus

Sibylle erzählt ihrer Mutter am Telefon:

„Klaus hat geschrieben. Es geht ihm gut. ___Ich soll mir keine Sorgen machen___. Stell dir vor, er kommt in zwei

Monaten nach Hause. Er sagt, ich _____ 1 . Natürlich vergesse ich ihn nicht!

Ach ja, und ich _____ 2 von ihm sagen."

5 „sollen" oder „müssen"?

1. Sie ___müssen___ hier unterschreiben, bitte.

2. Was meinst du, Arthur, _____ ich mit Scheck bezahlen oder bar?

3. Leider _____ wir morgen wieder nach Hause fahren.

4. Herr Schmidt, Ihre Frau hat angerufen. Sie _____ bitte gleich zurückrufen.

6 Kinder haben's schwer: „sollen" und „dürfen"

1. Thomas: Erlaubnis – im Bett noch lesen. Aber: vorher die Zähne putzen

   Thomas darf im Bett noch lesen. Er soll sich aber vorher die Zähne putzen.

2. Susanne. Erlaubnis: Reitstunden nehmen. Aber: auch für die Schule lernen

3. Wolfgang. Erlaubnis: zur Party gehen. Aber: pünktlich um 22 Uhr wieder zu Hause sein

77

Du sollst nicht töten!

Hier darf man nicht rauchen.

Heute ist Sonntag. Er muss nicht arbeiten. (Er braucht nicht zu arbeiten.)

Modalverben: Negation

❶	❷	Satzmitte		Satzende	Bedeutung
Maria	**kann**	noch	**nicht**	**Auto fahren.**	*sie hat noch nicht die Fähigkeit*
Das	**kann**		**nicht**	**sein!**	*das ist nicht möglich*
Susanne	**will**	am Sonntag	**nicht**	**kochen.**	*sie hat gar keine Lust*
Peter	**möchte**	am Samstag	**nicht**	**kochen.**	*er hat keine große Lust*
Ich	**muss**	heute	**nicht**	**arbeiten.**	*es ist nicht notwendig*
Ich	**brauche**	heute	**nicht**	**zu arbeiten.**	*es ist nicht notwendig*
Er	**darf**	noch	**nicht**	**Auto fahren.**	*es ist verboten, er hat noch keinen Führerschein*
Man	**soll**	mit vollem Mund	**nicht**	**sprechen.**	*das ist nicht akzeptabel*
Ich	**möchte**	**kein** Eis		**essen.**	*ich habe keinen Appetit auf Eis*
Ich	**darf / soll**	**keinen** Kaffee		**trinken.**	*der Arzt hat es mir verboten*

> **! Hinweis**
> Ich brauche nicht zu arbeiten.
> Mündlich auch ohne „zu": Ich brauche nicht arbeiten.
> „brauchen" konjugiert man wie ein normales Verb:
> ich brauche, du brauchst, er braucht, ...

Negation mit „nicht" 17

Negation mit „kein" 18

Verben im Präsens 3

ich brauche nicht
es besteht keine Notwendigkeit
Du brauchst nicht zu kommen.

ich darf nicht
Verbot
Ich darf nicht Auto fahren.
ich habe keinen Führerschein

ich muss nicht
es besteht keine Notwendigkeit
Du musst nicht kommen.

ich soll nicht
moralische Norm oder negative Empfehlung
Der Chef sagt, wir sollen nicht mit dem Auto fahren, sondern mit der Bahn.

1 Was passt?

1. Hier dürfen Sie nicht parken!   _1.c_   a. Ja, ich weiß. Das ist schlecht für den Kreislauf.

2. Nach dem Essen soll man nicht schwimmen.   _____   b. Nein, du musst nicht, du willst!

3. Hier können Sie nicht telefonieren.   _____   c. Ist es dort drüben erlaubt?

4. Ich muss heute ins Kino gehen!   _____   d. Ich muss aber dringend mal anrufen!

2 Das Leben eines kleinen Jungen. Bitte ergänzen Sie: wollen – können – müssen – dürfen

Es ist Montag Nachmittag. Thomas (6 Jahre) kommt aus der Schule.

Er _will_ sofort Fußball spielen. Aber er _____ **1** nicht. Die Mutter sagt:

● Zuerst _____ **2** du deine Hausaufgaben machen!

○ Aber ich _____ **3** nicht!

● Dann _____ **4** du auch nicht Fußball spielen.

Das Telefon klingelt. Sein Freund Leonardo fragt:

● Thomas, _____ **5** du rauskommen und spielen?

○ Nein, ich _____ **6** nicht, ich _____ **7** zuerst meine Hausaufgaben machen.

3 Was Eltern aus der Sicht der Kinder dürfen / (nicht) müssen / sollen

1. Eltern   _müssen_   immer arbeiten.

2. Eltern   _____   abends lange fernsehen.

3. Eltern   _____   mehr Zeit für ihre Kinder haben.

4. Eltern   _____   nicht so früh ins Bett.

5. Eltern   _____   nicht gehorchen.

6. Eltern   _____   tun, was sie wollen.

4 Nichts ist ihr recht! Spielen Sie den Dialog mit Ihrem Partner / Ihrer Partnerin.

Mutter und Tochter sitzen zu Hause. Es regnet. Die Mutter macht Vorschläge, aber die Tochter ist nie einverstanden.

Mutter: Wir können ein Spiel spielen.

Tochter: _Nein, ich möchte kein Spiel spielen._

Mutter: Dann vielleicht fernsehen? Oder einen Kuchen backen? Oder …

5 Kinder haben's schwer

1. Thomas – Verbot – spät abends fernsehen. Auch nicht: nach 21 Uhr noch im Bett lesen!

   Thomas darf spät abends nicht mehr fernsehen. Er soll auch nach 21 Uhr nicht mehr im Bett lesen.

2. Susanne – Verbot: ihr neues Kleid in die Schule anziehen. Nicht schmutzig machen!

_____

3. Wolfgang – Verbot: zur Party gehen. Sondern: für seine Prüfung lernen!

_____

„He! Fahr nicht so schnell!"

Wie?

Wie macht man etwas?

schnell, langsam, vorsichtig, …
gut, besser, am besten, …
gern, lieber, am liebsten, …

! Hinweis
Adverbien haben keine Endungen.
Adverbien der Art und Weise können
Komparativ und Superlativ haben.

Komparativ, Superlativ ◀ **22**

Adverbien der Art und Weise im Satz

Fahr	nicht so **schnell**!	
❶	Satzmitte	Satzende

Am liebsten	möchte	Monika					auf der Landstraße	fahren.
Am liebsten	möchte	Monika					auf der Landstraße	fahren.
Heidrun	liest		ihre Krimis	nicht	**gern**		im Bett.	
Am Abend	hört	sie	sich		**lieber**		ein Konzert im Radio	an.
Das Team	spielt		heute	gar nicht	**gut**.			
Sie	stellt		die Vase		**vorsichtig**		auf den Tisch.	
❶	❷				Satzmitte			Satzende

Das Adverb der Art und Weise steht auf Position I oder in der Satzmitte.
In der Satzmitte steht es <u>nach</u> der Negation und <u>vor</u> dem Lokal- und Direktional-Objekt.

Negation ◀ **17**

Adverbien der Art und Weise: Verwendung

Lokal- und Direktional-Objekt ◀ **24–28**

gut	Eva spricht **gut** Französisch,
besser	aber Englisch spricht sie **besser**.
am besten	**Am besten** spricht sie Spanisch.
schlecht	Er kann sehr **schlecht** sehen, er braucht eine Brille.
laut	Sprechen Sie bitte etwas **lauter**!
so	● Wie macht man das? ○ Guck mal, **so**!
anders	Kann man das auch **anders** machen?
irgendwie	Ich fühle mich **irgendwie** ganz schlapp heute.
gern	Ich tanze für mein Leben **gern**!
lieber	Nichts mache ich **lieber** als tanzen!
am liebsten	**Am liebsten** möchte ich immer tanzen.

1 Steckbriefe. Bestimmen Sie die Berufe von Rosa, Heinz und Annette.

1. Rosa spricht fließend Französisch, sie schreibt schnell auf der Maschine und organisiert

   Konferenzen. *Sie ist* _____

2. Heinz behandelt kranke Tiere sorgfältig und spricht geduldig mit ihnen. _____

3. Annette spielt gut Theater und tanzt und singt hervorragend. _____

2 Wer macht was wie?

1. Der Sänger singt, die Zuschauer hören zu.

   Der Sänger singt wunderbar, die Zuschauer hören begeistert zu.

2. Der Vater schlägt einen Nagel in die Wand, der Sohn sieht zu.

3. Der Sohn spielt Theater, der Vater schaut zu.

> neugierig ● fantastisch ●
> ~~wunderbar~~ ● stolz ●
> ~~begeistert~~ ● vorsichtig

3 Harry hat es eilig. Ordnen Sie die Wörter zu Sätzen.

1. Harry hat es eilig: Er – ordentlich – nicht – schreiben – ins Heft – die Sätze

   Er schreibt die Sätze nicht ordentlich ins Heft.

2. Er – sorgfältig – nicht – wäscht sich – die Hände

3. Er – vorsichtig – nicht – stellen – in den Schrank – die Teller

4 Der neue Chef

Liebe Sabine!

Das muss ich dir erzählen: Wir haben einen neuen Chef. Er möchte alles

ändern! Stell dir vor, wir Sekretärinnen sollen ___*schneller*___ tippen, wir sollen

sogar _____ **1** Pause machen. Die Assistenten im Labor sollen

_____ **2** arbeiten. Am Morgen sollen wir alle _____ **3**

kommen. Alles sollen wir _____ **4** machen! Na ja, ich denke, _____ **5** können wir das alles

schaffen. Aber ich möchte _____ **6** wieder meinen alten Chef haben! Bis bald, Monika

> anders ● genau ●
> gern ● irgendwie ●
> pünktlich ● ~~schnell~~ ● wenig
> (manchmal auch Komparativ
> oder Superlativ)

5 Was ziehen Sie vor?

1. Schwimmbad – in der Woche: nicht so voll

   Ins Schwimmbad gehe ich lieber in der Woche, da ist es nicht so voll.

2. Kino – am Nachmittag: nicht so teuer

3. Im Urlaub – in den Süden: scheint die Sonne

4. In der Klasse – hinten sitzen: da …

6 Was machen Sie gern in Ihrer Freizeit? Was nicht?

Ich arbeite gern im Garten, aber ich mähe nicht gern den Rasen. / … und ich mähe besonders gern den Rasen.

Und Sie? Sport treiben – Fußball spielen; Musik hören – Jazz; Karten spielen – Poker;

ins Kino gehen – Horrorfilme; …

81

„Elke, schau mal, der Wetterbericht!
Wahrscheinlich scheint morgen die Sonne!"

- Was glaubst du? Scheint morgen die Sonne?
- Wahrscheinlich. (Vielleicht. / Leider nicht. / …)

Modal-Adverbien drücken die Haltung des Sprechers aus:
Was glaubt er? Was meint er?

Modal-Adverbien

Wahrscheinlichkeit	bestimmt sicher(lich) wahrscheinlich vielleicht eventuell	Heute kann er nicht, aber morgen kommt er **bestimmt**! Sie kommt **sicher(lich)** auch mit. **Wahrscheinlich** scheint morgen die Sonne. Aber **vielleicht** regnet es, es ist nicht sicher. **Eventuell** können wir dann unseren Ausflug nicht machen.
Bewertung	glücklicherweise / zum Glück hoffentlich leider unglücklicherweise dummerweise	Der Benzintank ist leer. Aber sie hat **glücklicherweise** einen Kanister mit Benzin dabei. **Zum Glück** hat sie auch einen Ersatzreifen dabei. Sie kommen doch **hoffentlich** heute noch? **Leider** spricht er nicht Chinesisch. Er kann sich **unglücklicherweise** an nichts erinnern. **Dummerweise** habe ich heute mein Geld nicht mit!
Annahmen	anscheinend wirklich natürlich	- Meinst du, ihm gefällt das Spielzeug? o **Anscheinend** schon, er spielt viel damit. (*es sieht so aus, ich glaube es*) - Ich springe nachher vom 10-Meter-Brett. o Willst du das **wirklich** machen? (*bist du sicher? / ist das dein Ernst?*) - Ich glaube, ich kann das nicht. o Aber Klaus, **natürlich** kannst du das! (*ich bin sicher und will den anderen überzeugen*)

Adverbien der Art und Weise im Satz

! Hinweis
Wörter mit der Endung „-weise" sind immer Adverbien.

Leider Er Nach dem Urlaub	hat kommt hat	der Wetterbericht Hans	heute **sicher** **natürlich**	nicht immer nicht mehr nach Hause. kein Geld mehr.	Recht.
❶	❷		Satzmitte		Satzende

Das Modal-Adverb steht auf Position I oder in der Satzmitte.
In der Satzmitte steht das Modal-Adverb <u>vor</u> der Negation.

Adverbien der Art und Weise ◀ 36

Vermutungen 77, 81 ▶

1   Was passt zusammen? Es gibt mehrere Möglichkeiten.

1. Bestimmt	_____	a. hat er heute schlechte Laune. Er sieht sehr ärgerlich aus.
2 Zum Glück	_____	b. haben Millionäre auch Probleme. Das beruhigt mich.
3. Vielleicht	_____	c. weiß er es auch nicht. Wer kann mir helfen?
4. Eventuell	_____	d. ist Katharina schon zu Hause. Ich weiß es nicht.
5. Leider	_____	e. komme ich heute zum Mittagessen, Mama. Ich komme doch jeden Sonntag!
6. Natürlich	_____	f. will er dir nicht wehtun. Er meint es nicht so.
7. Anscheinend	_____	g. können wir heute schwimmen gehen. Das kommt auf das Wetter an.

2   Leider, zum Glück oder ...?

1. Ich möchte gern einen Apfelsaft, aber hier gibt es ___leider___ nur Orangensaft.

2. Du meinst, er möchte gar nicht mitkommen? Du hast _____ Recht.

3. Erika ist noch nicht aus der Schule zurück. _____ ist nichts passiert!

4. Meine Tasche ist weg! _____ ist nicht viel Geld drin.

5. Frag doch den Portier! _____ weiß er, wo das Theater ist.

3   Hoffnungen

1. Annegret hofft: Viele Gäste kommen zu meinem Fest.

   Hoffentlich kommen viele Gäste zu meinem Fest! _____

2. Ihre Freundin Veronika hofft: Ich lerne einen netten Mann kennen.

   _____

3. Ihr Schulfreund Wolfgang hofft: Ich lerne Annegrets Freundin Veronika besser kennen.

   _____

4. Annegrets Mann hofft: Es gibt nicht wieder so viel schmutziges Geschirr wie letztes Mal.

   _____

5. Sohn Uwe hofft: Das Wetter wird schön, da können wir draußen grillen.

   _____

4   Vermutungen

1. Annegret: Warum sind erst fünf Leute da? Es ist doch schon 8 Uhr!

   Wahrscheinlich _ist wieder viel Verkehr._ _____

2. Ihre Freundin Veronika: Warum spricht der nette Typ da drüben mich nicht an?

   Wahrscheinlich _____

3. Wolfgang: Warum ist Veronika immer mit Annegret in der Küche?

   Wahrscheinlich _____

4. Annegrets Mann: Warum probiert niemand meine Ananas-Bowle?

   Wahrscheinlich _____

5. Uwe: Warum sitzen die Leute so steif herum?

   Wahrscheinlich _____

„Das ist aber gefährlich!"

Das ist gefährlich. (*neutral*)
Das ist **aber** gefährlich! (*emotional*)

Mit Modal-Partikeln kann der Sprecher seinen Worten einen besonderen, oft emotionalen Ausdruck geben.

Modal-Adverbien

aber	Das ist **aber** schön! Der Kaffee ist **aber** heiß!		*Erstaunen, Überraschung; oft „aber" + Adjektiv*
ja	• Was, Uwe, du bist **ja** schon da!	○ Unser Turnlehrer ist krank.	*Überraschung*
	• Peter macht morgen ein Fest. Ich komme **ja** schon!	○ Ich weiß, er hat **ja** morgen Geburtstag.	*beide wissen, Peter hat morgen Geburtstag* *Verärgerung: du siehst, ich komme schon*
doch	A: Gehen wir einkaufen? B: Nein! Heute ist **doch** Sonntag! Nehmen Sie **doch** ein Taxi! Jetzt komm **doch** endlich!		*B erinnert A:* *heute ist Sonntag, die Läden sind geschlossen* *Ratschlag* *manchmal Ungeduld: das habe ich schon gesagt*
mal	Komm **mal** bitte her! Schau **mal**! Mach **mal** bitte die Tür zu!		*„mal" macht die Aufforderung freundlicher*

Oft gibt es Kombinationen: Das ist **aber doch mal** etwas anderes!

Imperativ  6

Modal-Partikeln im Satz

Peter	hat	**ja**	morgen	Geburtstag.	
Du	sprichst	**aber**	schon gut		Deutsch!
❶	❷		Satzmitte		Satzende

	Komm	**doch**	bitte	**mal**	her!
	Mach	**doch**			zu!
	❶		Satzmitte		Satzende

> **! Hinweis**
> Modal-Partikeln stehen nie auf Position I, sondern immer in der <u>Satzmitte</u>.
> Die Modal-Partikeln stehen meist <u>vor</u> den Adverbien. Sie sind immer unbetont.

1   Überrascht Sie das?

~~Sushi~~	schnell	1.	*Das Sushi ist aber gut!*
Essen	nett	2.	
Der neue Lehrer	höflich	3.	
Kellner	~~gut~~	4.	
Verkäuferin	lecker	5.	

2   Noch mehr Überraschungen

1. Er spricht schon gut Deutsch. → *Er spricht aber schon gut Deutsch!*

2. Ich verstehe schon viel. → _____

3. Ihr Name ist kompliziert. → _____

4. Das ist noch weit. → _____

3   Partikeln verstehen. Unterstreichen Sie die Modal-Partikeln und ordnen Sie die Bedeutung zu.

1. Er ist ja schon weg!   *1.b*   a. (ich habe es schon gesagt)

2. Ich weiß es doch nicht.   _____   b. (ich bin überrascht)

3. Der Stoff ist aber fein!   _____   c. (siehst du das nicht?)

4. Ich komme ja schon!   _____   d. (ich bin überrascht über die Qualität)

4   Welche Partikel passt?

ja • mal • doch

1. Da bist du ___*ja*___! Ich freue mich sehr.

2. Hab _____ keine Angst, da kann gar nichts passieren!

3. Rate _____, wie alt ich bin!

4. ● Haben Sie Schokoladeneis?   ○ Ich schau _____ nach, einen Moment!

5. Das ist mir zu teuer. Du weißt _____, ich habe wenig Geld.

6. Der Hamburger ist _____ gar nicht so schlecht! Normalerweise schmecken die mir nicht.

5   Mach doch mal!

Kai erzählt seinem Freund Erich: Den ganzen Tag muss ich was im Haus machen, ich hab' gar keine Zeit zu spielen. Dauernd sagt meine Mutter:

„Kai, putz dir doch mal die Zähne!"   (sich die Zähne putzen) …

Was sagt Kais Mutter noch? (sein Zimmer aufräumen, die Post aus dem Briefkasten holen, den Tisch abräumen, einen Brief an Tante Ulla schreiben)

6   Das mache ich ja! Spielen Sie den Dialog mit Ihrem Partner / Ihrer Partnerin.

Karin und Sophie gehen ins Theater. Karin stimmt in allem mit ihrer Freundin Sophie überein.

Sophie: Wir müssen zuerst noch bei der Bücherei vorbei.

Karin: *Wir gehen ja bei der Bücherei vorbei!*

Sophie: Du musst dich aber noch umziehen! … Bitte nimm genug Geld mit! … Wir müssen unbedingt pünktlich da sein.

85

"Ich muss sehr viel reisen."

"So? Was sind Sie denn von Beruf?"

● Ich muss sehr viel reisen.
○ So? Was sind Sie **denn** von Beruf?

Mit Modal-Partikeln kann der Sprecher seinen Worten einen besonderen, oft emotionalen Ausdruck geben.

Modal-Partikeln

wohl	● Ist Peter schon da? ○ Nein, er ist **wohl** noch unterwegs. Ist das **wohl** richtig so?	*ich nehme es an* *in Fragen auch: Unsicherheit*
denn	● Hallo, Paul! ○ Hallo Peter! Wie geht es dir **denn** heute? ● Ich muss sehr viel reisen. ○ So? Was sind Sie **denn** von Beruf? ● Dolmetscherin. ● Hallo, ich bin leider zu spät. ○ Hast du **denn** keine Uhr?	*Interesse, Freundlichkeit* *genauere Nachfrage* *negative Frage: implizierter Vorwurf*
eigentlich	● Wir müssen jetzt los! ○ Wie spät ist es **eigentlich**? ● Möchten Sie eine Tasse Kaffee? ○ **Eigentlich** trinke ich keinen Kaffee, aber heute nehme ich mal einen.	*genauere Frage: oft Wechsel des Themas* *in Aussagen: im Grunde (hier auch auf Position I möglich)*
eben / halt	Das ist **halt** so! ● Guck dir mal das Kinderzimmer an! Ein totales Chaos! ○ Beruhige dich. Kinder sind **eben** so.	*da kann man nichts machen* *da kann man nichts machen*

Mündlich auch: Was ist'n hier los? (ist'n = ist denn)

Modal-Partikeln im Satz

Wie	heißt	du	**denn eigentlich**?		
Eigentlich	esse	ich		kein Fleisch.	
Ich	kann	das Auto	**wohl** morgen	zur Reparatur	bringen.
❶	❷		Satzmitte		Satzende

Modal-Partikeln stehen nie auf Position I, sondern immer in der Satzmitte.
Ausnahme: „eigentlich" in der Bedeutung *im Grunde*.
Die Modal-Partikeln stehen meist <u>vor</u> den Adverbien. Sie sind unbetont.

Modal-Partikeln (1) ◄ 38

1 In der Pause. Sie sprechen in der Pause mit einem Kursteilnehmer. Fragen Sie ihn freundlich und interessiert.

1. Wie heißen Sie? → *Wie heißen Sie denn?*

2. Woher kommt Ihre Familie? → _____

3. Wo wohnen Sie hier? → _____

2 Kommst du mit in die Kneipe?   *Eigentlich muss ich noch einen Vortrag vorbereiten.*

(noch einen Vortrag vorbereiten)

● Kommst du morgen mit schwimmen?   _____

(schon etwas anderes vorhaben)

● Spielst du am Samstag mit Fußball?   _____

(nicht gern Ballspiele spielen)

3 Was passt hier?

1. Er sieht müde aus, er arbeitet ___*wohl*___ zu viel.

2. Na, wie geht es _____ so?

3. Otto gewinnt immer, er ist _____ der Beste, da kann man nichts machen.

4. Jetzt tanzen wir schon zwei Stunden zusammen und ich kenne Sie gar nicht.

   Wie heißen Sie _____?

> denn ● eben / halt ●
> eigentlich ● ~~wohl~~

4 Dann nehme ich eben einen Kaffee!

● Leider haben wir keinen Tee. ○ *Dann nehme ich eben einen Kaffee.* | ~~einen Kaffee nehmen~~

● Im Moment ist leider kein Tisch mehr frei. ○ _____ | warten

● Das Schwimmbad ist heute geschlossen. ○ _____ | in die Bücherei gehen

● Die Straßenbahn kommt erst in 40 Minuten. ○ _____ | zu Fuß gehen

5 Am Telefon

1. Wolfgang: Sag ___*mal*___, Karin, hast du heute schon was vor?

2. Karin: Nein, warum fragst du _____?

3. Wolfgang: Na ja, ich möchte gern einen Ausflug machen. Hast du Lust?

4. Karin: Lust habe ich schon, aber _____ muss ich noch den Unterricht vorbereiten.

5. Wolfgang: Das kannst du _____ heute Abend machen. Um sieben Uhr sind wir wieder zurück.

6. Karin: Na gut! Das Wetter ist so schön. Da sollte man _____ nicht zu Hause bleiben, du hast Recht.

7. Wolfgang: Toll! Dann pack _____ schnell deine Sachen zusammen, ich hole dich um 11 Uhr ab.

6 Gespräche am Frühstückstisch

1. ● Sag mal, wann kommst du eigentlich heute nach Hause? ○ So um 7 Uhr heute Abend.

2. ● _____? ○ Heute habe ich einen Termin beim Arzt.

3. ● _____? ○ Der heißt Müller.

4. ● _____? ○ Ja, sehr nett.

87

„Hast du schon gehört? Elke und Jens haben in den Ferien geheiratet!"

„Was?! Warum haben sie uns denn nichts davon gesagt?"

Perfekt

„**Hast** du schon **gehört**?
Elke und Jens **haben** in den Ferien **geheiratet**."

Mit dem Perfekt kann man (meist mündlich) über Ereignisse in der Vergangenheit berichten.

Modal-Partikeln im Satz

	Präsens von „haben"		Partizip Perfekt
Sie	**haben**	in den Ferien	**geheiratet**.
Warum	**haben**	sie uns denn nichts davon	**gesagt**?
Ich	**habe**	ihn erst gestern Abend in der Stadt	**gesehen**.
Peter	**hat**	seinem Vater sehr oft	**geholfen**.
❶	❷ Verb	Satzmitte	Satzende

Das Perfekt wird meist mit „haben" gebildet.

Perfekt mit „sein" **41** ➤

Bildung des Partizip Perfekt

Regelmäßige Verben:	sagen	**ge**-sag-**t**	**ge**- + Stamm + -**t**
	heiraten	**ge**-heirat-**e-t**	Bei -*d* oder -*t* am Ende des Stamms: -**e-t**
Unregelmäßige Verben:	sehen	**ge**-seh-**en**	**ge**- + Stamm + -**en**
	trinken	**ge**-trunk-**en**	Der Stammvokal ändert
	helfen	**ge**-holf-**en**	sich oft, manchmal
	schneiden	**ge**-schn**itt**-**en**	ändert sich auch der
	beißen	**ge**-b**iss**-**en**	Konsonant.
	essen	**ge**-g**ess**-**en**	
	geschehen	gescheh-**en**	
Mischformen:	denken	**ge**-d**ach**-**t**	**ge**- + Stamm + -**t**
	kennen	**ge**-k**ann**-t	und Änderung
	wissen	**ge**-w**uss**-t	des Stammvokals
	bringen	**ge**-br**ach**-t	
	nennen	**ge**-n**ann**-t	

Unregelmäßige Verben **44, Anhang** ➤

Andere Partizipformen **42**

1 Wie heißt der Infinitiv?

1. geholfen   –   *helfen*   4. gewusst   –   _____

2. geschnitten   –   _____   5. gedacht   –   _____

3. gelesen   –   _____   6. gebracht   –   _____

2 Wie heißt das Partizip?

1. nehmen   –   *genommen*   4. nennen   –   _____

2. liegen   –   _____   5. sprechen   –   _____

3. brechen   –   _____   6. bitten   –   _____

3 Welches Verb passt? Und in welcher Form?

1. Hast du heute schon die Nachrichten ___*gehört?*___ .

2. Dieses Jahr habe ich keine einzige Karte aus dem Urlaub _____ .

3. Warum haben sie uns denn nichts davon _____ .

4. Der Portier hat die Tür wie jeden Abend um 19 Uhr _____ .

5. Hans hat einen Ring auf der Straße _____ .

> schließen ● sagen ●
> ~~hören~~ ● schreiben ● finden

4 Konsequenzen

1. Ich bin hundemüde. Ich habe letzte Nacht schlecht ___*geschlafen*___ .

2. Er möchte nicht ins Kino gehen. Er hat den Film schon _____ .

3. Mir ist ein wenig schlecht. Ich habe zu viel _____ .

4. Die Kartoffeln sind jetzt gar, sie hat sie 25 Minuten lang _____ .

5. Mein Portmonee ist weg! Jemand hat es _____ .

6. Sie können auf keinen Fall Auto fahren! Sie haben zu viel Alkohol _____ .

7. Jetzt ist der Hund aber sauber! Otto hat ihn gründlich _____ .

5 Wie hast du das Omelett gemacht?

1. Zuerst habe ich die Eier schaumig ___*geschlagen*___ (schlagen). 2. Dann habe ich Salz und Kräuter, Mehl und

Milch in die Schüssel _____ (geben). 3. Das habe ich alles gut _____ (mischen).

4. Dann habe ich den Teig in die Pfanne mit heißem Fett _____ (schütten). 5. Jedes Omelett habe ich

fünf Minuten auf jeder Seite _____ (braten).

6 Hast du schon deine Hausaufgaben gemacht?

1. Ja, klar. Ich habe den Text laut ___*gelesen*___ .

2. Dann habe ich die englischen Vokabeln _____ .

3. Die Mathematik-Aufgaben habe ich auch schon alle _____ .

4. Und schau mal: Ich habe ein Bild von unserem Haus _____ .

FRISCH VERHEIRATET

Gleich nach der Hochzeit sind
sie nach Acapulco geflogen.

„Du bist aber gewachsen!"

Perfekt mit sein

Einige Verben bilden das Perfekt mit „sein".

	Präsens von „sein"		Partizip Perfekt	
Gestern	**sind**	sie nach Acapulco	**geflogen.**	Veränderung
Wir	**sind**	gleich nach dem Film nach Hause	**gefahren.**	des Orts: A -> B
Der Junge	**ist**	im letzten Jahr sehr	**gewachsen.**	Veränderung
Juan	**ist**	jetzt Lehrer	**geworden.**	eines Zustands
Was	**ist**		**geschehen?**	Verben
Zum Glück	**ist**	dem Kind nichts	**geschehen.**	des „Geschehens"
Wo	**ist**	er denn die ganze Zeit	**gewesen?**	„sein" und
Ihr	**seid**	aber nicht lange auf dem Fest	**geblieben!**	„bleiben"
	❷ Verb	Satzmitte	Satzende	

Perfekt mit „haben" ◀ 40

Perfekt mit „haben"

Die meisten Verben, besonders:
- Verben mit Akkusativ-Objekt
- Reflexive Verben
- Modalverben

Perfekt mit „sein"

- Verben der Ortsveränderung
- Verben der Zustandsveränderung
- Verben des „Geschehens"
- „sein" und „bleiben"

> **! Hinweis**
>
> Einige Verben können mit „sein" oder „haben" gebildet werden:
> Ich **habe** gelegen, gesessen, gestanden, ... (norddeutsch)
> Ich **bin** gelegen, gesessen, gestanden, ... (süddeutsch, österreichisch)
>
> Manchmal gibt es verschiedene Bedeutungen:
> Neulich **habe** ich ein tolles Auto **gefahren**!   Er **ist** nach Dresden **gefahren**.
> (Hier gibt es ein Akkusativ-Objekt.)   (Hier ist die Ortsveränderung wichtig.)

Unregelmäßige Verben mit „haben" oder „sein" **Anhang**

1   Welches Verb passt? In welcher Form?

1. Sind Sie schon einmal in Bulgarien ___gewesen___?
2. Wann ist er gestern Abend nach Hause _____?
3. In welchem Jahr ist Goethe _____?
4. Heute früh hat es geregnet, aber am Nachmittag ist es wieder schön _____.

werden ●
~~sein~~ ● sterben ●
kommen

2   „haben" oder „sein"?

1. A: Wie ___sind___ Sie heute zum Institut gekommen?
   B: Ich _____ die Straßenbahn genommen.
2. A: Was _____ du am Samstag gemacht?
   B: Ich _____ ins Kino gegangen.
3. A: Wo _____ ihr euch eigentlich zum ersten Mal gesehen?
   B: Wir _____ beide mit einer Gruppe nach Ibiza gefahren.
4. A: _____ ihr gestern noch lange bei Richard geblieben?
   B: Nein, wir _____ dann auch so um 10 Uhr nach Hause gegangen.
5. A: Ihr Geburtsdatum bitte!
   B: Ich _____ am 30.9.1972 geboren.
6. A: _____ ihr letztes Wochenende wirklich auf die Zugspitze gestiegen?
   B: Ja, und stell dir vor: Oben _____ wir unseren Deutschlehrer getroffen!
7. A: Entschuldigung, das ist mein Platz.
   B: Nein, hier _____ ich immer gesessen.

3   Eine Ansichtskarte aus Italien

Liebe Helga!
Viele Grüße aus Palermo! Wir ___sind___ gleich mit dem Zug nach Süditalien ___gefahren___ und nicht so lange in
Rom _____ 1. Zum Glück _____ wir hier sofort ein Hotel _____ 2.
Es liegt herrlich, direkt am Strand. Da _____ wir gestern den ganzen Tag in der Sonne
_____ 3. Leider _____ Heinz gleich am ersten Tag sein Portmonee _____ 4.
So ein Pech! Aber wir genießen den Urlaub trotzdem. Viele Grüße, deine Karin
P.S. _____ du der Katze ihr Futter _____ und die Blumen _____ 5?

4   Eine Ansichtskarte aus Norwegen. Schreiben Sie nun Ihrer Freundin / Ihrem Freund eine Ansichtskarte aus Norwegen.

Liebe(r) ...   Viele Grüße aus Norwegen! Hier gefällt es uns sehr. Am ersten Tag ...
_____
_____
_____

(am ersten Tag lange schlafen, frühstücken, den ganzen Tag regnen, in die Sauna gehen, drei Stunden im Schwimmbad bleiben, am Abend im Restaurant essen, zur Disko fahren)

Neuer Fahrplan:
Alle Züge
5 Min. früher!

„Tut mir leid, der Zug ist gerade abgefahren!"

Verben mit Präfix: trennbar

Das Präfix ist trennbar und betont.

Präsens:

*ab*fahren:	Der Zug **fährt** pünktlich **ab**.
*teil*nehmen:	Er **nimmt** am Kongress **teil**.
*zurück*kommen:	Wir **kommen** bald **zurück**.

Ebenso: anfangen, ankommen, aussteigen, einkaufen, mitnehmen, umsteigen, …

Trennbare verben ◄ **7**

Perfekt

Wann ist der Zug denn ab**ge**fahren?
Hat sie auch teil**ge**nommen?
Sind sie pünktlich zurück**ge**kommen?

„ge-" zwischen Präfix und Verb

Verben auf –ieren:

Präsens:

passieren:	Hier **passiert** nie etwas.
studieren:	Sie **studieren** in Wien.
probieren:	Er **probiert** alles.

Ebenso: informieren, kopieren, markieren, operieren, sortieren, …

Verben mit Präfix: nicht trennbar

Das Präfix ist nicht trennbar und unbetont

Präsens:

erschrecken:	Die dunkle Gestalt **erschreckt** mich.
sich versöhnen:	Wir **versöhnen** uns sofort wieder.
wiederholen:	Er **wiederholt** den Satz.

Ebenso: beginnen, empfehlen, sich entschuldigen, erzählen, missverstehen, übersetzen, sich unterhalten, vergessen, verkaufen, zerreißen, verzeihen, …

! **Hinweis**

be-, emp-, ent-, er-, miss-, ver-, zer- :
nie betont und nie trennbar!

Perfekt

Jetzt habe ich mich aber **erschrocken**!
Sie haben sich schnell wieder **versöhnt**.
Wie oft hat er den Satz **wiederholt**?

kein „ge-"

Perfekt:

Dem Fahrer ist fast nichts **passiert**.
Wo haben Sie denn **studiert**?
Hast du schon das Eis **probiert**?

kein „ge-"

1 **Wie heißt das Partizip? Bilden Sie die Partizipien der Verben und ordnen Sie sie in die richtige Spalte.**

verzeihen • probieren • bringen • geschehen • bezahlen • regnen • stehen • entschuldigen • bleiben • sitzen • sein • erzählen • laufen • leihen • übersetzen • mitnehmen • zurückbringen • einsteigen • treffen • wissen • platzen • schmelzen • liegen • einkaufen • verstehen • verbieten • einschlafen • vergessen • mitkommen • aufstehen • anfangen • antworten • hinsetzen

ge____t	ge____en	____en	____t	ge____t	ge____en
gewusst	_getroffen_	_verziehen_	_bezahlt_	_eingekauft_	_eingestiegen_
…	…	…	…	…	…

2 **Perfekt mit „haben" oder „sein"? Nun ordnen Sie dieselben Verben nach einem anderen Kriterium.**

Perfekt mit „haben":

ich habe gewusst

ich habe getroffen

…

Perfekt mit „sein":

ich bin eingestiegen

…

3 **Welches Verb passt? In welcher Form?**

1. Wo habt ihr euch eigentlich ___kennen gelernt___ ?

2. Wer hat Ihnen den Rechtsanwalt _____ ?

3. Fahrscheinkontrolle! Wo sind Sie denn _____ ?

4. Mama! Peter hat mir den Teddy _____ !

5. 500 Euro für das Fahrrad! Habt ihr auch gut die Preise _____ ?

6. Das Geld ist auf meinem Konto! Die Firma hat es mir endlich _____ .

7. Warum hast du mich denn nicht _____ ? Ich habe auf deinen Anruf _____ .

vergleichen • warten • empfehlen • kennen lernen • einsteigen • überweisen • anrufen • wegnehmen

4 **Was hat er gefragt?**

1. _Bist du mit dem Auto gekommen?_   Nein, mit dem Bus.

2. _____   Nein, erst bis Seite 50.

3. _____   Ja, seit vorigem Monat wohnt er in der Mozartstraße.

4. _____   Nein, sie ist ihm immer noch böse.

5 **Was haben Sie letzten Sonntag gemacht? Sprechen Sie mit Ihrem Partner / Ihrer Partnerin.**

Zum Beispiel: „Mein Sohn ist mit meinem Mann zum Fußball gegangen, da habe ich mal richtig ausgeschlafen. Dann …"

(**Fahren Sie fort**: duschen, sich anziehen, lange frühstücken, die Zeitung lesen, zusammen Mittag essen, zum See fahren, spazieren gehen, ein Buch vorlesen, Fernsehen gucken, um 10 Uhr ins Bett gehen)

> Vor vielen, vielen Jahren lebten auf unserer Erde Dinosaurier. Es gab unzählige verschiedene Arten. Manche liefen auf zwei Beinen, manche auf vier.
> Viele waren sehr groß und wogen bis zu 85 Tonnen. Manche aßen nur Pflanzen, andere auch Fleisch. Der Pflanzenfresser Stegosaurus hatte harte Platten auf seinem Rücken …

Präteritum

Das Präteritum verwendet man vor allem in schriftlichen Texten für Erzählungen und Geschichten in der Vergangenheit.

Perfekt  40 – 42

	leben	atmen	geben	laufen	haben	sein
ich	leb-**te**	atm-**ete**	gab	lief	hatte	war
du	leb-**te-st**	atm-**ete-st**	gab-**st**	lief-**st**	hatte-**st**	war-**st**
er / sie / es	leb-**te**	atm-**ete**	gab	lief	hatte	war
wir	leb-**te-n**	atm-**ete-n**	gab-**en**	lief-**en**	hatte-**n**	war-**en**
ihr	leb-**te-t**	atm-**ete-t**	gab-**t**	lief-**t**	hatte-**t**	war-**t**
sie	leb-**te-n**	atm-**ete-n**	gab-**en**	lief-**en**	hatte-**n**	war-**en**
Sie	leb-**te-n**	atm-**ete-n**	gab-**en**	lief-**en**	hatte-**n**	war-**en**

! **Hinweis**

Keine Endung:

ich lebte	er lebte
ich gab	er gab
ich hatte	er hatte
ich war	er war

Regelmäßige Verben:
Stamm + **te** + **Endung**
Nach -*d*, -*t* oder Konsonant + -*m*/-*n*: -**ete** (atm**ete**)

Mischform: salzen, **salzte**, gesalzen

Unregelmäßige Verben:
Stamm + **Endung**
Der Stammvokal ändert sich.

Unregelmäßige Verben 44

Perfekt

Allgemein in der <u>mündlichen</u> Sprache,
aber auch in persönlichen Texten, z.B. Briefen,
ebenso in Nachrichten oder Zeitungstexten:
Heute **ist** der Bundeskanzler nach Rom **geflogen**.
Das Ereignis ist noch relevant für die Gegenwart:
Es **hat geschneit**!

Präteritum

Vor allem in der <u>schriftlichen</u> Sprache,
in Berichten, Romanen, Erzählungen, Märchen:
Es **war** einmal ein König, der **hatte** eine Tochter …

Eine Folge von Ereignissen wird beschrieben:
Er **trat** hinaus. Es **schneite**. Schnell **ging** er die Straße hinunter zur Bushaltestelle.

Das sagt man oft:

● Was **habt** ihr gestern **gemacht**?　○ Wir **hatten** Besuch und **waren** im Theater.
　(Perfekt)　　　　　　　　　　　　　　("haben" und "sein": Präteritum)

1 Wie heißt das Präteritum?

1. wir sind gelaufen   _wir liefen_

2. er hat nachgedacht   _____

3. ich habe gefroren   _____

4. es hat geregnet   _____

5. sie sind angekommen   _____

6. sie hat genommen   _____

2 Mein Onkel – ein Bericht

Mein Onkel war Schreiner. Er ___ _hatte_ ___ eine kleine Möbelfirma. Die vier

Angestellten und er _____ Möbel in Handarbeit _____ **1**.

Das _____ **2** natürlich sehr teuer, und sie _____ **3** nicht viel.

Aber es machte ihnen allen Spaß. Mittags _____ **4** sie oft zusammen

und _____ **5** neue Ideen für außergewöhnliche Möbel. 1992

_____ mich mein Onkel in die Firma _____ **6**. Ich _____ **7** damals gerade mit

der Schule fertig und _____ **8** nach einem passenden Beruf. Aber die Arbeit in der Schreinerei

_____ **9** mir nicht so gut – ich bin dann Erzieher geworden.

> gefallen •
> diskutieren •
> herstellen • sein (2x) •
> einladen • ~~haben~~ •
> sitzen • suchen •
> verdienen

3 Perfekt oder Präteritum?

• Helga, wo warst du gestern? (einen Film ansehen)   ○   _Ich habe mir einen Film im Kino angesehen._

• Und Hans, was hast du gestern gemacht? (im Theater sein)   ○ _____

• Doris, hattet ihr gestern Besuch? (zu den Nachbarn auf ein Fest gehen)   ○ _____

_____

4 Ein Lebenslauf

Ich ___ _kam_ ___ 1972 in die Grundschule. Dort _____ **1** ich vier Jahre,

danach _____ **2** ich auf das Gymnasium. Den meisten Spaß _____ **3**

mir Sport. 1978 _____ **4** ich dann auch einen Ersten Preis im Weitsprung.

Im Jahr 1985 _____ ich das Gymnasium mit dem Abitur _____ **5** und

_____ **6** im Oktober mit dem Sport-Studium an der Universität Köln.

| ~~kommen~~, bleiben
| wechseln, machen
| gewinnen
| abschließen
| beginnen

5 Noch ein Lebenslauf. Schreiben Sie Ihren Lebenslauf wie in Übung 4.

(Zum Beispiel: Grundschule, Gymnasium (andere Schule?), Abitur (Abschlussprüfung), Studium, Beruf, …)

6 Ein Treffen

Nach 20 Jahren ___ _trafen_ ___ sie sich wieder, in einer fremden Stadt.

Sie _____ **1** im Park _____ **2** wie früher.

Er _____ **3** ihr sein Leben, sie _____ **4** von ihrer Familie,

von ihren Kindern. Lange Zeit _____ **5** sie auf einer Bank zusammen,

mal _____ **6** der eine, mal der andere, aber sehr oft _____ **7** sie auch und

_____ **8** sich an alte Tage. Es _____ **9** ein harmonisches Treffen, und nach zwei Stunden

_____ **10** jeder wieder nach Hause, in seine eigene Stadt, in sein eigenes Leben.

> berichten •
> erinnern • sein •
> erzählen • schweigen •
> ~~treffen~~ • spazieren gehen •
> reden • fahren • sitzen

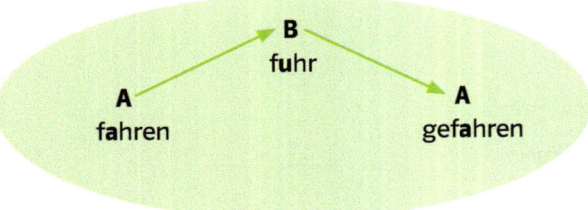

Die Veränderung des Vokals bei den unregelmäßigen Verben kann man in drei Klassen einteilen:
ABA, **ABB**, **ABC**

fahren	fuhr	gefahren	
essen	aß	gegessen	(ss → ß)
lesen	las	gelesen	
fallen	fiel	gefallen	
tragen	trug	getragen	
laufen	lief	gelaufen	
heißen	hieß	geheißen	
stoßen	stieß	gestoßen	
rufen	rief	gerufen	

Ebenso: fressen, messen, vergessen, …
sehen, geben, treten, geschehen, …
halten, schlafen, lassen, fangen, …
fahren, waschen, schlagen, …

! **Tipp**
Lernen Sie immer die drei Formen!

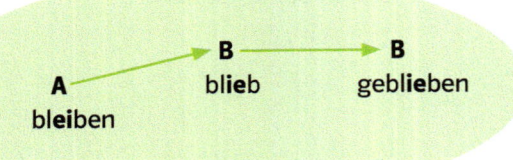

bleiben	blieb	geblieben	
schneiden	schnitt	geschnitten	(d → tt)
fließen	floss	geflossen	(ß → ss)
biegen	bog	gebogen	
heben	hob	gehoben	

Ebenso: leihen, schreiben, steigen,
beißen, reißen, …
gießen, riechen, …
bieten, fliegen, verlieren, …
schmelzen, …

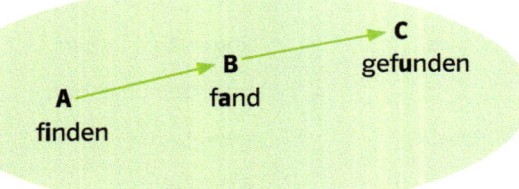

finden	fand	gefunden
gewinnen	gewann	gewonnen
helfen	half	geholfen
stehlen	stahl	gestohlen

Ebenso: binden, singen, springen, trinken, …
beginnen, schwimmen, …
sprechen, treffen, werfen, …
befehlen, nehmen, empfehlen, …

Besondere unregelmäßige Verben:

gehen	ging	gegangen		ziehen	zog	gezogen
stehen	stand	gestanden		nehmen	nahm	genommen
tun	tat	getan		treffen	traf	getroffen
werden	wurde	geworden		sitzen	saß	gesessen
sein	war	gewesen		haben	hatte	gehabt

Unregelmäßige Verben **Anhang**

1 Lernen Sie spielend!

fahren		fuhr		gefahren
gehen		ging		gegangen

stehen	stand – gestanden
tun	tat – getan

(Vorderseite)   (Rückseite)

Schreiben Sie die drei Formen auf Wortkarten. Mischen Sie die Karten und ordnen Sie die Formen zueinander.
Oder:
Lernen Sie die Formen wie Vokabeln, am besten mit einem „Vokabelkasten".

2 ABA, ABB oder ABC?

biegen ● ~~essen~~ ● helfen ● ~~schneiden~~ ● finden ● lassen ● vergessen ● ziehen ● ~~stehlen~~

ABA	ABB	ABC
essen, aß, gegessen	schneiden, schnitt, geschnitten	stehlen, stahl, gestohlen

3 Ergänzen Sie die Formen:

A	B	A	B	C
lesen	las	gelesen		
fließen	floss		geflossen	
gewinnen	gewann			gewonnen
bleiben	blieb		geblieben	
	lieh			
	sprach			
	trug			
	fiel	gefallen		
	nahm			
	hob			
	traf			

„Ich konnte leider nicht eher kommen, ich musste noch meine Tante zum Flughafen bringen."

Präteritum der Modalverben

	können	wollen	müssen	dürfen	sollen
ich	konnte	wollte	musste	durfte	sollte
du	konnte-st	wollte-st	musste-st	durfte-st	sollte-st
er / sie / es	konnte	wollte	musste	durfte	sollte
wir	konnte-n	wollte-n	musste-n	durfte-n	sollte-n
ihr	konnte-t	wollte-t	musste-t	durfte-t	sollte-t
sie	konnte-n	wollte-n	musste-n	durfte-n	sollte-n
Sie	konnte-n	wollte-n	musste-n	durfte-n	sollte-n

! Hinweis
Keine Endung:
ich konnte   er konnte
ich durfte   er durfte

! Hinweis
Im Präteritum kein Umlaut

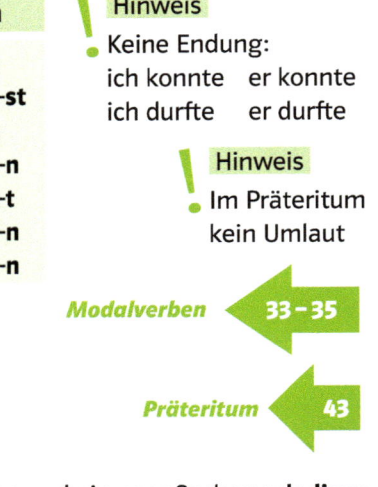

Modalverben 33 – 35

Präteritum 43

Stamm + **te** + **Endung**

„ich möchte" hat keine Vergangenheitsform, stattdessen: „ich wollte"

Das sagt man oft:

- ● Warum bist du gestern nicht gekommen?   ○ Ich **musste** noch mal ins Büro **gehen** und ein paar Sachen **erledigen**.
- ● **Konntest** du das nicht oder **wolltest** du das nicht?   ○ Na ja, ehrlich gesagt, ich hatte keine Lust.
- ● Was ist mit Kai?   ○ Er **sollte** eigentlich heute zu Hause **bleiben**, aber dann ist er doch mitgekommen.

Perfekt der Modalverben
Modalverben stehen auch in der Umgangssprache meist im Präteritum. Das Perfekt wird selten gebraucht.

Präteritum:

Ich	**konnte**	gestern nicht		**kommen.**		Modalverb + anderes Verb

Perfekt:

					können	
Ich	habe	gestern nicht	**kommen**	~~gekonnt.~~		Hier steht das Modalverb im Infinitiv.
Er	hat	den Film nicht	**sehen**	**wollen.**		Position: Satzende

Präteritum:

Er	**konnte**	das wirklich gut!		Nur Modalverb (kein anderes Verb)

Perfekt:

Er	**hat**	das wirklich gut	**gekonnt!**	Hier steht das Modalverb im Partizip Perfekt!
Sie	**hat**	das sicher nicht	**gewollt.**	

Modalverb ohne Infinitiv 33, 34

1 Wie sagt man meistens?

1. Er hat heute nicht ins Schwimmbad gehen wollen.

   Er wollte heute nicht ins Schwimmbad gehen.

2. Die Kinder haben nicht länger aufbleiben dürfen, es war schon nach 22 Uhr.

3. Nach meiner Operation habe ich besonders viel spazieren gehen sollen.

4. Gestern Abend war ich zu müde, ich habe den Film nicht mehr zu Ende sehen können.

5. Zum Glück hat sie das gestern nicht mehr machen müssen.

2 Fähigkeiten und Wünsche

● Kannst du gut Französisch sprechen?   ○ Nein, das habe ich noch nie ___gekonnt___.

● Warum bist du eigentlich nicht verheiratet?   ○ Heiraten? Nein, das habe ich nie _____.

● Warum singst du nicht mit?   ○ Ach, weißt du, laut singen, das habe ich noch nie _____.

3 Schwierigkeiten beim Filmfestival

● Warst du letzte Woche auch beim Filmfestival?

○ Ja, aber ich ___konnte___ nur einen einzigen Abend hingehen.

   Den Rest der Woche _____1 ich keine Zeit.

● Welchen Film hast du denn gesehen?

○ Fred und ich _____2 „Das Leben der anderen" ansehen, aber es gab keine Karten mehr. Zum

   Glück _____3 wir dann noch in die Spätvorstellung von „Le vent de la nuit" gehen.

● Ja, das ist immer schwierig mit den Karten. Wir _____4 auch jeden Tag lange anstehen.

> haben ● ~~können~~ (2x) ●
> müssen ● wollen

4 Wie man es macht, ist es verkehrt!

1. Ich habe einen Kuchen gebacken, aber sie _hat ihn nicht essen wollen._

2. Ich habe einen Kaffee gekocht, aber sie _____

3. Ich habe ihr ein Buch mitgebracht, aber sie _____

4. Gestern habe ich ein Video ausgeliehen, aber sie _____

   Was soll ich nur tun?

5 „dürfen", „müssen", „können"?

● Meine Kindheit habe ich auf dem Land verbracht. Da war Vieles einfacher. Wir ___konnten___ frei auf den Wiesen

   herumlaufen. In der Stadt ist der Verkehr heute zu gefährlich. Allerdings _____1 wir auch sehr früh

   aufstehen und einen weiten Weg zur Schule gehen. Es gab keinen Bus, wir _____2 alles zu Fuß

   gehen!

○ _____3 ihr nicht mit dem Fahrrad fahren?

● Nein, wir hatten keine Fahrräder, das _____4 sich meine Eltern nicht leisten.

6 Wie war das bei Ihnen? Sprechen Sie mit Ihrem Partner / Ihrer Partnerin.

Zum Beispiel: zu Fuß gehen, mit dem Bus fahren, Schuluniform tragen, am Nachmittag andere Kinder besuchen, in der Schule zu Mittag essen, Spielzeug mit in die Schule bringen, immer pünktlich sein, ...

Gestern besuchte Peter seine Freundin Daniela. Sie waren um 19 Uhr verabredet.
Um 21 Uhr kam er endlich. Aber da hatte Daniela längst allein gegessen:
Sie hatte zwei Stunden auf Peter gewartet und war jetzt wütend!

Aussagen

	Präteritum von „haben" oder „sein"		Partizip Perfekt
Sie	**hatte**	zwei Stunden	**gewartet.**
Peter	**hatte**	sich	**verfahren.**
Sicher	**war**	er wieder einmal ohne Stadtplan	**losgefahren.**
Vielleicht	**hatte**	er auch noch etwas	erledigen **müssen.**
❶	❷ Verb	Satzmitte	Satzende

Gebrauch des Plusquamperfekts:
Ein Ereignis findet <u>vor</u> einem anderen Ereignis in der Vergangenheit statt.

Präteritum

Er **kam** um 19 Uhr **an**.
Jetzt **war** Daniela böse.
Wir **waren** gestern Abend sehr müde.
Um 21 Uhr **war** das Büfett leer.
1999 **fuhren** wir in den Ferien in die Türkei.
Nach vielen Jahren **gewann** Karl endlich im Lotto.

Plusquamperfekt
(Das ist <u>vorher</u> passiert.)

Seine Freundin **hatte** lange **gewartet.**
Das **hatte** er nicht **gewollt.**
Wir **hatten** den ganzen Tag im Garten **gearbeitet.**
Die Partygäste **hatten** alles **aufgegessen!**
Wir **hatten** das ganze Jahr dafür **gespart.**
Er **hatte** selbst nicht mehr daran **geglaubt.**

Perfekt ◀ 40, 42

1   Was ist vorher passiert?

1. Ihre Augen waren rot und geschwollen. _____Sie hatte geweint._____

2. Er kam fröhlich die Treppe herunter. Er …

3. Wir gaben ihr das Buch zurück. Wir …

4. Die Pflanzen sahen wieder frisch und gesund aus. Jemand …

5. Ein duftender Kuchen stand auf dem Tisch. Tante Eva …

6. Ihr Koffer stand noch im Flur. Sie …

> schnell lesen ● ~~weinen~~ ●
> gießen ● im Lotto gewinnen ●
> vor einer Stunde ankommen ●
> backen

2   Peinliche Befragung

1. ● Warum sind Sie am Abend des 20. November zu Frau Bohle gefahren?

   ○ _____Sie hatte mich eingeladen._____

2. Warum nahmen Sie nicht Ihr eigenes Auto?

3. Warum brachten Sie die Geheimpläne aus dem Büro mit?

4. Warum sind Sie um 23 Uhr plötzlich gegangen?

5. Warum kamen Sie erst um 1 Uhr früh an Ihrem Haus an?

> ~~einladen: sie – mich~~ ●
> nach Hause kommen: ihr Mann
> sich verfahren ●
> darum bitten: Frau Bohle – mich ●
> Auto leihen: meinem Bruder

3   Eine Einladung: Die Gäste kommen gleich

1. Guido deckte sorgfältig den Tisch. Zuerst die Gläser, die

   _____hatte_____ er noch einmal mit _____einem Tuch abgewischt._____ | ~~mit einem Tuch abwischen~~

2. Dann die Servietten, die _____ | passend zur Tischdecke kaufen

3. Dann das Besteck, das _____ | mit einem Silbertuch putzen

4. Dann das Salz und den Pfeffer, beides _____ | nachfüllen

5. Dann die Teller mit den Brötchen, die _____ | schon am Morgen vorbereiten

6. Dann den Salat, den _____ | erst im letzten Moment mischen

7. Zuletzt die Würstchen, die _____ | kurz vorher warm machen

4   Ein Geburtstag. Ergänzen Sie die Verben, entweder im Präteritum oder im Plusquamperfekt.

Wir damals in Mexiko. Unser Sohn noch sehr klein. Am 16. Oktober | ~~wohnen~~, sein

wir seinen dritten Geburtstag. Die Nacht vorher es recht kalt und wir die | feiern, sein, müssen

Heizung anstellen. Gleich zum Frühstück es einen Kuchen mit drei Kerzen | geben

darauf; den Kuchen ich noch in der Nacht vorher. Johannes sehr über alles: | backen, sich freuen

die Dekoration, die Lampions, die Girlanden – mein Mann und ich alles | aufhängen

um Mitternacht. Die beiden Pakete von den Großeltern er nun endlich | dürfen

aufmachen – sie schon eine Woche früher und die ganze Zeit oben auf | ankommen, liegen

dem Schrank. Was war nur drin? Johannes das Papier schnell – tatsächlich | aufmachen

ein Auto mit Fernbedienung: Das er sich schon lange! | wünschen

Die Omi mal wieder den Kinderwunsch und genau das Richtige! | erraten, schicken

Wir wohnten damals in Mexiko. Unser Sohn …

„Ich brauche einen neuen Termin. Geht es morgen?"

„O.k., dann also Montagnachmittag!"

„Nein, morgen ist Dr. Feucht nicht da, morgen operiert er im Krankenhaus. Aber Montagnachmittag ist noch etwas frei."

Morgen ist Dr. Feucht nicht **da**.	Verb im Präsens + Temporal-Angabe
Ich **bin in einer Woche** mit der Arbeit fertig.	Bedeutung: *ich bin recht sicher: das passiert*

! **Hinweis**
Angaben geben zusätzliche Information: Wann, warum, wie, wo, … passiert etwas?

Temporal-Angaben: Gegenwart und Zukunft

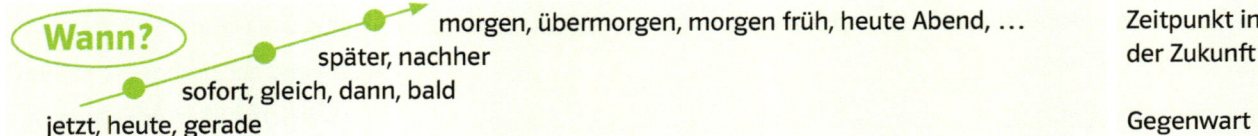

Wann?	morgen, übermorgen, morgen früh, heute Abend, …	Zeitpunkt in der Zukunft
	später, nachher	
	sofort, gleich, dann, bald	
	jetzt, heute, gerade	Gegenwart

Temporal-Angaben: Gegenwart und Zukunft

Wann?	in einer Minute, in fünf Minuten, …; in einer Stunde, in drei Stunden, …	Zeitpunkt:
	in drei Tagen, in acht Tagen (= in einer Woche), …	präzise
	in einer Woche, in drei Wochen; in einem Monat; in einem Jahr	präzise
	diese Woche; nächste Woche, nächsten Monat, nächstes Jahr (Akkusativ)	vage

! **Hinweis**
Die Zukunft drückt man meist mit einer Temporal-Angabe aus. Das Verb steht im Präsens.

Zukunft mit „werden" + Infinitiv **48** ➤

Das sagt man oft:

● Karl, kommst du **jetzt**? ○ Ja, ja, ich komm' ja **gleich**!
Wir sehen uns **heute Abend**!

In einer Woche ist schon Weihnachten!
Wir fahren **nächstes Jahr** nach Portugal in Urlaub.

Positionen im Satz

Morgen	operiert	Dr. Feucht				im Krankenhaus.	
Ich	kann		**heute Abend**	leider	nicht		kommen.
❶	❷		Satzmitte				Satzende

Temporal-Angaben stehen auf Position I oder in der Satzmitte, meistens <u>vor</u> den anderen Adverbien und der Negation.

1 Nein, jetzt nicht!

morgen ●
s~~päter~~ ● gleich ●
nachher ● jetzt ●
gerade ● ~~jetzt~~

1. ● Eva, kommst du schnell mal her?

   ○ Nein, _____jetzt_____ geht es gerade nicht, ich komme _____später._____

2. ● Wolfgang, wir müssen jetzt wirklich los!

   ○ Ja, ja, ich komme _____!

3. ● Haben Sie einen Moment Zeit?

   ○ Nein, jetzt passt es gerade nicht, können Sie _____ nochmal vorbeikommen?

4. ● Kannst du nachher mal den Wasserhahn reparieren?

   ○ Tut mir leid, heute schaffe ich das nicht mehr, aber _____ mache ich es bestimmt!

5. ● Papa, spielst du mit mir? Nein, _____ nicht, ich lese _____.

2 Die Karriere. Ergänzen Sie die passenden Temporal-Angaben.

Also, meine Karriere habe ich genau geplant. _____In einem Jahr_____ will ich

Abteilungsleiter sein, _____**1** Geschäftsführer, und

_____**2** will ich meinen eigenen Betrieb gründen.

2010: Abteilungsleiter
2012: Geschäftsführer
2014: eigener Betrieb

3 Du hast ja keine Ahnung!

Was sagst du? Ich habe ein ruhiges Leben? Du hast ja keine Ahnung,

mein Lieber! Es ist jetzt 12 Uhr Mittag und

_____in zehn Minuten_____ kommt Herr Willeke, mit dem

muss ich über den neuen Praktikanten reden.

_____**1** muss ich dann zum Chef, eine

Besprechung. _____**2** gibt es einen

Empfang im Rathaus, da muss ich auch hingehen.

Und _____**3** geht es gleich wieder weiter,

da ist ein Arbeitsfrühstück. So, jetzt muss ich

aufhören, _____**4** kommt Herr Willeke. Tschüs!

Montag
12.00 Anruf Rudolf
12.10 Besuch Willeke
13.00 Besprechung
14.00 …
Abend: Empfang im
Rathaus
Nicht vergessen:
Dienstag: Arbeitsfrühstück

4 Morgen leider nicht!

1. Ich – leider – nicht – zur Arbeit – können – kommen – morgen

   Ich kann morgen leider nicht zur Arbeit kommen.

2. Fahrt – nach Nürnberg – ihr – nächste Woche – zurück? _____

3. Sie – fahren – in Urlaub – nach Italien – nächstes Jahr. _____

5 Wie voll ist Ihr Terminplan? Was haben Sie alles vor? Fragen Sie Ihren Partner / Ihre Partnerin oder schreiben Sie auf einen Zettel.

Was machst du heute Nachmittag (morgen früh, morgen Mittag, übermorgen, in einer Woche, …)?

Heute Nachmittag mache ich meine Hausaufgaben (gehe ich einkaufen, muss ich arbeiten, …)

„Ich garantiere Ihnen: Wir werden sofort die Steuern senken, die Kriminalität bekämpfen und mehr Arbeit schaffen! Wählen Sie uns, wir werden alles besser machen!"

werden + Infinitiv: Zukunft

❶	❷ werden	Satzmitte		Satzende: Infinitiv	Bedeutung:
Wir	**werden**	alles	besser	**machen**!	*Versprechen*
Ich	**werde**	bald	mit der Arbeit	**anfangen**.	*Plan*
Morgen	**wird**	das Wetter	schön	**(werden)**.	*Prognose*
Sie	**wird**	bestimmt		**kommen**.	*Vermutung, Beruhigung*
Du	**wirst**	noch	viel	**lernen müssen**.	Modalverb ganz am Ende!

> ! **Hinweis**
> Man sagt meistens nicht zweimal „werden": Morgen wird das Wetter schön (werden).

„werden" + Infinitiv

Leider wird es auf der Erde niemals Frieden geben.
(*das ist meine Prognose*)
● Monika ist noch nicht da!
○ Sie wird bestimmt noch kommen! (*Beruhigung*)

Präsens + Temporal-Angabe

Morgen gibt es ein Konzert in der Philharmonie.
(*das weiß ich*)
● Kommt Monika eigentlich morgen zu deinem Fest?
○ Ja, sie kommt mit ihrem Freund. (*Zukunft*)

Temporal-Angabe: Zukunft ◀ 47

werden + Adjektiv oder Substantiv: Veränderung

Komm, wir gehen los, es **wird** schon **dunkel**!
Der Kaffee war gut – langsam **werde** ich **wach**.
Nimm einen Pullover mit, es ist **kalt geworden**.
● Was macht Ihre Tochter? ○ Sie studiert. Sie will **Ärztin werden**.

Positionen im Satz

❶	❷	Satzmitte	Satzende
Langsam	**werde**	ich wieder	**wach**.
Sie	**wird**		**Ärztin**.
Was	**willst**	du	**werden**?

werden	
ich	werde
du	**wirst**
er / sie / es	**wird**
wir	werden
ihr	werdet
sie	werden
Sie	werden

1 Versprechen

Lieber Hans, bitte verzeih mir, ich ___*werde*___ dich nie mehr ___*kritisieren*___, nie | ~~kritisieren~~

wieder _____ ich über deine Unordnung _____ **1**. Und glaub' | schimpfen

mir, ich _____ dir auch nie wieder deine schmutzigen Socken an den

Kopf _____ **2**. In Zukunft _____ ich dich nur noch _____ **3**, | werfen, loben

alle deine Sachen _____ **4** und deine Wäsche _____ **5**. | aufräumen, waschen

Und das gelobe ich dir: Ich _____ dich immer und ewig _____ **6**. | lieben

Die Zukunft _____ herrlich _____ **7**. | sein

_____ du mir _____ **8**? Susi. | verzeihen

2 Vermutung oder Realität?

	Vermutung Prognose	Fester Plan Realität
1. Das Wetter wird morgen bestimmt besser werden!	☒	☐
2. Ich werde noch eine Weile daran arbeiten müssen.	☐	☐
3. In einem Jahr bin ich mit der Schule fertig. Dann studiere ich.	☐	☐
4. Nun mach dir mal keine Sorgen, das wird schon gut gehen!	☐	☐
5. Nächste Woche kommt mein Bruder zu Besuch.	☐	☐

3 Sonst ...!

1. Wir müssen jetzt wirklich gehen, *sonst wird es zu spät!* _____

2. Ich muss dringend einen Kaffee trinken, *sonst* _____

3. Ich kann wirklich nichts mehr essen, *sonst* _____

4. Fahr vorsichtig und mach mal eine Pause, *sonst* _____ (die Fahrt)

> zu dick ●
> ~~zu spät~~ ●
> zu anstrengend ●
> hundemüde ●

4 Eine Wahlrede. Sie sind Präsidentschaftskandidat. Was versprechen Sie?

> verbessern ● schaffen ●
> erhöhen ● bauen ●
> senken ● abschaffen ●
> ausbauen ● helfen ●
> ankurbeln

Beispiel: ___*Wählen Sie mich: Ich werde*___
___*sofort die Steuern senken ...*___

> Straßen ● die Eisenbahn ●
> die Renten ● die Wirtschaft ●
> die Entwicklungsländer ●
> mehr Gleichberechtigung ●
> die Steuern ● die Schulen ●
> die Benzinpreise

5 Berufswünsche. Eine Schulklasse: Was sie werden wollten – was sie geworden sind.

1. ___*Paul wollte Lokführer werden, aber er ist Lehrer geworden.*___

2. Iris _____

3. Katherina _____

4. Markus _____

> Beamter/Beamtin ●
> Politiker/-in ● Arzt/Ärztin ●
> ~~Lokführer/-in~~ ● Filmstar ●
> Verkäufer/-in ● ~~Lehrer/-in~~ ●
> Fußballer/-in

6 Und Sie / und du? Fragen Sie verschiedene Partner im Kurs: Was wollten Sie werden – und was sind Sie geworden?

Damals war das Leben nicht so hektisch wie heute.

Temporal-Angaben: Zeitpunkte in der Vergangenheit

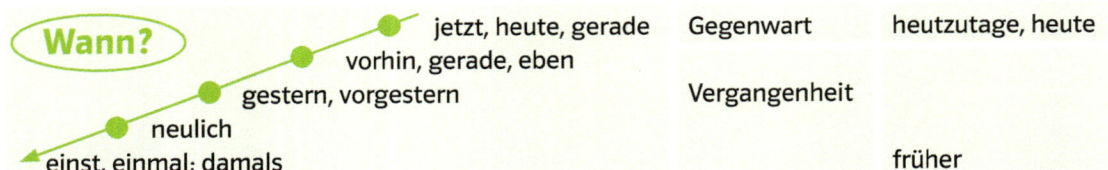

jetzt, heute, gerade	Gegenwart	heutzutage, heute
vorhin, gerade, eben		
gestern, vorgestern	Vergangenheit	
neulich		
einst, einmal; damals		früher

Wann? jetzt, heute, gerade / vorhin, gerade, eben / gestern, vorgestern / neulich / einst, einmal; damals

Gegenwart — heutzutage, heute
Vergangenheit
früher

Das sagt man oft:

● Wo ist nur Susanne? ○ Die muss schon da sein, ich habe sie **eben** (**gerade**) gesehen. (*vor ein paar Minuten*)
● Wann ruft denn Karl an? ○ Der hat doch **vorhin** angerufen. (*vor ein paar Stunden*)
Neulich habe ich Paul, meinen alten Freund, wiedergetroffen. (*vor einiger Zeit*)
Wir hatten es nicht einfach, aber das Leben war **damals** nicht so hektisch wie **heute**. (*zu der Zeit*)
Es **war einmal** (**einst**) ein alter König, der hatte drei Söhne. (*vor langer Zeit*)
Früher haben die Menschen noch miteinander geredet – **heute** sitzen sie meistens vor dem Fernseher oder Computer.

da; nun

Sie las ein spannendes Buch. **Da** klingelte das Telefon.   *in dem Moment*
● Was machen wir **nun** (**jetzt**)? ○ **Nun** (**Jetzt**) räum erst mal auf!   *als nächstes*

Dauer und Frequenz

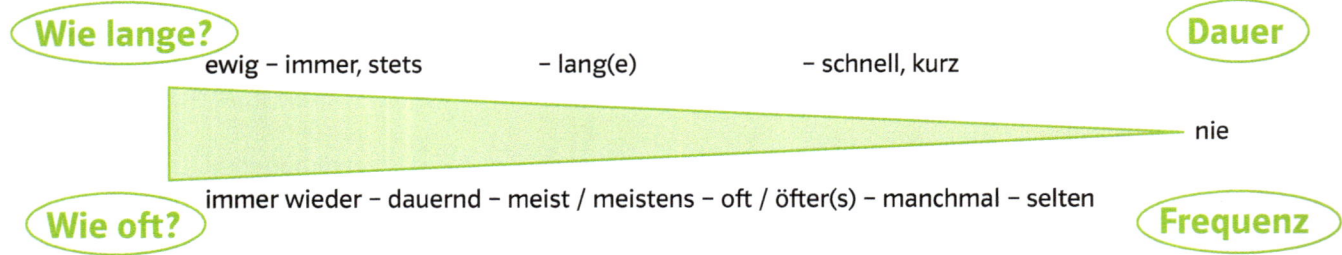

Wie lange?   ewig – immer, stets   – lang(e)   – schnell, kurz   **Dauer**

nie

Wie oft?   immer wieder – dauernd – meist / meistens – oft / öfter(s) – manchmal – selten   **Frequenz**

Das sagt man oft:

Wir haben uns ja **ewig** nicht gesehen!
Die Ostsee ist wunderschön – wir fahren **immer wieder** hin!
Mach doch nicht **dauernd** so einen Lärm!

1 Was passt?

1. Heutzutage fahren alle mit dem Auto.
2. Frau Maier ist sicher hier.
3. Gestern hatte ich einen schlechten Tag.
4. Ich wollte gerade das Essen servieren.

a. Ich habe sie gerade auf dem Flur gesehen.   *1.d*
b. Heute fühle ich mich viel besser.   _____
c. Da klingelte plötzlich das Telefon.   _____
d. Früher sind wir viel mehr zu Fuß gegangen.   _____

2 Der Verehrer

Du, ich glaube, ich habe einen Verehrer: ___*Neulich*___ habe ich in der Kantine

diesen interessanten Mann gesehen, und _____ **1** hat er mich im Büro

angerufen. _____ **2** habe ich ihn wieder gesehen, und _____ **3**

hat er mich für _____ **4** zum Essen eingeladen! Was mache ich _____ **5** ?

nun ● da ●
~~neulich~~ ● gestern ●
heute Abend ●
eben

3 Mach bitte schnell!

1. Ich bin in Eile – mach bitte ___*schnell*___ !
2. Ich kann nicht warten, das dauert mir zu _____ .
3. Hier stand _____ das Denkmal – plötzlich ist es weg!
4. Ich liebe dieses Lied – ich höre es _____ an!
5. ● Gehst du oft ins Kino?
   ○ Nein, ich habe wenig Zeit, ich gehe leider nur _____ .

~~schnell~~ ● selten ●
immer wieder ●
lange ● immer

4 Klagen. Welche Temporal-Adverbien passen? Manchmal gibt es mehrere Möglichkeiten.

Nichts klappt! ___*Immer*___ muss ich auf den Bus warten, _____ **1** kommt er. Mein Auto ist

_____ **2** kaputt. Die Werkstatt braucht _____ **3** für jede Reparatur. Ich habe viel zu viel Arbeit

– und die Wochenenden sind viel zu _____ **4** . Meine Kinder sehe ich nur _____ **5** , meine

Geschwister sehe ich _____ **6** . Zum Glück habe ich eine gute Freundin – aber die hat auch

_____ **7** keine Zeit. Ich rufe sie _____ **8** an, aber sie ist nur _____ **9** da.

Was mache ich nur falsch?

5 Gute alte Zeit (?) Was war früher besser – was ist heute besser? Schreiben Sie fünf Dinge auf.

Beispiel: *Früher war die Kommunikation schwierig – es gab kein Telefon, kein Fax, keine E-Mail. Heute ist das besser,*
man kann immer in Kontakt sein.

6 Was machen Sie oft / manchmal / selten / nie ? Fragen Sie Ihren Partner / Ihre Partnerin im Deutschkurs oder schreiben Sie auf einen Zettel.

Beispiel: *Ich gehe oft spazieren, aber ich jogge nie.*

(fernsehen, ins Kino gehen, ins Theater gehen, einkaufen, lesen, über Politik diskutieren, Musik hören, aufräumen,

Computerspiele spielen, …)

| Tischregeln: Vor dem Essen wäscht man sich die Hände. | Beim Essen redet man nicht dauernd. | Nach dem Essen putzt man sich die Zähne.* |

*aber erst nach 30 Minuten. Ihr Zahnarzt.

Temporale Präpositionen (1)

„Wasch dir **vor dem Essen** die Hände!"

Wann?

Temporale Präpositionen + Substantiv

vor, bei, nach + Dativ

vor	„Wasch dir **vor dem Essen** die Hände!"	Gehen wir **vor dem Kino** noch etwas essen?
bei	„Rede nicht dauernd **beim** Essen!"	Ich werde **beim** Sport immer sehr müde.
nach	„Putz dir **nach dem Essen** die Zähne!"	Ich gehe **nach der Arbeit** noch einkaufen.

Rückblick und Vorausschau: *vor* + Dativ, *in* + Dativ

vor	**Vor einem Jahr** habe ich Abitur gemacht.	Zeitpunkt in der Vergangenheit	
in	**In zwei Stunden** bin ich fertig.	Zeitpunkt in der Zukunft	

an, in + Dativ, *um* + Akkusativ

an / am	**am Dienstag, am Vormittag, am Abend, am Wochenende, am 20. 12., ...**	Wochentage, Tageszeiten, Datum
in / im	**im Januar, im Sommer, im 5. Jahrhundert**	Monate, Jahreszeiten, Jahrhunderte
um	**um halb fünf, um 23 Uhr, ...**	Uhrzeit

Uhrzeit ◄ 10

Datum ◄ 10 | 95 ►

zwischen + Dativ, *gegen* + Akkusativ, *während* + Genitiv

zwischen	**Zwischen 9 Uhr und 11 Uhr** habe ich noch keine Termine.	
gegen	Ich komme **gegen drei Uhr**. (*kurz vor 3 Uhr*)	**Gegen Abend** wird es regnen.
während	**Während des Krieges** gab es große Not.	Rauch nicht **während der Fahrt**! (*gleichzeitig*)

Mit Dativ: vor, bei, nach, in, an, zwischen   **Mit Akkusativ:** um, gegen   **Mit Genitiv:** während

1 Schulsorgen

Vor der Schule bin ich meistens sehr im Stress – ich bin immer zu spät und

muss noch schnell die Hausaufgaben machen. _____ 1

kann ich mich nie konzentrieren. Trotzdem bin ich _____ 2

immer völlig k.o. Erst _____ 3 werde ich richtig wach.

Abends kommt mein Vater nach Hause. _____ 4 will er immer

über meine Hausaufgaben mit mir sprechen. Darum träume ich _____ 5

oft schlecht. _____ 6 geht dann alles wieder von vorne los.

| vor (Schule)
| während (Unterricht)
| nach (Schule)
| an (Nachmittag)
| bei (Abendessen)
| in (Nacht)
| an (Morgen)

2 Erinnerungen. Ergänzen Sie die Präpositionen und Artikel (wo nötig). Achten Sie auf Genus und Kasus.

In meiner Jugend war alles viel strenger: _Vor dem_ Mittagessen haben wir gebetet.

_____ 1 Essen mussten wir still sein. _____ 2 Nachmittag mussten

wir zuerst unsere Hausaufgaben machen. Erst kurz _____ 3 Abendessen durften

wir etwas spielen. _____ 4 Mittag- und Abendessen gab es nichts zu essen.

Ich durfte _____ 5 Abend nie lange wach bleiben. Manchmal habe ich

_____ 6 Nacht heimlich noch ein Buch gelesen, aber das war gefährlich!

> zwischen ●
> in ● an (2x) ●
> bei ● vor ●
> vor

3 Vergangenheit

1. Vor _40 Jahren gab es keine Computer._ Heute gibt es in den meisten Büros einen Computer.

2. Vor _____ Viele Leute benutzen jetzt das Internet.

3. Vor _____ Heutzutage gibt es immer mehr Supermärkte.

4. Vor _____ Jetzt reisen viele Menschen mit dem Flugzeug.

4 Schöne neue Welt? Was sind Ihre Prognosen für die Zukunft?

1. Heutzutage schreiben wir noch Briefe.   _In zehn Jahren werden alle Leute E-Mail benutzen._

Oder: _In … werden wir auch noch Briefe schreiben._

2. Der Autoverkehr ist heutzutage chaotisch. _____

3. Die USA dominieren heute die Weltpolitik. _____

4. Heute lesen die Leute noch Bücher. _____

5 Sitten und Gebräuche. Wie ist das bei Ihnen? Fragen und antworten Sie.

Beispiel: _In Deutschland sind die Geschäfte am Sonntag geschlossen. Wie ist das bei Ihnen? – Bei uns …_

	Deutschland	Ihr Land
1. Geschäfte geschlossen: Sonntag		
2. Keine Schule: Samstag und Sonntag		
3. Die meisten Kinder: Nachmittag frei		
4. Es ist kalt und es liegt Schnee: Winter		
5. Die meisten Leute haben Urlaub: Sommer		

Temporale Präpositionen (2)

seit	**Seit einer Woche** sind wir hier im Schifahrer-Paradies! **Seit heute Morgen** bin ich krank.	Vergangenheit bis jetzt
ab	**Ab heute** rauche ich nicht mehr. Das Wetter soll **ab morgen** schlechter werden.	Beginn
bis	Ich warte noch **bis Montag. Bis jetzt** hat er noch nicht angerufen. **Bis nächste Woche** bin ich damit fertig. (ohne Artikel: Akkusativ)	Endpunkt
bis zu	Es sind noch drei Wochen **bis zu meinem Geburtstag!** (mit Artikel: „zu" + Dativ)	
von – bis	Ich arbeite von **neun bis fünf Uhr.**	

Mit Dativ: ab, seit, bis zu, von   **Mit Akkusativ:** bis

Temporal-Adverbien
Tage und Tageszeiten

morgens, mittags, abends, … montags, dienstags, …	Ich bin **morgens** immer so müde. **Abends** lese ich ein Buch. **Montags** gehe ich schwimmen, **freitags** spiele ich Tennis.	*immer am Morgen, …* *immer am Montag, …*

seitdem, vorher, zuerst – danach / dann

seitdem / seither	Vor drei Wochen fuhr er los. **Seitdem (Seither)** hat er sich nicht gemeldet.	*seit 3 Wochen*
vorher	● Gehen wir einkaufen? ○ Gleich, ich muss **vorher** noch telefonieren.	*vor dem Einkaufen*
zuerst – danach / dann	**Zuerst** fahren wir in die Schweiz, **danach (dann)** fliegen wir nach Krakau.	*nach der Fahrt in die Schweiz*

schon, noch, erst

schon	● Brauchst du noch lange? ○ Nein, ich bin **schon** fertig.	*schneller als erwartet*
noch	Haben Sie **noch** einen Moment Zeit? Ich möchte gerne **noch** etwas mit Ihnen besprechen.	*etwas dauert länger als erwartet*
erst	Das Konzert findet **erst morgen** statt!	*später als erwartet*

1 Was passt?

1. ~~Seit fünf Tagen~~

2. Ab nächster Woche

3. Bis jetzt

4. Bis zu den Ferien

a. sind es noch 10 Tage.

b. bin ~~ich krank.~~

c. soll das Wetter besser werden.

d. habe ich nichts davon gehört.

_1.b_ ⎯⎯⎯ ⎯⎯⎯ ⎯⎯⎯

2 Drei Tage

1. in drei Tagen

2. noch drei Tage

3. seit drei Tagen

4. vor drei Tagen

a. ich habe angerufen

b. ich bleibe

c. ich bin richtig im Stress

d. das muss fertig sein

1.d: In drei Tagen muss das fertig sein.

3 Beim Psychologen

Ach wissen Sie, meine Kindheit war sehr schwer. Mit fünf haben mich die Kinder im

Kindergarten geärgert, _____seitdem_____ halte ich größere Gruppen von Kindern nicht mehr

aus. In der Schule habe ich mich _____ **1** ganz wohl gefühlt, aber

_____ **2** hatten wir eine sehr strenge Lehrerin. _____ **3** heute

mache ich darum um Schulen einen großen Bogen. Meine Geschwister hatten immer mehr Freizeit als ich. Meistens

musste ich _____ **4** ewig meiner Mutter in der Küche helfen, und sie haben _____ **5** längst

gespielt. _____ **6** meiner Kindheit habe ich Angst vor den Menschen – aber das soll _____ **7**

jetzt alles ganz anders werden!

┌─────────────────────────┐
│   noch ●   │
│   dann ● seit ●   │
│ ~~seitdem~~ ● zuerst ● │
│   ab ● bis ●   │
│   schon   │
└─────────────────────────┘

4 Antworten Sie:

1. Wann wollen Sie mit dem Studium anfangen? (Wintersemester) _Ab dem Wintersemester._ _____

2. Wie lange leben Sie schon hier? (drei Jahre) _____

3. Wann genau arbeitest du morgen? (8 h – 17 h) _____

4. Hat Frau Siefert immer noch nicht angerufen? _____

5 „bis" oder „bis zu"?

1. Ich bleibe noch _bis zum_ Wochenende.

2. Ich habe noch _____ heute Abend Zeit.

3. Mach's gut und _____ morgen!

4. Schrecklich – es sind noch sechs Wochen _____ Ferien!

6 Immer der Chef. Setzen Sie „schon", „noch" oder „erst" an die richtige Stelle.

● Ah, Herr Koch, gut, dass ich Sie sehe. Sie wollen doch nicht gehen?

○ Nein, nein, Herr Direktor. Ich gehe immer um 6 Uhr nach Hause.

● Sehr gut. Wie steht es denn mit dem Vertrag mit der Firma Zettel? Haben Sie den entworfen?

○ Nein, das tut mir leid, das habe ich nicht geschafft.

● Haben Sie mit Frau Kummer gesprochen?

○ Nein, das Treffen mit Frau Kummer ist morgen.

● Na gut, dann arbeiten Sie ein bisschen, ich gehe jetzt nach Hause.

Am 9. November 1989 tanzten die Menschen auf der Berliner Mauer. Das hatte man sich vorher nicht vorstellen können!

Verben in der Satzklammer

Satzende: Präsens

❶	❷	Satzmitte			Satzende	
Der Zug	**fährt**		gleich		ab.	trennbares Präfix
Das	**kann**	man sich		nicht	vorstellen.	Infinitiv
Ich	**gehe**		jetzt		spazieren.	Infinitiv
Wir	**machen**		alles	besser.		

Perfekt + Plusquamperfekt

Der Zug	ist	gerade			ab**gefahren**.	Partizip Perfekt
Das	hatte	man sich	vorher	nicht	vorstellen **können**.	Infinitiv + Modalverb
Ich	bin	vorhin			spazieren **gegangen**.	Infinitiv + Partizip Perfekt

„werden" + Infinitiv

Wir	werden		alles	besser	**machen**.	Infinitiv

Adverbien in der Satzmitte

❶	❷			Satzmitte					Satzende
Das Team	hat			heute	leider		nicht	gut	gespielt.
Damals	war	das Leben				hier	nicht	so	hektisch.
Mit wem	hast	du	denn	heute				so lange	telefoniert?

> ! **Hinweis**
> In der Satzmitte ist die Reihenfolge der Adverbien meistens:
> Temporal-Adverb → Modal-Adverb → Lokal-Adverb → Negation → Adverb der Art und Weise

Temporal-Adverbien bei Substantiven

Die **Zeit damals** war nicht einfach! Das **Fest gestern** war sehr nett! (Das Adverb bestimmt das Substantiv näher.)

1   Kein guter Tag! Unterstreichen Sie die Satzklammer.

Schon vor dem Frühstück <u>hatte</u> Berta Koller sich sehr <u>ärgern müssen</u>. Die Zeitung war wieder einmal

nicht vor der Tür gelegen, sie hatte die Kinder kaum aufwecken können und dann war auch noch die Milch

übergekocht. Kaum hatte sich Frau Koller an den Frühstückstisch gesetzt, da rief ihr Chef an: „Sie müssen heute

dringend nach Gießen fahren, Frau Koller! So kann es nicht weitergehen, die Filiale dort ist einfach nicht effizient

genug. Die werden noch die ganze Firma ruinieren!" Frau Koller konnte nicht „nein" sagen, es war schließlich ihr Chef.

Aber nun musste sie jemanden für die Kinder finden, ihrer Freundin absagen, und zum Frisör konnte sie auch nicht

gehen. Kein guter Tag!

2   Was passt?

1. Heute habe ich endlich	5. Wo ist nur die Zeit	a. kümmern	e. kommen
2. Sie wollte gestern	6. Das hatte niemand	b. verhindern können	f. fertig machen
3. Ich werde mich darum	7. Kriege wird man nicht	c. ~~aufgeräumt~~	g. spazieren gegangen
4. Ich wollte das so gerne	8. Bist du hier auch immer	d. geblieben	h. vorhersehen können

1.c: Heute habe ich endlich aufgeräumt.

3   1989 und danach. Formen Sie die Sätze um.

1. Vor 1989 hatte sich niemand eine Maueröffnung vorgestellt. (können)

   Vor 1989 hatte sich niemand eine Maueröffnung vorstellen können.

2. Plötzlich fuhren die DDR-Bürger in den Westen. (können)

   _____

3. Die wirtschaftlichen Probleme im Osten Deutschlands kann man aber nur langsam lösen. (werden)

   _____

4. Viele Menschen im Osten gingen eher in Rente. (müssen)

   _____

4   Ergänzen Sie die Adverbien:

1. Ich kann zu dir kommen. (heute, nicht mehr, leider)   _Ich kann heute leider nicht mehr zu dir kommen._

   Oder: _Leider kann ich heute nicht mehr zu dir kommen. / Heute kann ich leider nicht mehr zu dir kommen._

2. Das hast du gemacht. (sehr gut, wirklich) _____

3. Das Spiel findet statt. (nicht, heute, bestimmt) _____

4. Er gibt das Buch zurück. (heute Nachmittag, wahrscheinlich, dort) _____

5   Kommst du auf das Fest morgen Abend? Fragen Sie Ihren Partner / Ihre Partnerin. Fragen Sie im Präsens oder im Perfekt.

auf das Fest gehen   ●   _Gehst du auf das Fest morgen Abend?_ _____

　　　　　　　　　　○   _Nein, da habe ich keine Zeit. / Ja, dazu habe ich große Lust!_ _____

(ins Konzert gehen, den Unfall sehen, die Fernsehsendung ansehen, den Streit miterleben)

Kausal- und Finalangaben mit Präpositionen

Wir haben **wegen Renovierung** geschlossen. Aber unsere Filiale steht Ihnen **für Ihre Bücherwünsche** zur Verfügung.

Kausale und finale Angaben geben zusätzliche Informationen: Warum? Wofür / Für wen?

Kausal-Angaben

wegen + Genitiv / (Dativ)	**Wegen des schlechten Wetters** muss das Spiel leider ausfallen. Wegen dem schlechten Wetter … (mündlich auch mit Dativ) Ich habe das Fest nur **wegen dir** verschoben! (Personalpronomen: Dativ)	*Grund*
aus + Dativ	Der Mann verfolgte sie **aus Eifersucht**. Sie heirateten **aus Liebe**. Der Tisch ist **aus Glas**. (ohne Artikel)	*Motiv* *Material*
vor + Dativ	Ich kann mich **vor Müdigkeit** gar nicht mehr konzentrieren. (ohne Artikel)	*Grund für momentanen* *Zustand*
durch + Akkusativ	Wir haben **durch Frau Hasan** von dem Unfall gehört. **Durch den Streik** gab es einen Verkehrsstau. (Oder: **Wegen des Streiks** …)	*Übermittler, Verursacher* *Umstand*
trotz + Genitiv / (Dativ)	Ich gehe **trotz des schlechten Wetters** spazieren. **Trotz der Kritik** änderte die Regierung das Gesetz nicht. Trotz seinem Rat habe ich das nicht gemacht. (mündlich auch mit Dativ)	*das Wetter / die Kritik* *ändert nichts*

Temporal-Angaben ◀ **43, 49, 50**

Final-Angaben

für + Akkusativ	Können Sie das bitte **für mich** erledigen? Dieses Buch habe ich **für Sie** gekauft. Alles Gute **für Ihre Zukunft**! ● Wie viel schulde ich Ihnen **für die Eintrittskarte**? ○ Zehn Euro.	*an meiner Stelle* *Ziel, Zweck* *Tausch*
zu + Dativ	Ich wünsche Ihnen alles Gute **zum Geburtstag**! Dieses Geschirr hat uns meine Mutter **zur Hochzeit** geschenkt.	*Ziel, Anlass*

Mit Dativ: aus, vor, zu   **Mit Akkusativ:** durch, für   **Mit Genitiv:** wegen, trotz

Feste Wendungen:

Ich mache das doch nicht **zum Spaß**!
(*das ist ernst, ich muss das tun*)
Er sieht den Wald **vor lauter Bäumen** nicht.
(*er sieht das Wesentliche nicht*)

Ich finde das **zum Lachen** / **zum Weinen**.
(*das kann man nicht ernst nehmen / das ist schlimm*)
Er ist wie gelähmt **vor Angst**.
(*er hat große Angst*)

1 Gründe

1. Ich kann heute nicht ins Konzert gehen.	a. wegen Bauarbeiten
2. Fausto hat mich umarmt.	b. wegen meiner starken Erkältung
3. Die Durchfahrt ist gesperrt.	c. aus Mitleid
4. Alles hat sich verzögert.	d. vor Freude
5. Sie hat ihm geholfen.	e. durch den langen Streik

1.a: Ich kann heute wegen meiner starken Erkältung nicht ins Konzert gehen.

Oder: *Wegen meiner starken Erkältung kann ich…*

2 Schlechte Aussichten?

1. Die Zahl der Arbeitslosen steigt.	a. wegen unseres Energiekonsums
2. Das Klima erwärmt sich.	b. trotz der guten Konjunktur
3. Der Verkehr in den Städten nimmt zu.	c. trotz der Umweltkonferenzen
4. Die Rohstoffe werden knapp.	d. wegen der Abgase
5. Die Regenwälder sterben.	e. trotz der vielen Staus

1.b: Die Zahl der Arbeitslosen steigt trotz der guten Konjunktur.   Oder: *Trotz der guten Konjunktur steigt…*

3 „für" oder „zu"?   Achten Sie auf den Kasus!

1. ● ___*Für wen*___ (wer) arbeiten Sie zur Zeit?

   ○ _____ (die Firma Schneider).

2. Frau Seebold, können Sie bitte diesen Brief _____ (ich) beantworten?

3. ● Die Blumen sind ja wunderschön! _____ (wer) sind sie denn?

   ○ Die sind _____ (mein Freund), ich schenke sie ihm

   _____ _____ (der Geburtstag).

4. Lieber Herr Kovacs, _____ (Ihr Abschied) von unserer Firma haben wir

   ein besonderes Geschenk _____ (Sie). Das soll eine kleine Anerkennung

   _____ (Ihre Arbeit) bei uns sein! _____ (Ihre Zukunft)

   wünschen wir Ihnen alles Gute!

5. Was wünscht ihr euch denn _____ (Weihnachten)?

   Ich muss bald die Geschenke _____ (ihr) kaufen.

4 Eine Reise mit Hindernissen. Ergänzen Sie die Präpositionen. Manchmal gibt es mehrere Möglichkeiten.

Liebe Simone, nun bin ich wieder zurück. Die Reise hat mir

___*trotz der Komplikationen*___ sehr gut gefallen. Es ging schon beim Abflug los: | ~~die Komplikationen~~

_____ **1** konnten wir erst zwei Stunden später starten. | ein Sturm

_____ **2** habe ich meinen Anschlussflug in New York | die Verzögerung

verpasst. Zum Glück gab es noch einen späteren Flug. Martin war _____ **3** | meine Verspätung

am Flughafen. _____ **4** habe ich geweint, als ich ihn dort sah. | Freude

Er wollte noch essen gehen, aber ich konnte _____ **5** kaum noch | Müdigkeit

aus den Augen sehen.

115

Sommer 2007: Mit der Bahn durch ganz Europa!

Sommer 2008: Mit Anna durch Italien!

Modal-Angaben mit Präpositionen

Mit der Bahn durch ganz Europa!
Mit Anna durch Italien!

Modal-Angaben geben zusätzliche Informationen: Womit / Mit wem? Wie?

mit + Dativ	2007 bin ich **mit der Bahn** durch ganz Europa gefahren. Das kann ich nur **mit der Brille** lesen. Ich war **mit Anna** in Italien. **Mit 16 (Jahren)** bin ich zum ersten Mal allein in Urlaub gefahren.	*Mittel* *Instrument; Begleitung* *Alter*
ohne + Akkusativ	Ich kann **ohne Computer** gar nicht arbeiten! Endlich konnte ich **ohne meine Eltern** in Urlaub fahren!	*fehlendes Mittel, Instrument* *fehlende Begleitung*
in + Dativ	Wir mussten **in großer Eile** zurückfahren, denn wir hatten im Lotto gewonnen. Das habe ich nur **im Spaß** gesagt.	*Art und Weise*
auf	Wie heißt das **auf Deutsch**? Das Buch ist **auf Französisch**! *Aber*: Ich spreche Deutsch. Ich kann Polnisch.	*konkreter Text* *generelle Sprachfähigkeit*
nach + Dativ	**Nach meiner Meinung** ist das ganz falsch. Oder: **Meiner Meinung nach** … Arbeiten Sie bitte genau **nach Vorschrift**!	*das ist meine Meinung* *so, wie die Vorschrift sagt*
statt + Genitiv (Dativ)	Kauf doch einen Strauß Blumen **statt** (der) **Süßigkeiten**! **Statt dem Mantel** nehme ich … (mündlich auch mit Dativ) Ich gehe heute ins Kino **statt ins Theater**.	*an Stelle von* „statt" + andere Präposition
außer + Dativ	● Wart ihr alle im Museum? ○ Ja, alle **außer Nico**. Ich bin jetzt **außer Dienst**. Der Aufzug ist **außer Betrieb**.	*nur Nico nicht* *nicht im Dienst; nicht in Betrieb*

Mit Dativ: außer, in, mit, nach   **Mit Akkusativ:** ohne   **Mit Genitiv:** statt

Das sagt man oft:

● Trinken Sie den Kaffee **mit Milch oder Zucker**? ○ **Mit Milch**, aber **ohne Zucker**, bitte!
Meinst du das **im Ernst**? (*meinst du das wirklich?*)
Spätzle **nach Art des Hauses** (*nach Rezept des Restaurants*)
Schnitzel **auf Wiener Art** / **nach Wiener Art** (*so wie man es in Wien zubereitet*)

1 „mit" oder „ohne"?

Achten Sie auf den Kasus!

Viele Leute glauben, sie kommen nicht ___*ohne ihr Auto*___ (ihr Auto) aus. Sie wiederholen jeden Morgen ein

uraltes Ritual: _____ **1** (ihr Auto) stehen sie oft schon nach der zweiten Ampel im Stau. Sie wissen:

Wer _____ **2** (der Bus und die Bahn) fährt, ist viel schneller am Ziel. Die meisten Leute sind sogar

_____ **3** (das Fahrrad) schneller bei der Arbeit als _____ **4** (das Auto). Es gibt

nur eine Erklärung für das seltsame Verhalten vieler Autofahrer: Sie sind autosüchtig. _____ **5**

(Abgase) und _____ **6** (der Kampf) um jeden Zentimeter sind sie nicht glücklich.

2 Ergänzen Sie:

1. Ich kann das ___*ohne Brille*___ leider nicht lesen.

2. Du kannst das Projekt _____ fertig machen, du hast dafür

   ja eine Woche Zeit.

3. So kann das ja gar nicht funktionieren – du musst das genau

   _____ machen!

4. Ich habe eine andere Idee: _____ lade ich dich lieber zum Essen ein!

5. Herr Maier, ist das Projekt _____ noch möglich – oder sehen Sie da Probleme?

> nach Anleitung ●
> Ihrer Meinung nach ●
> statt eines Geschenks ●
> ~~ohne Brille~~ ●
> in Ruhe

3 Sprachprobleme: mit oder ohne „auf"

● Entschuldigen Sie, sprechen Sie ___*Spanisch*___ (Spanisch)?

○ Ja, ein bisschen. Warum?

● Dieser Text ist _____ **1** (Spanisch) – und ich kann leider nicht _____ **2** (Spanisch) sprechen.

   Können Sie mir sagen, was das _____ **3** (Deutsch) bedeutet?

○ Ja, Moment, ich will es versuchen. Billige Flugangebote nach Madrid. Ab € 110,– für den Hin- und Rückflug. Buchen

   Sie sofort!

● Vielen Dank. Ich rufe gleich mal an. Bei der Fluggesellschaft werden sie bestimmt auch _____ **4**

   (Deutsch) oder _____ **5** (Englisch) verstehen.

4 Sagen Sie das anders: Verwenden Sie statt der unterstrichenen Satzteile Angaben mit Präpositionen.

1. Ich musste mich beeilen. (Eile, kommen) ___*Ich bin in Eile gekommen.*___

2. Ich glaube, Sie haben vollkommen Recht! (meine Meinung) _____

3. Dieser Lift funktioniert zur Zeit nicht. (Betrieb) _____

4. Er war immer pünktlich, nur am Montag nicht. _____

5. Du hast keinen Führerschein? Dann darfst du nicht fahren. _____

> nach ●
> ohne ●
> außer (2x) ●
> ~~in~~

5 Altersunterschiede. Fragen Sie Ihren Partner / Ihre Partnerin:

● ___*Wann darf man in Ihrem Land den Führerschein machen?*___

○ ___*Bei uns darf man mit 18 (Jahren) den Führerschein machen. Und bei Ihnen?*___

(mit der Schule fertig sein, allein reisen, wählen, normalerweise heiraten, in die Schule kommen, …)

Seit Wochen ist hier eine Baustelle. Deshalb
kann sie sich nicht auf ihre Arbeit konzentrieren.

Text-Adverbien

Seit Wochen ist hier eine Baustelle. **Deshalb** kann sie sich nicht auf ihre Arbeit konzentrieren.

Text-Adverbien verbinden Text-Teile. Sie geben eine logische Beziehung an.

deshalb deswegen darum daher	Ich habe noch eine Verabredung. Morgen sind die Geschäfte zu. Er hatte eine schwere Erkältung. Der Kurs war zu voll. *A: Grund*	**Deshalb** muss ich jetzt leider gehen. **Deswegen** muss ich schnell noch einkaufen fahren. **Darum** konnte er gestern nicht kommen. Wir mussten ihn **daher** teilen. *B: Konsequenz*
nämlich	Ich muss schnell etwas einkaufen. *A: Konsequenz*	Morgen sind die Geschäfte **nämlich** zu. *B: Grund*
also	● Wo war denn Frau Metz gestern? ○ Frau Metz hatte gestern frei. *A: Feststellung*	Sie konnte **also** an der Sitzung nicht teilnehmen. *B: logische Folgerung*
trotzdem	Das Wetter ist regnerisch. *A: Feststellung*	**Trotzdem** fahren wir jetzt an die Nordsee! *B: Die Konsequenz ist anders als erwartet.*
sonst	Wir müssen uns jetzt anstrengen, *A ist notwendig.*	**sonst** schaffen wir das nicht! *Ohne A gibt es die negative Konsequenz B.*

Positionen im Satz

❶	❷				
Das Wetter	ist				schlecht.
Trotzdem	fahren	wir	morgen	an die Nordsee.	
Dort	treffen	wir	**nämlich**	meine Familie.	
Wir	haben	es	**trotzdem**		geschafft.
❶	❷		Satzmitte		Satzende

Text-Adverbien stehen oft auf Position I, manchmal in der Satzmitte;
„nämlich" steht immer in der Satzmitte.

1 Was passt?

1. ~~Goethe war Geheimrat am Hof von Weimar.~~
2. Heinrich Heine musste aus Deutschland fliehen.
3. Berthold Brecht war überzeugter Marxist.
4. Georg Büchner starb sehr jung.
5. „Die Blechtrommel" von Günter Grass war ein literarischer Welterfolg.

a. Trotzdem hinterließ er ein umfangreiches Werk.
b. Trotzdem war er in Westdeutschland sehr populär.
c. Darum bekam er 1999 den Literaturnobelpreis.
d. ~~Deshalb hatte er keine finanziellen Sorgen.~~
e. Er hatte nämlich die politischen Zustände kritisiert.

1.d: Goethe war Geheimrat am Hof von Weimar. Deshalb hatte er keine finanziellen Sorgen.

2 Das müssen wir vermeiden! Formulieren Sie mit „sonst".

1. Manfred, kannst du mir bitte helfen? Ich schaffe das nicht. *Manfred, kannst du mir bitte helfen, ich schaffe das sonst nicht mehr.* Oder: *... sonst schaffe ich das nicht mehr.*

2. Geh bitte jetzt einkaufen. Die Läden sind schon zu.

3. Schreib den Brief jetzt gleich. Er kommt nicht zu Weihnachten an.

4. Bleib nicht so lange in der Sonne liegen. Du bekommst einen Sonnenbrand.

3 „nämlich", „trotzdem", „sonst" oder „also"?

1. Bitte beeil dich! Wir kommen zu spät. *Bitte beeil dich, sonst kommen wir zu spät.*
2. Der Zug war schon abgefahren. Ich konnte nicht kommen.
3. Wir müssen heute ins Kino gehen. Wir sehen den Film nicht mehr.
4. Ich hole dich gerne ab – ich bin sowieso in der Gegend. Es ist kein Problem!
5. Ich habe einen schrecklichen Schnupfen. Ich gehe zur Arbeit, denn es gibt so viel zu tun!
6. Bitte schau genau auf die Landkarte. Wir verfahren uns.
7. Dieses Rezept ist sehr kompliziert. Ich probiere es aus, es sieht sehr interessant aus.
8. Ich bin nicht baden gegangen. Das Schwimmbad war total überfüllt.

4 Endlich fertig mit der Schule! Schreiben Sie diesen Text neu. Benutzen Sie „deshalb" („deswegen"), „nämlich", „also" oder „trotzdem".
Achten Sie auf die logischen Beziehungen und die Wortstellung.

Liebe Carmen,

seit einigen Wochen bin ich endlich mit der Schule fertig. Ich bin nicht so richtig glücklich, ich muss mich für ein Studienfach entscheiden. Seit Tagen lese ich alle möglichen Informationshefte. Es hilft nichts: Ich kann mich nicht entscheiden! Vielleicht studiere ich auch gar nicht. Die Universitäten sind so anonym. Außerdem gibt es viel zu viele Studierende – man findet nach dem Studium sehr schwer einen guten Arbeitsplatz. Meine Freunde gehen alle an die Universität. Hast du nicht einen Rat?

Alles Liebe, dein Philipp

Funktionen von *es*

Es spielen: Carla Blau und Albert Megelsdorff

Funktionen von „es":
- Pronomen im Text
- Festes Subjekt bei bestimmten Verben
- Element auf Position I

es als Pronomen im Text

Das neueste Buch von Günter Grass gefällt mir sehr gut. Kennst du **es**?

- Wann kommt der Zug an? ○ Ich weiß **es** nicht. *(ich weiß nicht, wann der Zug ankommt)*

„es" kann in dieser Funktion nicht auf Position I stehen und ist immer unbetont.

es als festes Subjekt bei bestimmten Verben

Es regnet. Heute schneit **es stark**. **Es hagelt / blitzt / donnert**, …   Wetter-Verben
Es ist warm / kalt / feucht … **Es wird** schon **dunkel** …   Wetter-Adjektive
Wie **spät ist es**? **Es ist früh / 10 Uhr / Nachmittag** …   Uhrzeit
Es war einmal ein alter König …   Feste Wendungen
Vorsicht, hier **gibt es** viele Mücken. **Gibt es** Leben auf dem Mars?
Hier **riecht es** ja ganz herrlich – sind das die Blumen?
- Hallo Herr Hoffmann, wie **geht es** Ihnen? Danke, mir **geht es** gut, und Ihnen?
○ Worum **geht es**? **Es handelt sich** um die letzte Lieferung aus Frankreich.

„es" kann auf Position I stehen oder direkt nach dem Verb in der Satzmitte und ist immer unbetont.

es als Element auf Position I

Direktor Haßberg gab eine Party. **Es** kamen viele Gäste.   = Viele Gäste kamen.
Freitag: Jazzkonzert. **Es** spielen C. Blau und A. Megelsdorff.   = C. Blau und A. Megelsdorff spielen.
Das Produkt ist nicht in Ordnung – **es** beschweren sich immer   = Immer mehr Leute beschweren sich.
mehr Leute!

„es" verschwindet, wenn ein anderes Element auf Position I steht.
Funktion: Manchmal möchte man das Subjekt betonen (neue Information). Darum setzt man „es" auf
Position I. So kann das Subjekt rechts in der Satzmitte stehen.

1 Worauf bezieht sich „es"?

1. ● Siehst du das Gebäude dort drüben?

   ○ Es wurde von Friedrich Schinkel erbaut.

     Ja? Aus welchem Jahr stammt es denn?

   ● Ich weiß es nicht genau – Anfang des 19. Jahrhunderts, glaube ich.

2. ● Vorhin hat mich fast ein Auto überfahren.

   ○ Das ist ja schrecklich! Hast du dir gemerkt, wie es aussah?

   ● Nein, ich weiß es nicht mehr, ich habe mich zu sehr erschrocken!

Bezug:

das Gebäude dort drüben

_____

_____

_____

_____

2 Es fährt keine U-Bahn mehr. Stellen Sie das unterstrichene Satzglied auf Position I.

1. Tut mir leid, es fährt jetzt keine U-Bahn mehr. –> *Tut mir leid, jetzt fährt keine U-Bahn mehr.*

2. Ich glaube, wir machen das Restaurant zu. Es kommen heute keine Gäste mehr. –>

3. Dieser Vortrag war schrecklich. Es hat niemand etwas verstanden. –>

4. Wir sind fast fertig. Es fehlen aber noch die Kerzen. –>

5. Gehen wir morgen ins Konzert? Es spielen die Wiener Philharmoniker! –>

3 Märchen ohne Ende. Notieren Sie: T = Pronomen im Text, F = Festes Subjekt, P = Element auf Position I.

Es war einmal ein kleines Mädchen [F], das hatte keine Mutter und keinen Vater mehr. Es war ganz allein auf der Welt [ ]1. Eine Weile wohnte es bei einer Tante [ ]2, aber die behandelte das Mädchen schlecht und so zog es in die weite Welt hinaus [ ]3. Nach einer Weile kam es in ein kleines Dorf [ ]4. Da zogen am Himmel Wolken auf und es blitzte und donnerte ganz gewaltig [ ]5. Auf einmal war es in dem Dorf dunkel und unheimlich [ ]6. Da öffnete sich eine Tür und ein heller Lichtstrahl fiel auf den Dorfplatz. Es stand plötzlich eine alte Frau in der Tür [ ]7. Sie winkte und sagte: „Komm doch herein, mein liebes Mädchen, es wird dir bei mir an nichts fehlen [ ]8!" Das Mädchen ging langsam zu der Alten hin …

4 Obligatorisch oder nicht? Formulieren Sie als Frage. Was passiert mit „es?

1. Es gibt hier ein Problem.   –> *Gibt es hier ein Problem?*

2. Es fuhr kein Zug nach Salzburg.   –> _____

3. Es gibt in dieser Gegend keine Läden.   –> _____

4. Es geht ihm heute nicht so gut.   –> _____

5. Es kommen auch mal wieder bessere Zeiten.   –> _____

5 Was gibt es? Fragen Sie Ihren Partner / Ihre Partnerin.

1. ● In Deutschland gibt es viele Kirchenfeiertage. Wie ist das bei Ihnen?

   ○ *Bei uns gibt es keine (auch viele) Kirchenfeiertage.*

(lange Sommerferien, viele Staus, viele Radfahrwege, viele Volksfeste, wenig Bodenschätze, …)

> Sie genoss die Stille und die schöne Umgebung.
> Da sah sie die Touristen kommen.

Verben mit Infinitiv

Da sah sie die Touristen **kommen**.
= Die Touristen kamen. Das sah sie.

Einige Verben können einen Infinitiv bei sich haben.

bleiben, gehen, fahren

Ich **bleibe** hier **stehen**. **Bleiben** Sie doch **sitzen**, ich mache das schon!
Wir **gehen** nachher (Obst) **einkaufen**. **Gehen** wir danach **essen**?
Sie **fährt** Klaus **abholen**. Ich **fahre** noch schnell **einkaufen**.

Perfekt mit „sein":

Ich **bin** stehen **geblieben**.
Wir **sind** essen **gegangen**.
Sie **ist** ihn abholen **gefahren**.

lernen

Das Kind **lernt** gerade **laufen**. Ich **lerne** jetzt Golf **spielen**.

Bei „lernen" ist das zweite Verb nicht immer obligatorisch:

Perfekt mit „haben":

Das Kind **hat** laufen **gelernt**.

Ich lerne Geige (spielen).
Ich lerne Deutsch (sprechen).

hören, sehen

Ich **höre** ihn **singen**. **Hörst** du den Regen gegen das Fenster **trommeln**?
Endlich **sah** sie ihn **kommen**. Ich **sehe** ein Gewitter **heranziehen**.
Das **habe** ich **kommen sehen**! (*ich habe gewusst: das passiert*)

Ich **habe** ihn **singen** ~~gehört~~ **hören**.
Sie **hat** ihn **kommen** ~~gesehen~~ **sehen**.

Infinitiv statt Partizip!

lassen

Wir **lassen** ihn das Auto **reparieren**. **Lass** das doch einen Fachmann
machen! Alle vier Wochen **lasse** ich mir die Haare **schneiden**.

Wir **haben** das Auto reparieren
~~gelassen~~ **lassen**.

Infinitiv statt Partizip!

Weitere Bedeutungen von „lassen" **84** ➤

helfen + Dativ

Sebastian **hilft** mir (das Zimmer) **aufräumen**. Ich **helfe** ihr **kochen**.

Ich **habe** ihr kochen **geholfen**.

„zu" + Infinitiv **70** ➤

! **Hinweis**
Manchmal wird „helfen" auch mit „zu" + Infinitiv gebraucht:
Sebastian hat mir geholfen, das Zimmer auf**zu**räumen.

1 Wer macht was?

1. Ich helfe dir kochen. _Du kochst._

2. Ich gehe jetzt einkaufen. _____

3. Wir hören sie lachen. _____

4. Peter lernt Schi fahren. _____

5. Sie lässt ihn die Wäsche waschen. _____

6. Bleiben Sie ruhig sitzen! _____

2 Lernprozesse. Ergänzen Sie „lernen" + Infinitiv.

Liebe Oma, uns geht es gut. Wir lernen gerade ganz viele neue Sachen:

1. schwimmen (ich)   _Ich lerne gerade schwimmen._ _____

2. laufen (Susi)   _____

3. Schi fahren (Daniel)   _____

4. mit dem Computer arbeiten (Papa)   _____

5. Motorrad fahren (Mutti)   _____

Lernst du auch was? Alles Liebe, deine Isabella

3 Gemütlich sitzen bleiben! Ergänzen Sie die Verben und Infinitive.

Hans, __gehst__ du jetzt bald __einkaufen__ ?

Ich mach' das später, da _____ ich sowieso Julian und Klara _____ **1**.

Du willst ja nur gemütlich _____ _____ **2** und Zeitung lesen!

Ich lese nur den Artikel noch schnell fertig. Aber dann _____ ich dir _____ **3**.

| einkaufen gehen
| abholen fahren
| sitzen bleiben
| aufräumen helfen

4 Bieten Sie Ihre Hilfe an!

1. ● Ich schaffe das Kochen nicht allein!
   ○ _Ich helfe dir gerne kochen_ .

2. ● Ich kann das Fahrrad nicht allein reparieren!
   ○ _____ .

3. ● Wir brauchen dringend Hilfe beim Umzug!
   ○ _____ . (umziehen)

4. ● Ich muss die ganze Wohnung streichen!
   ○ _____ .

5 Luxus

1. Ich koche nicht selbst, _Ich lasse kochen._

2. Ich putze die Wohnung nicht selbst, _____

3. Ich kaufe nicht selbst ein, (die Lebensmittel, bringen) _____

4. Ich bügle meine Hemden nicht selbst, _____

6 Perfekt

1. ● Ist Herr Becker schon da? ○ Ich glaube nicht. (nicht kommen sehen)

   Ich habe ihn nicht kommen sehen. _____

2. ● Funktioniert die Waschmaschine jetzt wieder? (reparieren lassen) ○ Ja, ich …

3. ● Was habt ihr denn gestern abend gemacht? (in ein türkisches Restaurant, essen gehen) ○ …

4. ● Nico ist schon wieder durch die Prüfung gefallen! (kommen sehen) ○ …

5. ● Wart ihr früh zu Hause? ○ Nein, es war so nett bei Hubers. (etwas länger, sitzen bleiben) Da …

Er hatte sich sehr beeilt,
aber er kam zu spät zur Konferenz.

Hauptsatz-Kombinationen

Er hatte sich sehr beeilt, **aber** er kam zu spät.   Konjunktionen wie „aber", „und", „oder" verbinden Hauptsätze.

und	Dresden ist eine schöne Stadt **und** wir haben uns keine Sekunde gelangweilt. Wir sind am Montag angekommen **und** (wir) haben gleich die Semperoper besucht.
oder	Kann ich direkt nach Köln fahren **oder** muss ich umsteigen?
entweder – oder	**Entweder** du kommst gleich mit **oder** wir sehen uns später im Restaurant.
aber	Sonntags gehen wir gern spazieren, **aber** bei dem Regen bleiben wir lieber zu Hause.
zwar – aber	Er ist **zwar** noch jung, **aber** (er ist) schon sehr erfolgreich.
sondern	Er ist nicht mein Chef, **sondern** (er ist) mein Kollege!
doch	Wir sind in die Schweiz zum Schifahren gefahren, **doch** es hat nicht geschneit.
jedoch	Er erzählte ihr von der Schönheit der Berge, **jedoch** sie wollte nicht mitfahren.
denn	Wir bleiben zu Hause, **denn** der Wetterbericht hat Regen angesagt.

> **! Hinweis**
> „und", „aber", „denn": Gleiches Subjekt in Satz 1 und Satz 2 –> man kann das Subjekt in Satz 2 weglassen:
> Er ist noch jung, aber schon sehr erfolgreich.

Die Konjunktionen „sowohl – als auch", „sowie" und „weder – noch" verbinden meistens <u>Satzteile</u>.

sowie	Der Club widmet sich dem Sport **sowie** dem Jugendaustausch.
sowohl – als auch	**Sowohl** die Weltbank **als auch** die EU fördern Entwicklungsprojekte.
weder – noch	Zum Rock-Konzert? Dazu habe ich **weder** Lust **noch** Zeit.

Positionen im Satz

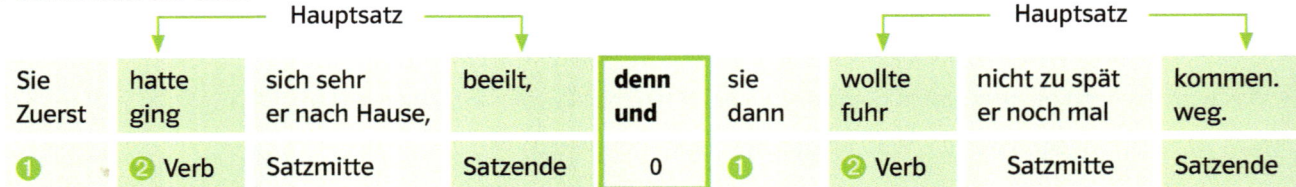

	Hauptsatz					Hauptsatz	
Sie Zuerst	hatte ging	sich sehr er nach Hause,	beeilt,	**denn** **und**	sie dann	wollte fuhr	nicht zu spät er noch mal	kommen. weg.
❶	❷ Verb	Satzmitte	Satzende	0	❶	❷ Verb	Satzmitte	Satzende

Konjunktionen, die Hauptsätze verbinden, stehen auf Position 0.

1 Was passt zusammen?

1. Ein Rat an die Eltern: Nicht jammern,   a. und im Studio geht es hektisch zu.   _1.d_

2. Das Internet ist zwar noch männerdominiert,   b. sondern mit den Kindern reden!   _____

3. Die Live-Sendung beginnt gleich,   c. aber die Frauen holen mächtig auf   _____

2 Wählen Sie die richtige Satz-Verbindung:

1. Sie kamen etwas zu spät an, ___denn___ es hatte auf der Autobahn einen
   Unfall gegeben.

2. Komm schnell runter _____ bring bitte den Schirm mit. Es regnet
   in Strömen!

3. ● Möchten Sie den Kaffee mit Milch _____ nehmen Sie Zucker?
   ○ Am liebsten beides.

4. ● Kommst du mit spazieren? ○ Ich komme gern mit, _____ ich kann nicht lange bleiben, ich habe noch
   zu tun.

5. In diesem Buch gefallen mir _____ die Texte _____ die Bilder.

6. ● Siehst du gern spannende Filme? ○ Nein, mir gefallen _____ Horrorfilme _____ Krimis.

7. Du musst dich jetzt entscheiden _____ du kommst mit _____ du bleibst zu Hause _____
   wartest auf seinen Anruf.

8. Jahrelang war Krieg, _____ nun gibt es wieder Hoffnung.

> aber ● denn ●
> doch ● oder ● und ●
> sowohl – als auch ●
> weder – noch ●
> entweder – oder ●
> (auch mehrfach)

3 Ein Brief aus dem Urlaub. Juan schreibt von seinem Schi-Urlaub einen Brief an Gerda. Beenden Sie den Brief und benutzen Sie möglichst viele Konjunktionen.

Liebe Gerda,   Zermatt, den 29. 3. 2008

wir sind dieses Jahr mit der ganzen Familie in den Schi-Urlaub gefahren, ___aber___ dieses Mal nicht mit dem

Auto, ___denn___ die Straßen waren vereist. Wir sind mit dem Zug ___und___ dem Bus gefahren. _____

_____

_____

_____

_____

_____

                                        Viele Grüße, dein Juan

nicht mit dem Auto (fahren) – Straßen waren vereist – mit Zug und Bus fahren

es gab nicht genug Schnee – hier bleiben? nach Hause fahren?

am dritten Tag geschneit – Schi fahren / Snowboard fahren

am nächsten Tag Schlitten fahren: es regnete – also nicht rausgehen, im Hotel bleiben

dort gibt es auch Schwimmbad – es gibt Supermarkt und Bäckerei in der Nähe – keine Bücherei, kein Kino

"Glaubst du, dass wir das heute noch schaffen?"

dass-Sätze

Ich glaube das.	„dass"-Sätze sind Nebensätze. Nebensätze sind vom Hauptsatz
Ich glaube: Wir schaffen das.	abhängig. Ein „dass"-Satz ersetzt meist das Akkusativ-Objekt.
Ich glaube, **dass** wir das schaffen.	

ob-Sätze

Ich frage:	Kommt er heute?	Ein „ob"-Satz folgt meist auf ein Verb des Fragens, des Zweifelns
Ich frage,	**ob** er heute kommt.	oder Nicht-Wissens.
Ich weiß nicht,	**ob** er kommt.	

Zum Vergleich:

Er ist sicher, **dass** er kommt.	*Feststellung*	„dass" und „ob" sind
Ich frage mich, **ob** er wirklich kommt.	*Nicht-Wissen*	Subjunktionen.

Positionen im Satz

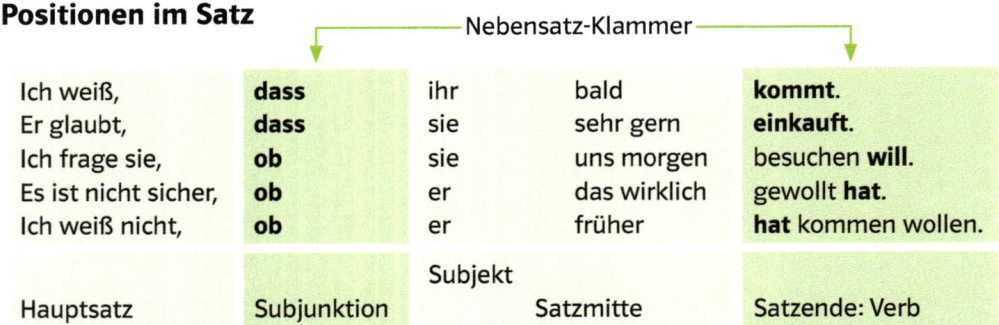

Nebensatz-Klammer

Hauptsatz	Subjunktion	Subjekt / Satzmitte		Satzende: Verb
Ich weiß,	**dass**	ihr	bald	**kommt.**
Er glaubt,	**dass**	sie	sehr gern	**einkauft.**
Ich frage sie,	**ob**	sie	uns morgen	besuchen **will.**
Es ist nicht sicher,	**ob**	er	das wirklich	gewollt **hat.**
Ich weiß nicht,	**ob**	er	früher	**hat** kommen wollen.

Regeln:

Das konjugierte Verb steht im Nebensatz ganz am Ende.
Das Partizip oder der Infinitiv stehen direkt davor.
Bei trennbaren Verben ist das Präfix am Verb, wie beim Infinitiv.
Bei Modalverben im Perfekt steht das konjugierte Verb vor den anderen Verbteilen.
Die Wortstellung in der Satzmitte ist wie beim Hauptsatz.

1 Formulieren Sie anders:

1. Ich glaube, er ist zu Hause. → _Ich glaube, dass er zu Hause ist._

2. Er meint, wir machen das falsch. → _____

3. Frau Docht behauptet, sie kann die Zukunft sehen. → _____

4. Er vermutet, seine Freundin ist allein in Urlaub gefahren. → _____

2 Was meinen Sie?

1. Tortillas schmecken wunderbar. _Ich finde, dass Tortillas wunderbar schmecken._

2. Rauchen ist ungesund. _____

3. Klappt das noch? _____

4. Sollen wir das wirklich tun? _____

> ich frage mich ●
> ~~ich finde~~ ● ich weiß ●
> ich habe keine
> Ahnung

3 Was steht heute in der Zeitung?

1. Heute fliegt die Bundeskanzlerin zu Gesprächen in die Türkei.

   Die „Süddeutsche" schreibt, dass die Bundeskanzlerin heute zu Gesprächen in die Türkei fliegt.

2. Sollen auch Frauen zur Bundeswehr gehen? _Die „Bild"-Zeitung ..._

3. Der Bundestag debattierte über die Steuerreform.

4. In Osteuropa lernen viele Menschen Deutsch.

> berichten ●
> ~~schreiben~~ ●
> melden ●
> fragen ●

„~~Süddeutsche~~"   „Die Zeit"   „Die Welt"   „~~Bild~~"

4 „dass" oder „ob"?

Ich wünsche nur, ___dass___ ich bald meinen Traumpartner finde! Dabei ist es mir besonders wichtig, _____ **1**
er ähnliche Interessen hat wie ich. Ich werde ihn natürlich sofort fragen, _____ **2** er auch so gern Musik hört
wie ich. Es ist auch wichtig für mich, _____ **3** mein Lebenspartner Kinder mag. Dagegen ist es mir ziemlich egal,
_____ **4** er viel verdient oder nicht. _____ **5** er eine ähnliche Ausbildung hat wie ich, finde ich allerdings
wieder wichtig. Ich weiß nicht, _____ **6** ich das alles in einer einzigen Person finden kann.

5 Das ist aber schade!

1. Ich muss jetzt gehen. _Schade, dass du schon gehen musst!_

2. Er hat den Termin verpasst.

3. Deine Schwester kann doch nicht kommen.

4. Ich habe meinen Freund gestern in der Mensa nicht gesehen.

> Zu dumm, dass ... ●
> Komisch, dass ... ●
> ~~Schade, dass~~ ... ●
> Tut mir leid, dass ...

6 Bist du sicher, dass du das gemacht hast?

1. den Ausweis einstecken ● _Bist du sicher, dass du den Ausweis eingesteckt hast?_

   ○ _Ich weiß nicht genau, ob ich ihn eingesteckt habe._

(2. Ute am Morgen anrufen 3. der Sekretärin die Briefe auf den Schreibtisch legen 4. die Blumen gießen)

7 Überlegungen

Ken findet ein Portmonee auf der Straße. Er überlegt: _Ich glaube, dass ich das Portmonee beim Fundbüro abgeben_

muss. Ich weiß aber nicht, ob ...

(Ich muss das Portmonee beim Fundbüro abgeben. Gibt es ein Fundbüro an der Universität? Ist eine Adresse im
Portmonee? Der Finder bekommt eine Belohnung. ...)

127

„Können Sie mir sagen, wo ich bin?"

Nebensätze mit Fragewort

Können Sie mir sagen:	Wo bin ich?	→	Können Sie mir sagen, **wo** ich **bin**?
Ich weiß nicht:	Wann kommt sie?	→	Ich weiß nicht, **wann** sie **kommt**.
Darf ich fragen:	Wie macht man das?	→	Darf ich fragen, **wie** man das **macht**?
Weißt du das:	Mit wem kommt er zur Party?	→	Weißt du, **mit wem** er zur Party **kommt**?
	direkte Frage		Nebensatz mit Fragewort

Nach Verben des Sagens, Fragens oder Wissens können Nebensätze mit Fragewort stehen.

Das sagt man oft:

● Können Sie mir sagen, **wie** ich zum Bahnhof komme?   ○ Ja, gehen Sie zuerst ...

● Wo ist Klaus denn schon wieder?   ○ Keine Ahnung, **wo** er ist.

● Wissen Sie, **wie** spät es ist?   ○ Ja, Viertel nach drei.

● Worüber lachen denn die Leute?   ○ Ich weiß auch nicht, **worüber** die lachen.

● Warum kommt denn Peter heute so spät?   ○ Ich weiß auch nicht, **warum**.

Positionen im Satz

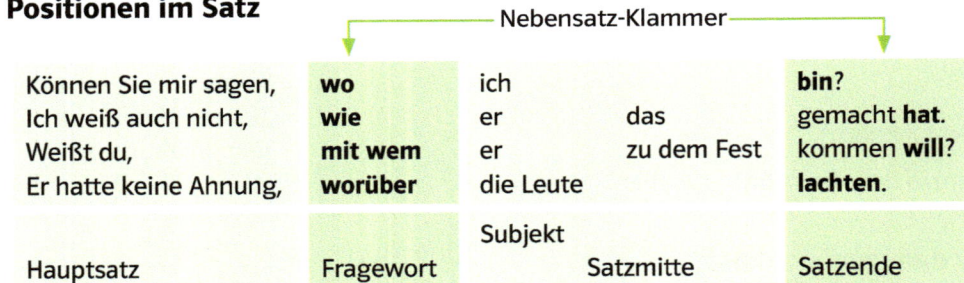

	⌐ Nebensatz-Klammer ⌐		
Können Sie mir sagen,	**wo**	ich	**bin**?
Ich weiß auch nicht,	**wie**	er	das	**gemacht hat**.
Weißt du,	**mit wem**	er	zu dem Fest	**kommen will**?
Er hatte keine Ahnung,	**worüber**	die Leute		**lachten**.
		Subjekt		
			Satzmitte	
Hauptsatz	Fragewort			Satzende

Wortstellung im Nebensatz ◄ 59

Präposition mit Fragewort ◄ 32

1 **Ein Theateragent stellt Fragen. Ein Regisseur möchte eine Schauspielerin engagieren. Die Schauspielerin hat einige Fragen. Deshalb ruft ihr Agent den Regisseur an.**

1. _Sie möchte wissen, welche Rolle sie bekommt._ | (Welche Rolle bekomme ich?)

2. _Sie fragt, ..._ | (Wie viele Lieder muss ich singen?)

3. _Außerdem ist es für sie wichtig, ..._ | (Wer ist mein Partner?)

4. _Sagen Sie uns bitte, ..._ | (Wann beginnen die Proben?)

5. _Und schließlich möchte sie auch wissen, ..._ | (Wie hoch ist die Gage?)

2 **Der Gaststudent. Rajiv aus Indien wohnt bei Familie Zürli in Bern. Er möchte alles über sein Gastland wissen.**

1. _Sag mal, Alex, kannst du mir sagen, wie viele Einwohner die Schweiz hat?_

2. _Sag mir doch noch einmal, wie ..._

(1. Wie viele Einwohner hat die Schweiz? 2. Wie heißt der höchste Berg? 3. Welches ist der längste Tunnel? 4. Hat Wilhelm Tell wirklich gelebt? 5. Seit wann gibt es eigentlich das Frauenwahlrecht bei euch? 6. Ist die Schweiz schon der Europäischen Union beigetreten?)

3 **Warum wollen die das wissen?**

Monika hat einen neuen Job. Sie bekommt ein Formular zum Ausfüllen. Sie ärgert sich darüber.

1. _Warum wollen die denn wissen, wie mein Vater heißt?_

2. _Was geht die das an, wo ..._

3. _Warum muss ich sagen, ..._

4.

5.

> Name des Vaters ●
> Wohnort in den letzten 5 Jahren ●
> Familienstand ●
> Zahl der Kinder ●
> Sind Sie schwanger?

4 **Liebevolle Fragen. Julia und Julius sind seit kurzer Zeit ein Liebespaar. Sie möchten vieles wissen.**

1. _Sag mir, ob du mich liebst!_ | (Liebst du mich?)

2. _Erzähl mir, ..._ | (Wann stellst du mich deinen Eltern vor?)

3. _Ich frage mich, ..._ | (Wirst du mir treu sein?)

4. _Warum willst du mir nicht sagen, ..._ | (Wie viel Geld verdienst du?)

5. _Lass uns mal darüber reden, ..._ | (Fahren wir zusammen in Urlaub?)

5 **Nachfragen. Spielen Sie mit Ihrem Partner / Ihrer Partnerin den Dialog.**

Dietmar hört nicht gut oder möchte nicht hören. Er fragt immer nach. Will er nur Zeit gewinnen?

Mutter: ● Hast du schon Tante Elvi angerufen?   ○ Dietmar: _Ob ich schon Tante Elvi angerufen habe? Klar._

Mutter: ● Wann kommst du heute nach Hause?   ○ Dietmar: _Wann ..._

(**Fahren Sie fort:** Wo hast du eigentlich Marion kennen gelernt? Hast du schon eine neue Arbeit gefunden? Wann bringst du die Anzüge zur Reinigung? Kannst du bitte mal den Rasen mähen? Ist der Müll schon draußen? Warum erzählst du mir nie etwas?)

„Das ist das Dorf, in dem ich geboren bin."

Relativsätze

Siehst du das **Dorf** da unten? **In dem Dorf** bin ich geboren.
Das ist das **Dorf**, in dem ich geboren bin.

Relativsätze definieren oder erklären ein Nomen im Hauptsatz. Sie beginnen mit einem Relativpronomen.

Das ist der Lehrer, **der** so gut Gedichte rezitieren kann.
Das ist die Frau, **die** das Buch geschrieben hat.
Das ist das Kind, **das** gern Zauberkunststücke vorführt.

Das **Genus** (der, die, das) des Relativpronomens und das Genus des Nomens im Hauptsatz sind gleich.

Wo ist der Mann, **den** du im Café gesehen hast?
Sind das die Leute, **denen** du die Bilder gezeigt hast?
Dort drüben ist die Schule, **an der** ich Abitur gemacht habe.
Oder: Das ist die Schule, **wo** ich Abitur gemacht habe.

Der **Kasus** des Relativpronomens hängt vom Verb im Relativsatz ab: „sehen" + Akkusativ
–> der Mann, den du gesehen hast

Das ist alles, **was** ich dir sagen wollte.
Er ist sehr früh gekommen, **was** mich sehr gefreut hat.

Relativsätze können sich auf Pronomen oder ganze Sätze beziehen. Relativpronomen: **was**

Deklination des Relativpronomens

	maskulin	neutrum	feminin	Plural
Nominativ	der	das	die	die
Akkusativ	den	das	die	die
Dativ	dem	dem	der	**denen**
Genitiv	**dessen**	**dessen**	**deren**	**deren**

! Hinweis

Das Relativpronomen im Genitiv ersetzt den Possessiv-Artikel:
Das ist der Mann, **dessen Tochter** gestern hier war.
(**Seine Tochter** war gestern hier.)

Possesiv-Artikel ◀ 19

Positionen im Satz

Nebensatz-Klammer

	Relativpronomen	Satzmitte	Satzende: Verb	
Heinz ist ein **Mann**,	**der**	gern	**einkauft.**	
Das ist **Hans**,	**mit dem**	sie die Weltreise	machen **will.**	
Der **Vortrag**,	**den**	er heute	gehalten **hat,**	war sehr lang.

Relativsätze stehen normalerweise direkt hinter dem Substantiv, auf das sie sich beziehen.

Positionen im Satz 72 ▶

1 Drücken Sie den Relativsatz als Hauptsatz aus:

1. Im Flur hängt ein Bild, auf dem man die ganze Familie sehen kann.

   Im Flur hängt ein Bild. Auf dem Bild kann man die ganze Familie sehen.

2. Der Aufstieg auf den Vulkan ist eine Herausforderung, die man akzeptieren muss.

3. Mir gefallen die großen Fenster, aus denen man eine so schöne Aussicht hat.

4. Gehen Sie doch zu der Ärztin, deren Praxis hier in der Nähe ist.

2 Ergänzen Sie das Relativpronomen:

> Der Mensch ist, was er isst.

1. Es gibt junge Leute, ___die___ gar nicht von zu Hause ausziehen wollen.

2. Ein Lexikon enthält alles, _____ man wissen muss.

3. Das „Zertifikat Deutsch" ist eine Prüfung, _____ die Fähigkeit zur Kommunikation in Alltagssituationen prüft.

4. Für viele Deutsche ist der Hund ein Freund, _____ ihnen die Familie ersetzt und _____ _____ sie sich wie mit einem Menschen unterhalten.

3 Definitionen

1. Tisch   1. *Ein Tisch ist ein Möbelstück, an dem man schreibt und isst.*

2. Stuhl   Gerät

3. Projektor   Transportmittel

4. U-Bahn   Zimmer

5. Bett   Möbelstück

6. Bad

> Dias zeigen ● sitzen ● schlafen ● schreiben ● essen ● zur Arbeit fahren ● sich waschen …

4 Schau mal, meine alte Schule!

Das ist die Schule, ___in die___ ich als Kind gegangen bin. Da drüben, da wohnte der Hausmeister, _____ **1** uns immer die Getränke verkauft hat. Und da unten links, das ist die Klasse, _____ **2** ich gegangen bin. Ich frage mich, ob die Lehrerin noch hier ist, _____ _____ **3** ich Schreiben gelernt habe, oder der Bio-Lehrer, _____ **4** wir immer geärgert haben? Da vorn, das ist das Schultor, _____ _____ **5** wir jeden Tag in die Schule gegangen sind. Das ist alles schon sehr lange her!

5 Das ist das beste Buch, das ich je gelesen habe!

1. ein gutes Buch lesen   *Das ist das beste Buch, das ich je gelesen habe!*

2. einen spannenden Film sehen   _____

3. eine weite Reise machen   _____

4. einen tollen Job bekommen   _____

6 Wo ist die Frau, die ich lieben kann?

Harald sucht eine Frau, ___die gut aussieht,___ | (sie sieht gut aus)

_____ | (sie hat auch Sinn für Humor)

_____ | (man kann mit ihr schöne Reisen machen)

_____ | (man kann etwas von ihr lernen)

Und Julie sucht einen Mann, ___der gut aussieht,___ | (er sieht gut aus) …

131

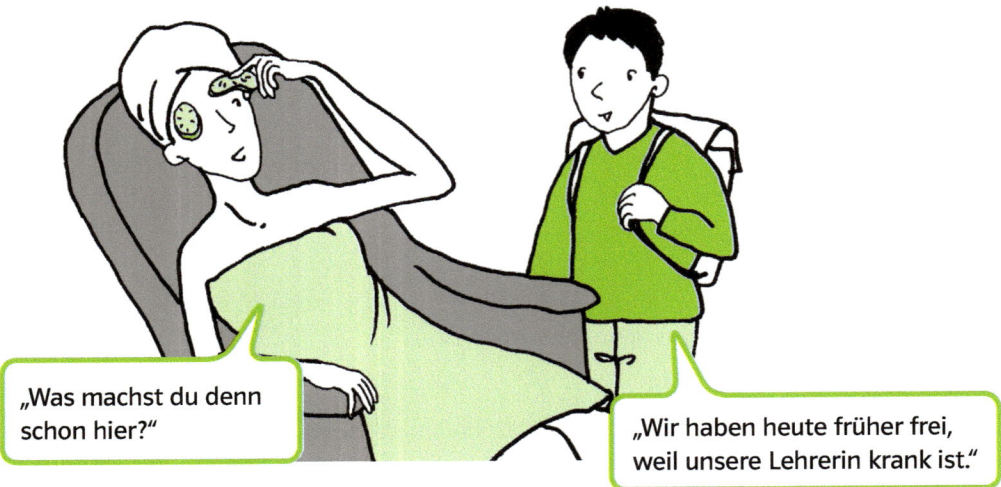

"Was machst du denn schon hier?"

"Wir haben heute früher frei, weil unsere Lehrerin krank ist."

Kausale Nebensätze

weil	Wir haben heute früher frei,	*Grund:*
		weil unsere Lehrerin krank ist.
	Er ist nicht nach Oslo gefahren,	**weil** sein Freund ihn hier besucht hat.
	Warum habt ihr denn nicht angerufen?	**Weil** wir keine Telefonzelle finden konnten.

da	*Grund:*	
	Da sein Vater Diplomat war,	musste er oft die Schule wechseln.

Kausale Nebensätze beginnen mit den Subjunktionen „weil" oder „da". Sie nennen den Grund für die Information im Hauptsatz.
Der Nebensatz mit „da" steht meist vor dem Hauptsatz: Er enthält eine Information, die schon bekannt ist. Nebensätze mit „da" kommen besonders in schriftlichen Texten vor.

Positionen im Satz

	⎡— Hauptsatz —	—⎤		⎡— Nebensatz —	—⎤
Wir	**haben**	heute früher	**frei,**	**weil**	unsere Lehrerin	krank **ist.**
Er	**ist**	nicht nach Oslo	**gefahren,**	**weil**	sein Freund ihn	besucht **hat.**
Sie	**kommt**	später,		**da**	sie noch etwas	besorgen **muss.**
❶	❷ Verb	Satzmitte	Satzende	Subjunktion	Satzmitte	Satzende

Mündlich sagt man auch:
Ich bin gestern nicht mehr gekommen, **weil** – ich war sehr müde.

Der Nebensatz steht vorn:

	⎡— Nebensatz —	—⎤		⎡— Hauptsatz —		—⎤
Da	sein Vater Diplomat	**war,**	**musste**	er	oft die Schule	**wechseln.**
Weil	wir Angst	**hatten,**	**sind**	wir	schnell	**weggelaufen.**
Subjunktion	Satzmitte	Satzende	❷ Verb	Subjekt / Satzmitte		Satzende

Der Nebensatz steht auf Position I. → Das Verb steht auf Position II, nach dem Komma. Das Subjekt steht meist direkt nach dem Verb.

1 Was passt zusammen?

1. Rosemarie kann heute nicht zum Sport gehen,

2. Siegfried bleibt in seinem Zimmer,

3. Adelheid kommt nicht mit in die Kneipe,

4. Die Kinder haben ständig Hunger,

5. Herr Kattowitz ist sehr in Eile,

6. Natalia sieht dauernd fern,

a. weil er deprimiert ist.

b. weil sie sich den Fuß verstaucht hat.

c. weil er eine wichtige Besprechung hat.

d. weil sie sich langweilt.

e. weil sie unterrichten muss.

f. weil sie sich so viel bewegen.

  1.b, _____ _____ _____ _____ _____

2 So viele Fragen! So viele Antworten!

1. ● Warum bist du gestern so spät nach Hause gekommen?

   ○ *Weil ich mit Freunden in der Disko war.* _____ | (Ich war mit Freunden in der Disko.)

2. ● Warum ist denn das Auto noch nicht fertig? ○ … | (Auch die Bremsen sind kaputt.)

3. ● Warum wohnst du immer noch bei deinen Eltern? ○ … | (Ich habe kein Geld für eine eigene Wohnung.)

4. ● Warum rufst du nie an? ○ … | (Ich telefoniere nicht gern.)

5. ● Warum bist du so traurig? ○ … | (Ich habe meine Arbeit verloren.)

3 Warum ist das so?

1. Herr Andres muss zum Arzt. Er hat heftige Schmerzen.

   Da Herr Andres heftige Schmerzen hat, muss er zum Arzt. _____

2. Der Arzt muss ihn operieren. Sein Blinddarm ist entzündet.

   _____

3. Fred freut sich schon auf das Essen. Er isst gern Wiener Schnitzel.

   _____

4. Annette hat sich erkältet. Sie isst nicht genügend Obst.

   _____

4 Drücken Sie das anders aus:

1. Margot fährt gern in fremde Länder. Denn sie möchte andere Kulturen kennen lernen.

   Margot fährt gern in fremde Länder, weil sie andere Kulturen kennen lernen will.

2. Heinz hat oft Fernweh. Denn er langweilt sich zu Hause.

3. Renate fährt dieses Jahr nach Mexiko. Denn die Landschaft dort fasziniert sie.

4. Mariana ist gegen Tourismus. Denn zu viele Touristen machen die Landschaft kaputt.

5 Vorlieben. Erzählen Sie Ihrem Partner / Ihrer Partnerin, welche Jahreszeit Sie lieben.

1. Ich liebe den Frühling, weil …

2. Ich liebe den Sommer, weil …

3. Ich liebe den Herbst, weil …

4. Ich liebe den Winter, weil …

„Aber Großmutter, warum hast du denn so große Augen?"

„Damit ich dich besser sehen kann!"

(Aus: Rotkäppchen)

Finale Nebensätze

damit	Ich habe so große Augen, Er hilft ihr beim Kofferpacken, (<u>Er</u> hilft ihr.)	*Ziel, Zweck:* **damit** ich dich besser sehen kann! **damit** sie den Zug noch bekommt. (<u>Sie</u> bekommt den Zug.)
um ... zu + Infinitiv	Ich sehe täglich Nachrichten, (<u>Ich</u> sehe Nachrichten.) Sie ging in eine Telefonzelle, (<u>Sie</u> ging ...)	**um** immer gut informiert zu sein. (<u>Ich</u> will gut informiert sein.) **um** ihre Eltern **anzurufen**. (<u>Sie</u> rief ... an.)

Finale Nebensätze beginnen mit der Subjunktion „damit" oder haben
die Konstruktion „um ... zu" + Infinitiv. Sie geben ein Ziel oder einen Zweck an.

! Hinweis
Verschiedene Personen: „damit"
Dieselbe Person: „um ... zu" + Infinitiv

! Hinweis
Trennbare Verben: Präfix + „zu" + Verb:
anrufen –> anzurufen

Positionen im Satz

Hauptsatz	Subjunktion	Subjekt Satzmitte	Satzende
Er hilft ihr, Axel organisiert den Haushalt, Alfredo lernt Deutsch, Wir sparen,	**damit** **damit** **um** **um**	sie den Zug noch Elke in Ruhe Goethe im Original im Sommer nach Rom	**bekommt.** arbeiten **kann.** lesen **zu können.** **zu fahren.**

Das sagt man oft:

Ich rufe dich an, **um** dir zum Geburtstag **zu gratulieren**.
- Warum gehst du schon wieder in die Stadt? ○ **Um einzukaufen**.
- Warum muss ich schon ins Bett? ○ **Damit** du morgen ausgeschlafen bist.

1 Was passt zusammen?

1. Peter hat immer eine Kreditkarte dabei,	a. um zu arbeiten.	*1.b*
2. Beeil dich bitte,	b. um ohne Sorgen reisen zu können.	_____
3. Ich kaufe mir ein Fahrrad,	c. damit wir noch vor acht essen können.	_____
4. Man sagt, die Deutschen leben,	d. damit wir nicht zu spät kommen.	_____
5. Setz doch schon mal die Kartoffeln auf,	e. um damit zur Arbeit zu fahren.	_____

2 Aus zwei mach eins. Machen Sie aus zwei einfachen Sätzen einen komplexen Satz.

1. Ich fahre in den Ferien nach Deutschland. Ich möchte gern mein Deutsch verbessern.

   Ich fahre in den Ferien nach Deutschland, um mein Deutsch zu verbessern.

2. Annette fährt im Urlaub ins Ausland. Sie möchte fremde Kulturen kennen lernen.

3. Hartmut fährt um 17 Uhr zum Flughafen. Er muss seine Kusine abholen.

4. Wir gehen einmal pro Woche schwimmen. Wir möchten fit bleiben.

5. Frau Hansemann fährt in die Stadt. Sie möchte Geburtstagsgeschenke einkaufen.

6. Herr Schwarz spricht mit seinem Chef. Er möchte ihn und seine Frau zum Essen einladen.

3 Wozu machen die Leute das?

1. Antonio ist ausgewandert,   *um in seiner neuen Heimat mehr Geld zu verdienen.*

   damit seine Kinder es einmal besser haben als er.

2. Natalia arbeitet in den Ferien, …

3. Alfonso geht ins Theater, …

4. Dieter legt die Wäsche in die Waschmaschine, …

5. Helga nimmt ein Wörterbuch mit in den Urlaub, …

---

er will das neue Stück von Handke sehen ● die Speisekarten bereiten ihr dann kein Problem ● in der neuen Heimat mehr Geld verdienen ● die Wäsche soll noch heute trocken werden ● sie möchte mit den Bewohnern des fremden Landes sprechen ● sie möchte eine Reise machen ● seine Kinder sollen es einmal besser haben als er ● ihre Eltern müssen ihr nicht so viel Geld geben ● seine Frau kann in Ruhe mit ihren Freundinnen plaudern ● er will heute Abend ein frisches Hemd anziehen

---

4 Weshalb machen Sie einen Sprachkurs? Erzählen Sie Ihrem Partner / Ihrer Partnerin:

● Ich möchte andere Denkweisen kennen lernen.

● Meine beruflichen Möglichkeiten werden dann besser.

1.   *Ich gehe in einen Sprachkurs, …*

● Ich möchte gern etwas mit anderen Leuten tun.

● Meine Schwiegereltern können dann in ihrer Sprache mit mir sprechen.

● Ich möchte mich im Urlaub verständigen können.

● …

135

„Wenn das Essen fertig ist, rufe ich dich."

Temporale Nebensätze

wenn	*Zeitpunkt in der Gegenwart / Zukunft:* **Wenn** das Essen fertig ist, **Wenn** er Hausaufgaben macht, **(Immer) wenn** er kein Geld hatte,	rufe ich dich. möchte er keine Musik hören. ist er zu uns gekommen.
als	*Zeitpunkt in der Vergangenheit:* **Als** ich mit der Arbeit fertig war, Wir haben immer viele Feste gefeiert,	sind wir ins Kino gegangen. **als** wir in Mexiko wohnten.
während	*Zwei Ereignisse geschehen gleichzeitig:* Sie geht einkaufen, **Während** die Außenminister tagten,	**während** er putzt. gab es draußen Proteste.
bis	*Dauer von jetzt bis zu einem Zeitpunkt:* Es sind noch drei Wochen,	→│ **bis** der Urlaub anfängt.
seitdem **seit**	*Dauer von einem Zeitpunkt bis jetzt:* **Seitdem** er in München wohnt, **Seit** sie nach Berlin gezogen ist,	│ → sehen wir uns wieder öfter. habe ich nichts von ihr gehört.

! **Hinweis**
Wiederholte
Handlungen in der
Vergangenheit:
„wenn"
Sonst: „als".

„während" als Präposition ◀ **50**

„bis", „seit", „seitdem" als Präpositionen ◀ **51**

Positionen im Satz

	Nebensatz		Hauptsatz		
Wenn **Als** **Seitdem**	das Essen ich mit der Arbeit er in München	fertig **ist**, fertig **war**, **wohnt**,	**rufe** **sind** **sehen**	ich dich. wir ins Kino wir uns wieder öfter.	 **gegangen**.
Subjunktion	Satzmitte	Satzende	❷ Verb	Subjekt Satzmitte	Satzende

Temporale Nebensätze stehen sehr häufig vor dem Hauptsatz.
Der Nebensatz steht auf Position I.   → Das Verb steht auf Position II, nach dem Komma.

1 Was passt zusammen?

1. Während die Kinder im Garten spielten,	a. sammelte er viele CDs mit indianischer Musik.	_1.c_
2. Während er in Lateinamerika lebte,	b. räumt sie schon die Aschenbecher weg.	_____
3. Während der Besuch sich verabschiedet,	c. las die Mutter in Ruhe die Zeitung.	_____
4. Romeo träumt von Julia,	d. seit er Roulette spielt.	_____
5. Heinz ist immer in Geldnot,	e. seit er keinen Sport mehr treibt.	_____
6. Er hat 2 kg zugenommen,	f. seit er sie gesehen hat.	_____

2 Das ist immer so!

1. Peter hat Hunger. Er geht zu einer Imbiss-Bude und kauft sich eine Currywurst.

   Wenn Peter Hunger hat, geht er zu einer Imbiss-Bude und kauft sich eine Currywurst.

2. Ich habe es eilig, ich nehme das Auto.

3. Meine Mutter ist müde, sie trinkt einen Mate-Tee.

4. Das wörtliche Übersetzen ist schwierig. Es handelt sich um sehr verschiedene Sprachen.

3 Wie kann man das auch anders sagen?

1. Ich kam gestern Nachmittag nach Hause, da waren meine Großeltern schon da.

   Als ich gestern Nachmittag nach Hause kam, waren meine Großeltern schon da.

2. Heinz machte 2006 eine Geschäftsreise nach Japan. Er lernte ein wenig Japanisch.

3. Sie verlor ihren Job. Er musste wieder ganztags arbeiten.

4 „als", „wenn" oder „wann"?

1. ● Was habt ihr eigentlich gemacht, ____als____ ihr in Berlin wart?   ○ Wir haben Veronika besucht.

2. ● _____ darf ich fernsehen?   ○ _____ du deine Hausaufgaben gemacht hast.

3. ● _____ hast du Katharina das letzte Mal gesehen?   ○ Gestern, _____ wir zusammen nach Hause gingen.

4. ● Du spielst sehr gut Klavier. _____ hast du das gelernt?   ○ Ich habe angefangen, _____ ich sieben war.

5. ● Weißt du, _____ der Film anfängt?   ○ Nein, ich kenne dieses Kino noch nicht.

6. ● _____ fliegst du nach Amsterdam?   ○ _____ ich genügend Geld habe.

5 Ergänzen Sie die richtige Konjunktion:

1. ● ___Während___ du einkaufen gehst, passe ich auf das Baby auf.   ○ Das ist sehr nett von dir!

2. Wir haben noch eine halbe Stunde Zeit, _____ der Film anfängt.

3. Katia hat nicht geschrieben, _____ sie nach Dresden umgezogen ist.

4. _____ sie zwei Jahre verheiratet waren, bekamen sie ein Kind.

5. Früher mussten die Kinder bei Tisch ruhig sein, _____ die Eltern miteinander sprachen.

> bis ●
> als ● seit ●
> während ●
> wenn

6 Was machen Sie, wenn … Sprechen Sie mit Ihrem Partner / Ihrer Partnerin.

Was machen Sie, wenn Sie traurig sind? …, wenn Sie sehr glücklich sind? …, wenn Ihre Familie plötzlich vor der Tür steht? …, wenn Ihr Chef Sie stark kritisiert? …, wenn …

Temporale Nebensätze

	A passiert zuerst:	B passiert danach:	
bevor ehe	Streich die Wand noch fertig, Sie las jeden Abend ein Kapitel, Putzt euch die Zähne,	**bevor** du Pause machst! **bevor** sie einschlief. **ehe** ihr ins Bett geht!	Das Tempus in Haupt- und Nebensatz ist gleich.
sobald	**Sobald** er kommt, **Sobald** der Regen aufgehört hat,	gehen wir los. fahren wir in die Stadt.	Tempus ist gleich Tempus ist verschieden
nachdem	**Nachdem** du nun das Abitur bestanden hast, (Perfekt) **Nachdem** die Regierung die Wahl gewonnen hatte, (Plusquamperfekt) **Nachdem** er nach Haus gekommen ist,	kannst du studieren. (Präsens) erhöhte sie die Steuern. (Präteritum) hat er sofort den Fernseher angemacht.	Hauptsatz: Präsens –> Nebensatz: Perfekt Hauptsatz: Präteritum –> Nebensatz: Plusquamperfekt Mündlich oft mit Perfekt im Neben- und Hauptsatz.

Positionen im Satz

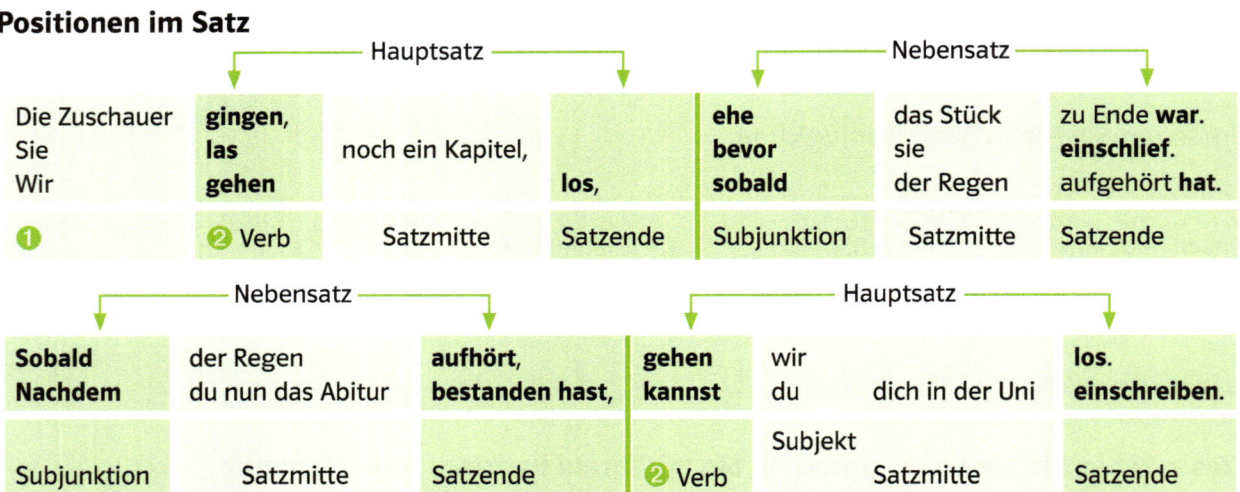

Nebensatz auf Position I ◄ 62

1 Was passiert zuerst? Was passiert danach?

1. Lass uns gleich losgehen, ___*bevor / ehe*___ es wieder anfängt zu regnen.

2. Heidrun, wir fahren, _____ du fertig bist.

3. Henriette war schon gegangen, _____ er anrief.

4. Henriette liest immer viele Prospekte, _____ sie eine Reise macht.

5. Auch Walter bereitet sich intensiv auf die Reise vor, _____ er sich für ein Reiseziel entschieden hat.

> bevor / ehe (2 x) ●
> nachdem ● als ●
> sobald

2 Karin Bechers Morgenrituale

1. der Wecker klingelt um 7 Uhr – sie wacht auf   *Wenn der Wecker um 7 Uhr klingelt, wacht sie auf.*

2. Morgengymnastik machen – duschen

3. im Badezimmer fertig sein – in die Küche gehen

4. frühstücken – Zeitung lesen

5. das Haus verlassen – Nachrichten sind zu Ende (um 8 Uhr 5)

6. heute das Haus verlassen – es war 8 Uhr 30

> als ● bevor ●
> nachdem ● sobald ●
> während ● wenn

3 Morgenrituale bei Familie Koch. Bei Familie Koch (Vater Harry, Mutter Linda, Tochter Sonia) sieht jeder Morgen so aus:

1. Wecker klingelt – Linda steht auf / Harry bleibt noch liegen

   Wenn der Wecker klingelt, steht Linda auf. Harry bleibt noch liegen.

2. Linda ist fertig mit Duschen – Harry steht auf

3. Harry hat geduscht – Sonia steht auf

4. Harry zieht sich an – Linda macht Frühstück

5. frühstücken – den Tag besprechen

6. alle gehen aus dem Haus – Harry macht Schulbrote

4 Was machen Sie zuerst, was danach?

1. das Auto zur Werkstatt bringen – einen Ausflug machen

   Bevor ich einen Ausflug mache, bringe ich das Auto zur Werkstatt.

(2. jemanden besuchen – jemanden anrufen 3. anklopfen – hineingehen 4. das Obst waschen – das Obst essen

5. einen Vortrag halten – Notizen noch einmal ansehen 6. nachdenken – reden)

5 Gleichzeitig oder nacheinander?

1. Auto fahren – singen   *Während ich Auto fahre, singe ich oft.*

2. Hausaufgaben machen – Radio hören _____

3. eine Reise machen – Geld wechseln _____

4. den Vertrag unterschreiben – das Kleingedruckte lesen _____

> während (2 x) ●
> nachdem ●
> bevor

6 Kein guter Tag

Gestern bin ich zur Bücherei gegangen, ___*weil / da*___ ich einige Bücher zurückbringen musste.

___**1**___ ich auf das Rückgabedatum im Buch schaute, sah ich, ___**2**___ ich den Termin

schon um drei Tage verpasst hatte. Ich erkundigte mich, ___**3**___ ich eine Strafgebühr

zahlen muss. Die Bibliothekarin erklärte mir, ___**4**___ das leider so ist, und ___**5**___

sie ausgerechnet hatte, wie viel ich zahlen musste, merkte ich, ___**6**___ ich mein Geld vergessen hatte.

> als ● dass (3 x) ●
> nachdem ●
> ob ● ~~weil / da~~

139

„Wenn das so weitergeht, fahren wir wieder nach Hause!"

Konditionale Nebensätze

wenn	*Bedingung:*	*Konsequenz:*	Konditionale Nebensätze
	Wenn das so weitergeht,	fahren wir wieder nach Hause.	drücken eine
	Wenn er nicht bald kommt,	gehe ich.	Bedingung aus,
	Oft auch:		der Hauptsatz nennt
	Wenn er nicht bald kommt,	**dann** gehe ich.	die Konsequenz.
	Wenn du das nicht machst,	**dann** passiert was!	
falls	**Falls** ich etwas anderes höre,	sage ich dir noch Bescheid.	Die Bedingung ist nicht wahrscheinlich.

„wenn"- Sätze: Manchmal schriftlich ohne „wenn"; dann steht das konjugierte Verb auf Position I:
Tritt nach drei Tagen keine Besserung **ein**, (dann) konsultieren Sie Ihren Arzt!
(= Wenn nach drei Tagen keine Besserung eintritt, konsultieren Sie Ihren Arzt!)

Positionen im Satz

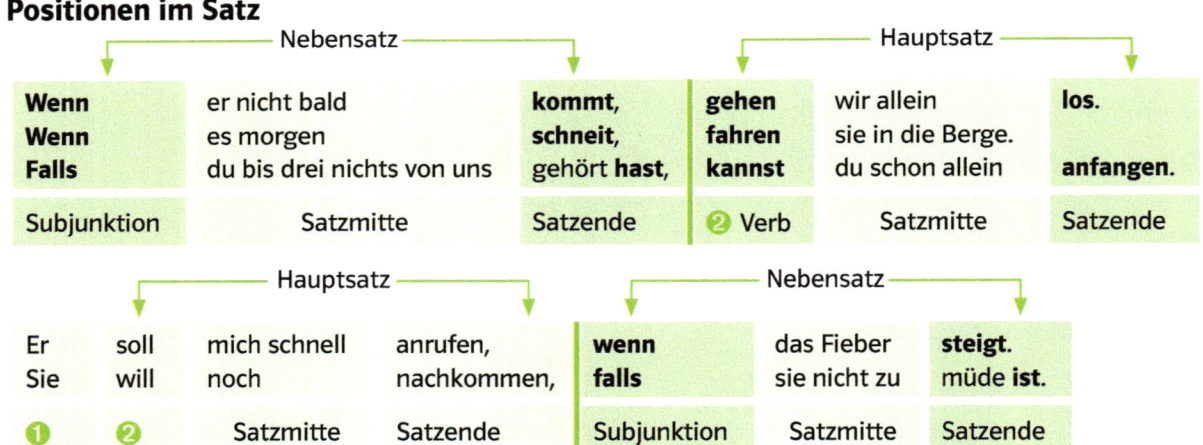

	Nebensatz			Hauptsatz	
Wenn	er nicht bald	**kommt,**	**gehen**	wir allein	**los.**
Wenn	es morgen	**schneit,**	**fahren**	sie in die Berge.	
Falls	du bis drei nichts von uns	gehört **hast,**	**kannst**	du schon allein	**anfangen.**
Subjunktion	Satzmitte	Satzende	❷ Verb	Satzmitte	Satzende

		Hauptsatz			Nebensatz	
Er	soll	mich schnell	anrufen,	**wenn**	das Fieber	**steigt.**
Sie	will	noch	nachkommen,	**falls**	sie nicht zu	müde **ist.**
❶	❷	Satzmitte	Satzende	Subjunktion	Satzmitte	Satzende

Konditionale Nebensätze mit Konjunktiv **78, 79**

1 Wann machen Sie das?

1. Ich gehe zum Arzt,	a. wenn ich eine Erkältung habe.	*1.a,c,d,e*
2. Ich gehe ins Krankenhaus,	b. wenn ich nervös bin.	_____
3. Ich trinke Kräutertee,	c. wenn ich eine Grippe habe.	_____
4. Ich gehe zum Zahnarzt,	d. wenn ich mir ein Bein gebrochen habe.	_____
5. Ich bleibe im Bett,	e. wenn ich mich geschnitten habe.	_____
6. Ich nehme ein Pflaster,	f. wenn ich Karies habe.	_____

2 Wie ist es logisch?

1. Muskelkater haben

2. nicht schlafen können

3. Haare sind zu lang

4. müde sein

5. viel am Computer arbeiten

6. reisen

ein Glas Milch trinken ●
kalt duschen ●
ein heißes Bad nehmen ●
Entspannungsübungen machen ●
zum Frisör gehen ●
die Reiseapotheke mitnehmen

1. *Wenn ich Muskelkater habe,*
   nehme ich ein heißes Bad.

2. *Wenn ich …*

3 Bedingungen und Konsequenzen

1. Dieses Wochenende hat Rolf nicht viel Zeit. Da kann er nicht mit seinen Freunden Fußball spielen.

   Aber wenn Rolf am Wochenende viel Zeit hat, spielt er immer mit seinen Freunden Fußball.

2. Diese Woche ist Imke krank. Sie kann nicht ins Schwimmbad gehen.

   Aber wenn _____

3. Ich sehe meine Schwester heute nicht. Ich kann ihr leider deine Grüße nicht bestellen.

   Aber wenn _____

4 Ergänzen Sie:

wenn ●
falls ● da (2 x) ●
ob (2 x)

1. Er hat mir immer noch nicht gesagt, ___*ob*___ er mitkommt oder nicht.

2. Aber _____ er noch rechtzeitig kommt, gehen wir alle zusammen in die Oper.

3. Sie reist oft allein, _____ sie nicht verheiratet ist.

4. _____ sie nicht allein reisen möchte, hat sie dieses Jahr eine Gruppenreise gebucht.

5. Es hängt von meinem Reiseziel ab, _____ ich den Zug oder das Flugzeug nehme.

6. _____ du im Winter wirklich in die Schweiz zum Wintersport fahren willst, musst du bald buchen.

5 Bedingung oder Konsequenz?

1. Das Ehepaar Norden ~~spart jeden Monat etwas Geld.~~	Er kann sich seinen Hobbys widmen.
Sie brauchen bei Regen nicht mit dem Bus zu fahren.	~~Sie können sich in einem Jahr ein Auto kaufen.~~
Herr Norden hört im nächsten Jahr auf zu arbeiten.	Sie haben ein Auto.

1. *Wenn das Ehepaar Norden jeden Monat etwas Geld spart, können sie sich in einem Jahr ein Auto kaufen.*

2. *Wenn …*

3. _____

> Obwohl der Frosch sehr hässlich war,
> gab die Prinzessin ihm einen Kuss.
> Da verwandelte er sich in einen Prinzen.
> (Aus: Brüder Grimm: Der Froschkönig)

Konzessive Nebensätze

obwohl / obgleich	*Feststellung:* **Obwohl** der Frosch sehr hässlich war, **Obgleich** sie nie wieder von ihm hörte,	*Die Konsequenz ist anders als erwartet:* gab die Prinzessin ihm einen Kuss. dachte sie noch viele Jahre über diese schöne Begegnung nach.

Vergleichen Sie die Bedeutung von „obwohl" / „obgleich" und „trotzdem":
Der Frosch war sehr hässlich. **Trotzdem** gab die Prinzessin ihm einen Kuss.

Textadverbien ◀ 55

Alternative Nebensätze

(an)statt dass statt … zu	Er fuhr zu ihr nach Hamburg, Sie setzt sich in ein Café, *(Anstelle von A passiert B: Eigentlich sollte sie zur Vorlesung gehen, aber …)*	**(an)statt dass** sie nach München kam. **statt** zur Vorlesung zu gehen.

> **!** **Hinweis**
> Verschiedene Personen: „statt dass"
> Dieselbe Person: „statt … zu" + Infinitiv

Positionen im Satz

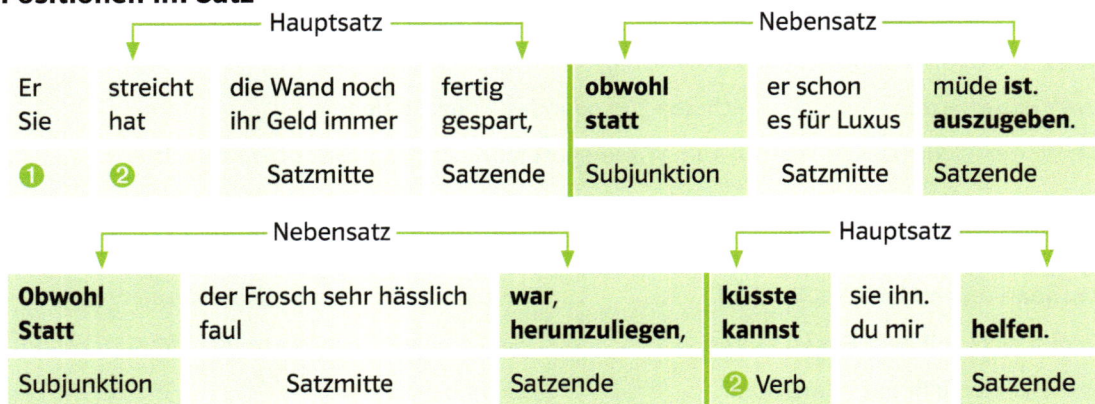

		Hauptsatz		Nebensatz		
Er Sie	streicht hat	die Wand noch ihr Geld immer	fertig gespart,	**obwohl** **statt**	er schon es für Luxus	müde **ist.** **auszugeben.**
❶	❷	Satzmitte	Satzende	Subjunktion	Satzmitte	Satzende

	Nebensatz		Hauptsatz		
Obwohl **Statt**	der Frosch sehr hässlich faul	**war,** **herumzuliegen,**	**küsste** **kannst**	sie ihn. du mir	**helfen.**
Subjunktion	Satzmitte	Satzende	❷ Verb		Satzende

1 „weil" oder „obwohl"?

Sie wird häufig krank, ... {
1. Sie isst viel Obst. — *Sie wird häufig krank, obwohl sie viel Obst isst.*
2. Sie ist glücklich verheiratet. _____
3. Sie raucht viel. _____
4. Sie arbeitet nicht. _____
5. Sie arbeitet viel. _____

2 „weil" oder „obwohl"?

1. Paul – nach Hawaii in Urlaub fahren – wenig Geld haben

   Paul will nach Hawaii in Urlaub fahren, obwohl er wenig Geld hat.

2. Theo – einen Dauerlauf am Strand machen – ein starker Wind weht

3. Renate – Lehrerin werden – Kinder gern haben

4. Erich – Diplomat werden – keine Fremdsprache sprechen

3 Sagen Sie das anders:

1. Es regnet stark. Trotzdem geht Niels spazieren. — *Niels geht spazieren, obwohl es stark regnet.*

2. Frau Nieden macht seit zwei Wochen eine Obst-Diät. Trotzdem hat sie noch nicht viel abgenommen.

3. Sie arbeitet gern mit Menschen. Deshalb möchte Anita eine eigene Praxis als Psychologin aufmachen.

4. Onkel Alfred hat vergessen die Heizung herunterzustellen. Deshalb ist es nun im Zimmer zu warm.

5. Die Luft in den Städten wird immer schlechter. Trotzdem ziehen immer mehr Menschen dorthin.

4 Sagen Sie das anders:

1. Obwohl im Park das Füttern der Tiere verboten ist, geben Anne und Michael den Rehen Nüsse.

   Im Park ist das Füttern der Tiere verboten. Trotzdem geben Anne und Michael den Rehen Nüsse.

2. Obwohl der Zug erst in einer halben Stunde kommt, steht Maria schon ungeduldig auf dem Bahnsteig.

3. Monika ist Malerin geworden, obwohl die Eltern ihren Berufswunsch nicht akzeptierten.

4. Obwohl sie als Malerin nicht viel Geld verdient, ist sie glücklich in ihrem Beruf.

5 Ergänzen Sie die richtige Konjunktion: „obwohl", „sobald", „dass":

1. ● Du hast die Gitarre gekauft, ___*obwohl*___ sie nicht gut klingt?

   ○ Ja, sie war billig. _____ **1** ich genug Geld habe, lasse ich sie stimmen.

2. ● Du rauchst, _____ **2** du weißt, _____ **3** Rauchen sehr schädlich für die Lunge ist?

   ○ Du isst ja auch viel Butter, _____ **4** du weißt, _____ **5** das schlecht für den

   Cholesterinspiegel im Blut ist.

6 Beenden Sie die Sätze:

1. Ich möchte in den Ferien lieber wandern, statt ...

2. Ich fahre lieber mit dem Zug in Urlaub, ...

3. Wenn ich eine Sprache lerne, höre ich lieber zuerst zu, ...

(Zum Beispiel:
am Strand liegen, im Auto im Stau
stehen, gleich sprechen, ...)

143

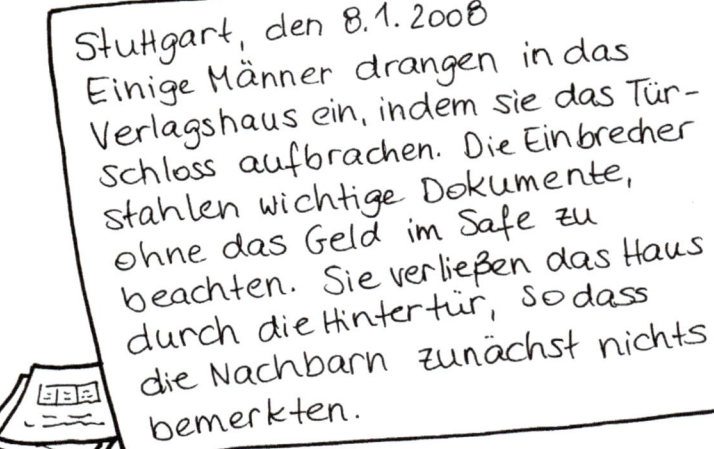

Stuttgart, den 8.1.2008
Einige Männer drangen in das Verlagshaus ein, indem sie das Tür-Schloss aufbrachen. Die Einbrecher stahlen wichtige Dokumente, ohne das Geld im Safe zu beachten. Sie verließen das Haus durch die Hintertür, so dass die Nachbarn zunächst nichts bemerkten.

Nebensätze: Instrument

indem	Die Einbrecher drangen in das Haus ein,	**indem** sie das Türschloss aufbrachen.

Nebensätze: Folge; Nicht-Folge

so dass	Sie verließen das Haus durch die Hintertür, Sie waren so schnell,	**so dass** die Nachbarn sie nicht sahen. **dass** niemand sie sah.
ohne dass ohne … zu	Sie kamen in die Wohnung, Sie stahlen wichtige Dokumente,	**ohne** dass die Besitzer aufwachten. **ohne** das Geld im Safe **zu** beachten.

> **!** **Hinweis**
> Verschiedene Personen: „ohne dass"
> Dieselbe Person: „ohne … zu" + Infinitiv

Positionen im Satz

← Hauptsatz →				← Nebensatz →		
Ihr	habt	**so** gut	aufgeräumt,	**dass**	er gar nichts	gemerkt **hat.**
Sie	drangen	in das Haus	ein,	**indem**	sie das Schloss	**aufbrachen.**
Sie	verließen	das Haus,		**ohne dass**	die Nachbarn sie	**sahen.**
❶	❷	Satzmitte	Satzende	Subjunktion	Satzmitte	Satzende

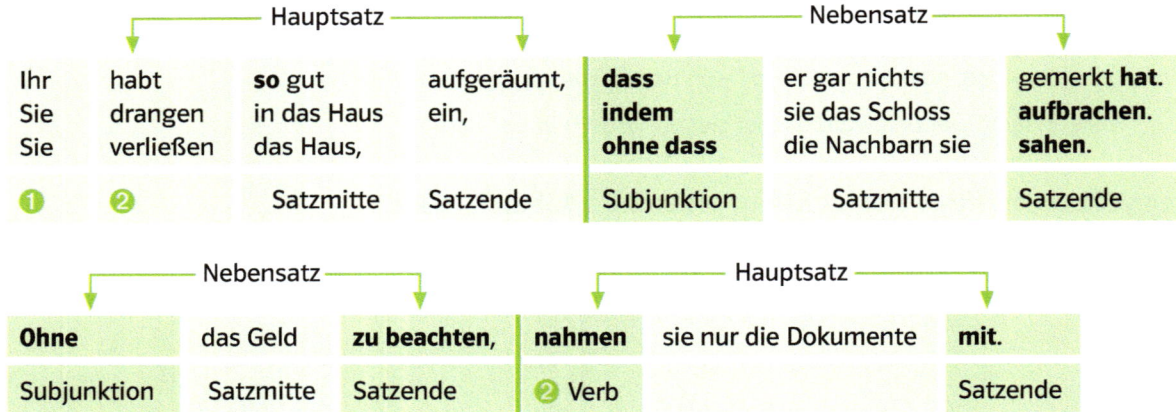

← Nebensatz →			← Hauptsatz →		
Ohne	das Geld	**zu beachten,**	**nahmen**	sie nur die Dokumente	**mit.**
Subjunktion	Satzmitte	Satzende	❷ Verb		Satzende

1 Wie macht man das am besten?

1. Man kann Geld sparen,

2. Man kann ein erfolgreicher Sportler werden,

3. Man hilft Kindern am besten,

4. Man kann das „Ü" am besten aussprechen,

a. indem man ständig trainiert.   *1.c*

b. indem man die Lippen rund und spitz macht.   _____

c. indem man sein Auto selbst repariert.   _____

d. indem man immer konsequent ist.   _____

2 Welches Adjektiv passt hier?

1. Es regnete so ___stark___ , dass sie pitschnass wurde und sich umziehen musste.

2. Der Redner sprach so _____, dass die Zuhörer ihn nicht verstanden.

3. Mein Neffe hatte sich in den letzten Jahren so _____ verändert, dass ich ihn kaum erkannte.

4. Gestern war es so neblig und _____, dass wir keine Lust mehr zum Schwimmen hatten.

3 Es geht nicht „ohne dass" und „ohne ... zu"

1. Er kann sich so eine weite Reise nicht leisten. Er muss lange Zeit dafür sparen.

   Er kann sich so eine weite Reise nicht leisten, ohne lange Zeit dafür zu sparen.

2. Er reist. Er schließt eine Versicherung ab. *Er reist nie, ...* _____

3. Ich hoffe, der Camping-Urlaub geht vorüber. Niemand wird krank.

4. Er besuchte den Deutschkurs. Er fehlte nicht ein einziges Mal.

4 Konsequenzen

1. Georg behandelt seine Bücher sehr sorgsam. Sie sehen auch nach Jahren noch wie neu aus.

   Georg behandelt seine Bücher sehr sorgsam, so dass sie auch nach Jahren noch wie neu aussehen.

2. Sie hatte die wichtigsten Daten auswendig gelernt. Sie machte bei der Vorstellung einen guten Eindruck.

3. Es regnete tagelang. Die Pflanzen erholten sich endlich wieder.

4. Wir wollten gestern Schlittschuh laufen, aber das Eis taute. Wir konnten nicht mehr auf den See gehen.

5 Formulieren Sie anders:

1. Karin ging ohne Gruß an uns vorbei. (grüßen)   *Karin ging an uns vorbei, ohne zu grüßen.*

2. Silke ist ohne ein Wort nach Hause gegangen. (sich verabschieden)

3. Horst ist weggegangen und hat sein Buch hier vergessen. (mitnehmen)

4. Ein Mann in der Straßenbahn hat mir auf den Fuß getreten und sich nicht entschuldigt.

6 Wie kann man das auch sagen?

1. Man kann durch viel Arbeit zu Reichtum gelangen.

   Man kann zu Reichtum gelangen, indem man viel arbeitet.

2. Am besten pflegt man seine Blumen durch regelmäßiges Gießen.

3. Wir lernen viel über die Welt durch ständiges Fragen.

7 Diskutieren Sie:

Wie lernt man am besten eine Sprache?   *Indem man ... und ...*

145

„Oh, der Schrank ist viel größer, als ich erwartet hatte!"

Nebensätze: Vergleiche

so ... wie	Das Konzert war **so** schön	**wie** ich es mir vorgestellt hatte.	Einfaches Adjektiv:
	Der Film war *nicht* **so** lustig	**wie** ich gehofft hatte.	so ... wie
(größer) als	Der Schrank ist viel größ**er**,	**als** ich erwartet hatte.	Komparativ: als
	Aber das Regal ist viel klein**er**	**als** ich gedacht hatte.	
je ... desto	**Je** mehr du dich dagegen wehrst,	**desto** schlimm**er** wird es.	„je" + Komparativ
	Je länger du das hinausschiebst,	**desto** schwer**er** wird es.	„desto" + Komparativ
als ob	Es scheint, **als ob** die Insel unbewohnt ist.		*es scheint so zu sein, wie wir denken*

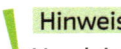 **Hinweis**
Vergleichssätze mit „wie" und „als": Das Komma ist fakultativ.

Komparativ ◄ **22**

„als ob" + Konjunktiv **81** ►

Positionen im Satz

	Hauptsatz			Nebensatz		
Das Konzert	war	**so**	schön	**wie**	ich es mir	vorgestellt **hatte.**
Der Schrank	ist	viel	größ**er**	**als**	ich erwartet	**hatte.**
❶	❷ Verb	Satzmitte	Satzende	Subjunktion	Satzmitte	Satzende

je ... desto

Je	länger du das	**hinausschiebst**,	**desto** schwer**er**	wird	es.
Subjunktion	Satzmitte	Satzende		❷ Verb	Satzende

1 Was passt?

1. ~~Je weniger ich zahlen muss,~~   _1.d_   a. desto mehr gebe ich aus.

2. Je länger er spricht,   _____   b. desto durstiger wird man.

3. Je mehr Geld ich verdiene,   _____   c. desto verwirrter werde ich.

4. Je mehr Salzwasser man trinkt,   _____   d. ~~desto besser.~~

2 Wie kann man das besser ausdrücken?

1. Weniger Gift wird in die Flüsse geleitet. Es gibt wieder mehr Fische.

Je weniger Gift in die Flüsse geleitet wird, desto mehr Fische gibt es.

2. Die Arbeitslosigkeit steigt weiter. Die Menschen sind verzweifelter.

3. Die Jugendarbeitslosigkeit ist groß. Man braucht mehr soziale Programme.

4. Die Regierung gibt mehr Geld für Rüstung aus. Für Bildung ist weniger Geld übrig.

3 Formulieren Sie:

1. du: nett zu mir   ich: glücklich   _Je netter du zu mir bist, desto glücklicher bin ich._

2. kalt draußen   gemütlich drinnen   _____

3. der Junge: viel fernsehen   nervös werden   _____

4. man: hoch steigen   Luft wird dünn   _____

4 Genau so wie erwartet oder anders?

1. Der Film dauerte 2 Stunden. Das ist etwa so _lang_, wie ich gedacht habe.

2. Er hat sich bei dem Sturz den Arm gebrochen. Der Sturz war doch

_____, _____ er zuerst gedacht hatte.

3. Hier isst man schon um 18 Uhr zu Abend. Das ist _____, _____ ich es gewohnt bin.

4. • Wie war euer Urlaub in Costa Rica? Ganz herrlich! ○ Genau so _____, _____ wir es uns

gewünscht hatten.

5. • Wie ist dein neuer Job? ○ Viel Arbeit! Es ist doch _____, _____ ich erwartet hatte.

> anstrengend •
> ~~lang~~ • früh •
> schön • schwer

5 „wie" oder „als"? Ordnen Sie die Sätze zu:

1. In Kanada regnet es tatsächlich so viel   a. _____ du mir versprochen hast.

2. Dieses Restaurant ist doch nicht so gut   b. _____ wir es uns jemals vorgestellt haben.

3. Der Roman ist so spannend   c. _wie_ man allgemein denkt.

4. Die Computer heutzutage sind viel schneller   d. _____ wir zuerst befürchtet hatten.

5. Gott sei Dank war der Unfall weniger schlimm   e. _____ du mir gesagt hast.

6 Vermutungen

1. Sein Fahrrad steht vor der Tür. Es sieht so aus, _als ob er zu Hause ist._ (er ist zu Hause)

2. Du musst sehr laut zu ihm sprechen. Es scheint, _____ (er hört nicht gut)

3. Die Musik klingt nicht gut. Es hört sich so an, _____ (das Band ist schon ausgeleiert)

4. Was meinst du mit „Das ist ganz gut"? Das klingt so, _____ (du bist nicht sehr zufrieden)

147

"Komm doch auch rein!"

"Ach nein, ich hab' jetzt keine Lust, ins Wasser zu gehen."

zu + Infinitiv

Ich habe keine **Lust**, ins Wasser **zu gehen**.

Nach einigen Substantiven, Verben und Adjektiven steht eine „zu" + Infinitiv-Konstruktion.

Weitere Beispiele:

Ich **versuche**	heute mal pünktlich **zu sein**.
Es ist nicht **leicht**,	diese Aufgabe **zu lösen**.
Er hat **Angst**,	über den Fluss **zu schwimmen**.
Vergiss nicht	die Blumen **zu gießen**!
Vergiss nicht darauf,	die Blumen **zu gießen**! (österreichischer Standard)
Es **fällt** ihm **schwer**,	zwei Stunden ruhig **zu sitzen**.

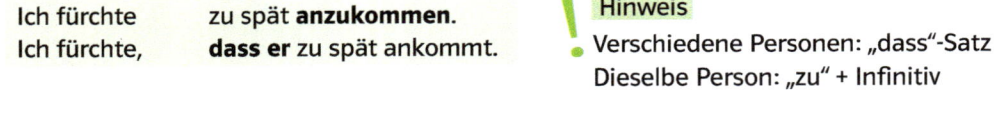

Verben mit Infinitiv ◀ 57

Setzen Sie ein Komma, wenn es für das Verständnis hilfreich ist:
Ich habe heute keine Zeit, für dich zu kochen. / Ich fürchte zu spät zu kommen.

Zum Vergleich:

Ich fürchte	zu spät **anzukommen**.
Ich fürchte,	**dass er** zu spät ankommt.

! Hinweis
Verschiedene Personen: „dass"-Satz
Dieselbe Person: „zu" + Infinitiv

Positionen im Satz

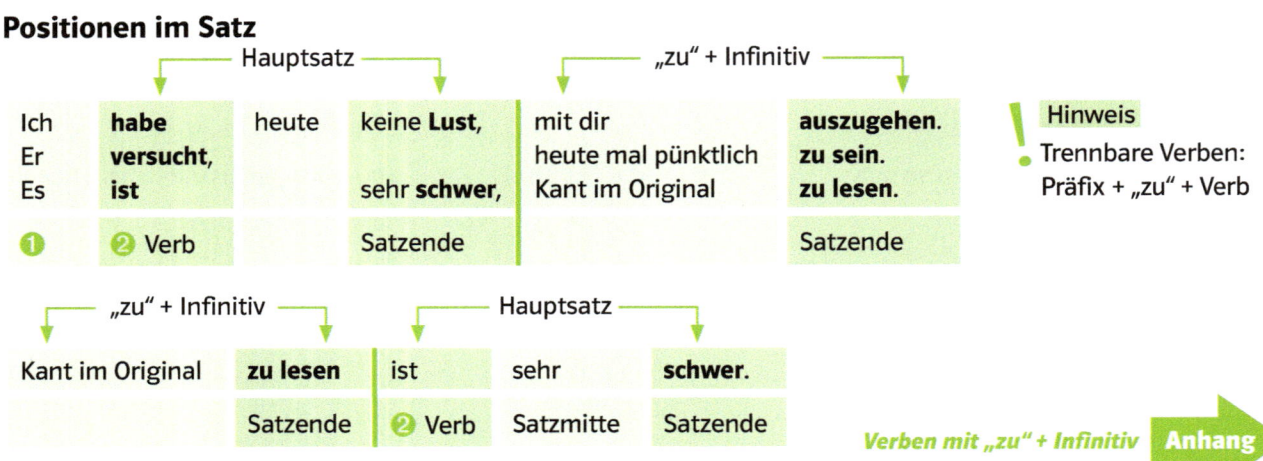

	Hauptsatz			„zu" + Infinitiv	
Ich	**habe**	heute	keine **Lust**,	mit dir	**auszugehen**.
Er	**versucht**,			heute mal pünktlich	**zu sein**.
Es	**ist**		sehr **schwer**,	Kant im Original	**zu lesen**.
❶	❷ Verb		Satzende		Satzende

! Hinweis
Trennbare Verben:
Präfix + „zu" + Verb

„zu" + Infinitiv		Hauptsatz		
Kant im Original	**zu lesen**	ist	sehr	**schwer**.
	Satzende	❷ Verb	Satzmitte	Satzende

Verben mit „zu" + Infinitiv ▶ Anhang

„zu" + Infinitiv-Konstruktion steht auf Position I. → Das Verb steht auf Position II. „Es" fällt weg!

1 Drücken Sie das anders aus:

1. Linda hofft, dass sie die Prüfung besteht.   *Linda hofft, die Prüfung zu bestehen.*

2. Manche Männer sind es gewohnt, dass sie bedient werden.

3. Der Lehrer empfiehlt den Studenten, dass sie die Vokabeln in ein Extra-Heft schreiben.

2 Ergänzen Sie die passenden Ausdrücke:

1. Es macht Spaß, _____   a. (hier Platz nehmen)

2. Darf ich Sie bitten, _____   b. (mit mir in den Speisewagen gehen)

3. Ich lade Sie ein, _____   c. (barfuß durch das Gras laufen)

3 „zu" + Infinitiv, „dass" oder „ob"?

1. Die Gewerkschaft hat beschlossen: Wir streiken.   *Die Gewerkschaft hat beschlossen zu streiken.*

2. Die Oppositionspartei hat kritisiert: Die Steuern sind zu hoch.

3. Die Liberalen und die Konservativen haben vorgeschlagen: Wir bilden eine Koalition.

4. Der Parteivorsitzende ist nicht sicher: Soll er zurücktreten?

4 Fehlt hier ein „zu"? Setzen Sie „zu" ein, wenn es fehlt.

1. Reinhild hat schon oft versucht, täglich schwimmen gehen, aber sie geht viel lieber joggen.

   Reinhild hat schon oft versucht, täglich schwimmen zu gehen, aber sie geht viel lieber joggen.

2. Ihre Freundin Renate geht immer ins Hallenbad schwimmen.

   _____

3. Der Arzt hat mir verboten schwere Sachen heben. _____

4. Es hat regnen aufgehört. _____

5 Hast du das schon gemacht?

1. Harald: Hast du die Theaterkarten abgeholt?

   Elvira: Oh je, ich habe ganz vergessen, ___*sie abzuholen.*___

2. Elvira: Und du, Harald, hast du im Reisebüro die Flugzeiten aufgeschrieben?

   Harald: Ach, ich habe gar nicht daran gedacht, _____

3. Harald: Elvira, hast du eigentlich die Schmidts zu unserem Einweihungsfest eingeladen?

   Elvira: Also ich hatte fest vor, _____, und dann habe ich es doch vergessen.

4. Elvira: Und hast du schon die Katzen der Nachbarin gefüttert?

   Harald: Nein, ich bin noch gar nicht dazu gekommen, _____

6 Was ist wichtig beim Deutschlernen? Sprechen Sie mit Ihrem Partner / Ihrer Partnerin.

1. Beim Deutschlernen ist es für mich am wichtigsten, …   3. Beim Deutschlernen ist es für mich interessant, …

2. Beim Deutschlernen ist es für mich nicht so wichtig, …   4. Beim Deutschlernen ist es für mich langweilig, …

(grammatisch ganz korrekte Sätze bilden, alles aufschreiben, viel sprechen, viel hören, viel lesen, mit Deutschen in Kontakt kommen, die Kultur der deutschsprachigen Länder kennen lernen)

„Bitte denk daran, die Blumen zu gießen!"

da(r)- + Nebensatz

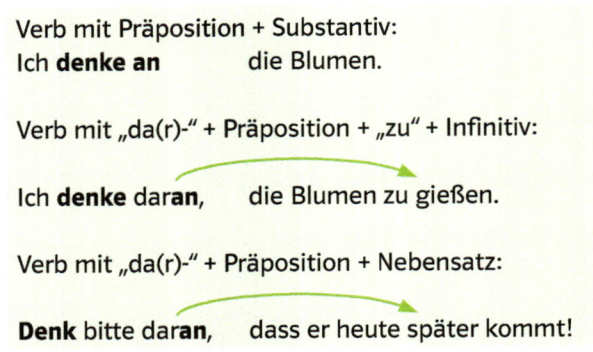

Verb mit Präposition + Substantiv:
Ich **denke an** die Blumen.

Verb mit „da(r)-" + Präposition + „zu" + Infinitiv:

Ich **denke** dar**an**, die Blumen zu gießen.

Verb mit „da(r)-" + Präposition + Nebensatz:

Denk bitte dar**an**, dass er heute später kommt!

„da(r)-" im Hauptsatz verweist auf die Infinitivkonstruktion.

„da(r)-" im Hauptsatz verweist auf den Nebensatz.

Weitere Beispiele:
Er **wartet auf** seine Verlobte.
Er **wartet** dar**auf**, **dass** sie kommt.
Er **wartet** dar**auf**, mit seiner Verlobten **zu sprechen**.
Sie **vergisst** (dar**auf**), das Bügeleisen **auszuschalten**. („darauf": österreichischer Standard)
Wir **erkundigen** uns **danach**, **ob** wir ihn schon besuchen dürfen.
Die Studenten **interessieren sich** sehr **dafür**, **welchen** Lehrer sie bekommen.

! Hinweis
Verschiedene Personen: „dass"-Satz
Dieselbe Person: „zu" + Infinitiv

Präpositional-Adverbien **32**

Positionen im Satz

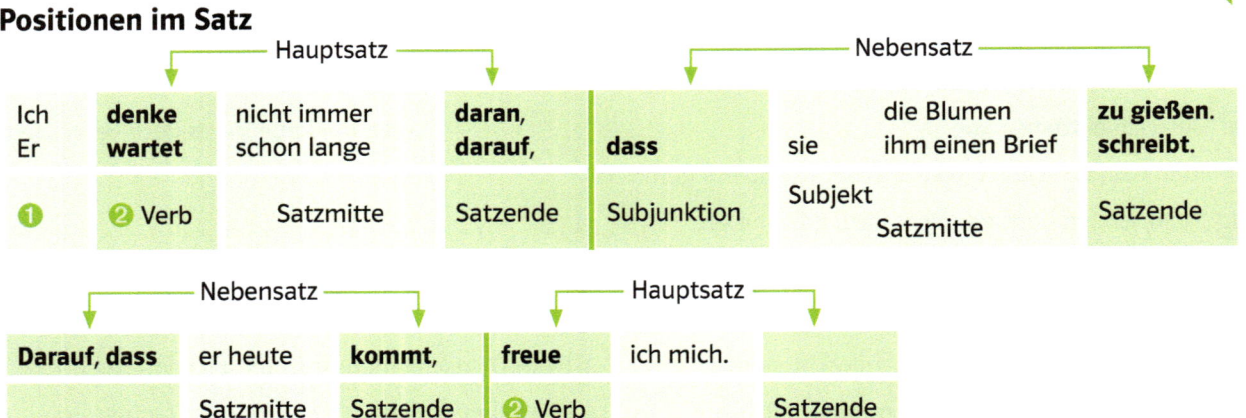

	Hauptsatz				Nebensatz		
Ich	**denke**	nicht immer	**daran,**			die Blumen	**zu gießen.**
Er	**wartet**	schon lange	**darauf,**	**dass**	sie	ihm einen Brief	**schreibt.**
❶	❷ Verb	Satzmitte	Satzende	Subjunktion	Subjekt	Satzmitte	Satzende

Nebensatz			Hauptsatz		
Darauf, dass	er heute	**kommt,**	**freue**	ich mich.	
	Satzmitte	Satzende	❷ Verb		Satzende

1 Kombinieren Sie:

1. Der Vater gratulierte seiner Tochter dazu,	a. ob du nicht doch mitkommen willst. *1.c*
2. Hannelore klagt ständig darüber,	b. dass ihre Eltern sich getrennt haben. _____
3. Kümmerst du dich bitte darum,	c. die Fahrprüfung bestanden zu haben. _____
4. Elise leidet noch sehr darunter,	d. dass die Krankenschwester keine Zeit für sie hat. _____
5. Denk doch bitte noch mal darüber nach,	e. den Tisch für das Fest zu decken? _____

2 Ergänzen Sie diese Sätze:

1. Wir freuen uns darüber, _dass unsere Freunde morgen kommen._ (unsere Freunde kommen morgen)

2. Kann ich mich darauf verlassen, _____ (alles klappt)

3. Wir haben uns schon daran gewöhnt, _____ (wir müssen früh aufstehen)

4. Helga interessiert sich gar nicht dafür, _____ (wie funktioniert ein Automotor)

5. Sorgen Sie bitte dafür, _____ (alle Mitarbeiter erhalten die Information)

6. Er erinnert sich daran, _____ (er hat sie vor drei Wochen im Schwimmbad gesehen)

3 Bitte antworten Sie:

1. ● Warum bist du gestern nicht zum Café gekommen?   (nicht denken an: wir hatten uns verabredet)

    ○ _Tut mir leid! Ich habe nicht mehr daran gedacht, dass wir uns verabredet hatten!_ _____

2. ● Warum sprichst du so wenig? (Angst haben vor: einen Fehler machen)

    ○ Ach, weißt du, ich _____

3. ● Was ist bei dieser Übung besonders wichtig? (achten auf: die richtige Präposition benutzen)

    ○ Man muss vor allem _____

4. ● Zieh bitte die Schuhe aus, wenn du hereinkommst. (aufhören mit: mir Vorschriften machen)

    ○ Also, bitte _____

5. ● Was machst du denn für ein Gesicht? (sich ärgern über: er hört mir nie zu)

    ○ Ach, ich _____

6. ● Hallo, Marlene, was ist los? (bedanken für: verständnisvoll sein)

    ○ Ich möchte _____

7. ● Ach, hat die Sitzung schon angefangen? (bitten um: in Zukunft pünktlich sein)

    ○ Ja, schon um 9 Uhr 30. Darf ich Sie _____

8. ● Worüber redet ihr denn so intensiv? (diskutieren über: in eine andere Stadt ziehen?)

    ○ Tja, wir _____

9. ● Warum schreien denn die Kinder so? (streiten über: wer darf zuerst auf die Schaukel)

    ○ Ach, sie _____

4 Wie kann man das auch sagen?

1. Meine Eltern freuen sich auf meinen Besuch.   _Meine Eltern freuen sich darauf, dass ich sie besuche._

2. Sie erzählen von ihrem Besuch bei einer Freundin.

3. Im letzten Moment erinnert sich Erich noch an Renates morgigen Geburtstag.

4. Ich wundere mich immer wieder über sein Schweigen.

Positionen im Satz

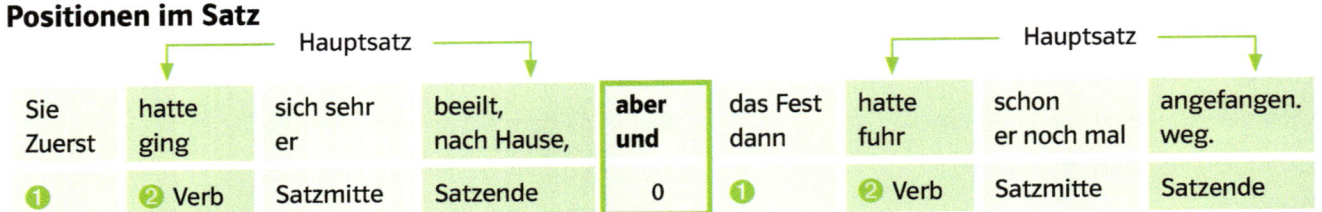

	Hauptsatz					Hauptsatz		
Sie Zuerst	hatte ging	sich sehr er	beeilt, nach Hause,	**aber** **und**	das Fest dann	hatte fuhr	schon er noch mal	angefangen. weg.
❶	❷ Verb	Satzmitte	Satzende	0	❶	❷ Verb	Satzmitte	Satzende

Konjunktionen verbinden Hauptsätze. Sie stehen auf Position 0.

Hauptsatz und Nebensatz

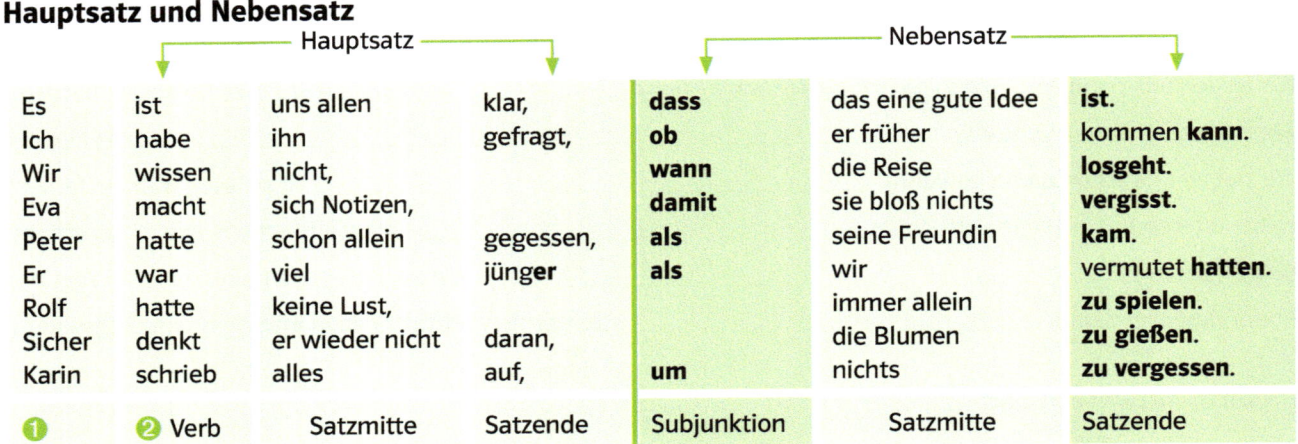

	Hauptsatz			Nebensatz		
Es	ist	uns allen	klar,	**dass**	das eine gute Idee	**ist.**
Ich	habe	ihn	gefragt,	**ob**	er früher	kommen **kann.**
Wir	wissen	nicht,		**wann**	die Reise	**losgeht.**
Eva	macht	sich Notizen,		**damit**	sie bloß nichts	**vergisst.**
Peter	hatte	schon allein	gegessen,	**als**	seine Freundin	**kam.**
Er	war	viel	jünger	**als**	wir	vermutet **hatten.**
Rolf	hatte	keine Lust,			immer allein	**zu spielen.**
Sicher	denkt	er wieder nicht	daran,		die Blumen	**zu gießen.**
Karin	schrieb	alles	auf,	**um**	nichts	**zu vergessen.**
❶	❷ Verb	Satzmitte	Satzende	Subjunktion	Satzmitte	Satzende

Hauptsatz und Nebensatz

	Nebensatz			Hauptsatz		
Sobald **Da** **Nachdem**	der Regen sie nichts mehr von ihm die Regierung die Wahl	**aufhört,** gehört **hatte,** gewonnen **hatte,**	**gehen** verkaufte erhöhte	wir sie sie	seine Sachen. die Steuern.	los.
Subjunktion	Satzmitte	Satzende	❷ Verb	Satzmitte		Satzende

Relativsätze

Der <u>Mann</u>, **der** seit vielen Jahren an dem Thema arbeitet, hat heute einen Vortrag gehalten.
Heute hat uns der <u>Mann</u> besucht, **der** schon so viele Jahre an dem Thema arbeitet.

Relativsätze stehen normalerweise direkt hinter dem Substantiv, auf das sie sich beziehen.
Wenn der Relativsatz sehr lang ist und nur wenige Wörter nach dem Substantiv folgen, beendet
man zuerst den Hauptsatz.

Relativsätze ◀ 61

1 Lauter Nebensätze? Ergänzen Sie das fehlende Wort.

1. Weißt du eigentlich, ___wie___ das neue Lehrwerk für Deutsch als Fremdsprache heißt?

2. _____ einige Studenten einen Text lesen, beschäftigen sich andere mit Grammatik.

3. _____ alle ihre Aufgaben gelöst haben, tauschen sie das Material aus.

4. Ich weiß einfach nicht, _____ ich dazu sagen soll.

5. Die Dame, _____ Tochter auf dem Foto zu sehen ist, will nicht genannt werden.

6. Erfinden Sie eine Geschichte _____ erzählen Sie eine wahre Begebenheit.

7. Ich muss noch mal zurückgehen, _____ ich habe meinen Regenschirm vergessen.

8. Das hat er sicher nur gesagt, _____ sie Mitleid mit ihm bekommt.

9. Wir wurden noch in den Saal gelassen, _____ die Vorstellung schon begonnen hatte.

2 Lieber mit der U-Bahn?

● Ich finde, ___dass___ wir zu dem Fest bei Harry mit der U-Bahn fahren sollten.

○ Ich weiß nicht, _____ 1 es dort eine U-Bahn-Station gibt. Warum möchtest du mit der U-Bahn fahren?

● _____ 2 das besser für die Umwelt ist. Fährst du nie mit der U-Bahn?

○ Doch, aber nur, _____ 3 mein Mann den Wagen hat.

3 Drücken Sie das anders aus:

1. Das Institut, das den Namen eines großen Dichters trägt, widmet sich der Pflege der deutschen Sprache.

   Das Institut trägt den Namen eines großen Dichters. Es widmet sich der Pflege der deutschen Sprache.

2. Es sind vor allem Kinder mit Schwächen im Sprach- und Sozialverhalten, die hier von Theaterpädagogen und Experten gezielt gefördert werden. _Vor allem Kinder …_ _____

3. Das Geld, das man wohltätigen Organisationen spendet, lässt sich von der Steuer abziehen.

4 Seminar für weibliche Führungskräfte. Setzen Sie die passenden Wörter in den Text ein.

Es gibt Frauen, ___die___ gern Karriere machen wollen, _____ 1 Angst davor haben, im Beruf _____ 2 versagen. Sie erfinden dann Ausreden, _____ 3 nicht beruflich aufsteigen _____ 4 müssen. Das heißt, die Frauen können mehr, _____ 5 es auf den ersten Blick scheint. Sie zeigen nicht alles, _____ 6 sie können. Viele Frauen haben Angst _____ 7, Erfolg _____ 8 haben. Sie sagen „Nein", _____ 9 man ihnen eine leitende Position anbietet. Ein beliebtes Argument gegen den beruflichen Aufstieg ist zum Beispiel: „Das habe ich doch nicht gelernt." Hinter diesem Satz versteckt sich oft die Furcht _____ 10, dem eigenen Können _____ 11 vertrauen. Das hat meist Familientradition: Oft zeigten schon die Eltern großen Respekt davor, _____ 12 die Autoritäten dachten. Wahrscheinlich war es für sie immer wichtig, _____ 13 ihre Tochter in der Schule gute Noten bekam.

Was Sie nun tun können:

Machen Sie sich klar, _____ 14 Sie sicher schon die nötigen Fähigkeiten für die neue Aufgabe haben, deshalb hat man Sie ja gefragt. _____ 15 Sie außerdem Engagement mitbringen und die Möglichkeit, sich fehlende Informationen und Kenntnisse _____ 16 besorgen, dann sind Sie für die neue Position gut vorbereitet.

> Das Fußballspiel wird live aus dem Stadion in Köln übertragen.

Passiv: *werden* + Partizip Perfekt

Das Fußballspiel **wird** live **übertragen**.
Die Kirche **wurde renoviert** und ein Park **wurde angelegt**.

Es ist nicht so wichtig, wer das macht. Der Vorgang selbst steht im Vordergrund.
Man kann die Handelnden auch nennen.

Passiv (2) ➡ **74**

Die meisten Verben mit Akkusativ-Objekt können ein Passiv bilden.
Der Arzt operiert <u>den Jungen</u>. → <u>Der Junge</u> **wird** (von dem Arzt) **operiert**.
       Akkusativ → Subjekt

! Hinweis
Ein Dativ bleibt als Dativ erhalten:
Sie halfen <u>ihm</u> bei der Firmengründung. → <u>Ihm</u> **wurde** bei der Firmengründung **geholfen**.

Präsens und Präteritum

Das Spiel	**wird**	live im Fernsehen	**übertragen**.
Warum	**wurden**	wir nicht	**angerufen**?
	Konjugierte Form von „werden"		Partizip Perfekt

Perfekt und Plusquamperfekt

Er	**ist**	gestern Abend nicht	gesehen	**worden**.
Seine Frau	**war**	sofort	verständigt	**worden**.
	Konjugierte Form von „sein"		Partizip Perfekt	„worden"

! Hinweis
Partizip Perfekt von „werden": ~~geworden~~ –> „worden" im Passiv
Aber: Sie ist Ärztin geworden.

„werden" ◀ **48**

Passiv bei Modalverben: Präsens, Perfekt

Die Firma	**soll**	von einer anderen Firma	**übernommen**	**werden**.
Voriges Jahr	**hat**	das Theater-Festival	**subventioniert**	**werden müssen**.
	Modalverb oder „haben"		Partizip Perfekt	Infinitiv von „werden" (+ Modalverb)

1 Ergänzen Sie „werden":

1. Ich _____werde_____ mal wieder von keinem verstanden. Was soll ich nur tun?

2. Hast du schon gehört? Jennifer ist gestern aus dem Krankenhaus entlassen _____.

3. Der Streik _____ heute Morgen nach tagelangen Verhandlungen beendet.

4. Keine Sorge, ihr _____ sicher auch noch eingeladen.

5. Die Abteilung hat kein Geld mehr. Deshalb müssen diese Zeitungen abbestellt _____.

2 „worden" oder „geworden"?

1. Eduard ist im Januar 40 Jahre alt _geworden._

2. An seinem Geburtstag ist er von allen seinen Freunden sehr gefeiert _____

3. Der Erfinder ist durch seine Idee nicht reich _____

4. Die Autoherstellung ist immer mehr automatisiert _____

5. Und die Autos sind immer schneller _____

3 Formulieren Sie im Passiv:

1. streichen / die Fassade des Hauses / voriges Jahr

   Die Fassade des Hauses wurde voriges Jahr gestrichen.

2. benutzen / nicht viel / bei uns / der Computer

3. verschweigen / in dem Zeitungsartikel / viele Einzelheiten

4. nachschicken / nach meinem Umzug / meine Briefe / von der Post

5. veröffentlichen / einige Werke des Schriftstellers / erst nach seinem Tod

4 Fragen über Fragen im Passiv

1. erfinden / das Fernsehen / wann?   *Wann wurde das Fernsehen erfunden?*

2. sprechen / in der Schweiz / welche Sprachen?

3. erbauen / der Kölner Dom / wann?

4. Baseball spielen / in Deutschland / viel?

5 Was kann oder muss geschehen?

1. Die Schraube ist locker.   *Die muss sofort wieder festgedreht werden.*

2. Dieser Aufsatz hat viele Fehler.

3. Schatz, hier liegt eine Rechnung vom Installateur.

4. Das Radio funktioniert nicht mehr.

5. Das sind wichtige Informationen.

> bezahlen ● reparieren ● ~~festdrehen~~ ●
> mitteilen ● korrigieren / allen /
> ~~sofort wieder~~ / überhaupt noch? /
> unbedingt noch / bis wann?

6 Wie wird ein Rührkuchen gemacht?

~~Butter weich rühren~~ – Eier und Zucker dazugeben – das Ganze auf höchster Stufe mixen – eine Prise Salz in die

Masse mischen – Milch dazugeben – das Mehl esslöffelweise unterheben – Teig in die Form füllen – bei heißer

Temperatur backen – am besten am nächsten Tag essen

  Zuerst wird die Butter weich gerührt, dann …

Die Oper „Die Zauberflöte" wurde von Wolfgang Amadeus Mozart komponiert.

Passiv: Nennen der „handelnden Person"

Die Oper „Die Zauberflöte" wurde **von Wolfgang A. Mozart** komponiert.
Der Park wurde **von der neuen Stadtregierung** angelegt.

„von" + handelnde Person(en)
im Dativ

Passiv (1) ◀ **73**

Bei (anonymen) Institutionen und Umständen auch
„durch" + Akkusativ:
Wir sind **durch den Sturm** aufgehalten worden.

RUHE!

Hier wird gearbeitet!

Passiv ohne Subjekt

Hier **wird gearbeitet**.
Heute **darf getanzt werden**.
Es **darf geraucht werden**!
Jetzt **wird** aber **geschlafen**!
Jetzt **wird** aber **gearbeitet**!

In diesen Sätzen gibt es kein Subjekt. Der Vorgang steht absolut
im Vordergrund. Diese Struktur gibt es in vielen Sprachen nicht.
„Es" als Element auf Position I
ihr müsst jetzt schlafen
wir müssen jetzt endlich mit der Arbeit anfangen

Funktionen von „es" ◀ **56**

Wortstellung im Nebensatz ◀ **59**

Passiv im Nebensatz

┌─── Hauptsatz ───┐				┌─── Nebensatz ───┐		
Wir	haben	zwei Wochen im Hotel	gewohnt,	**als**	unsere Wohnung	**renoviert wurde**.
Sie		hat mich	gefragt,	**ob**	die Blumen schon	**gebracht worden sind**.
Er		hat uns	erzählt,	**dass**	das Haus nun doch	**gebaut werden darf**.
					Satzmitte	Satzende

Das konjugierte Verb steht ganz am Ende.

1 Endlich mal faulenzen dürfen! Endlich nicht arbeiten müssen!

1. endlich mal faulenzen: *In den Ferien darf endlich mal gefaulenzt werden!*

2. mal so richtig feiern: _____

3. nicht arbeiten: _____

4. nicht so viel organisieren: _____

2 Ich habe dir doch gesagt, dass ...

1. Wann wird das Buch veröffentlicht?

   Ich habe dir doch gesagt, dass es schon längst veröffentlicht worden ist.

2. Wann wird eigentlich der neue Präsident gewählt?   *Ich habe dir doch gesagt, dass ...*

3. Wann werden denn endlich die Einladungen geschrieben?

3 Woher soll ich das wissen?

Mein Gast aus Amerika stellt mir dauernd Fragen, die ich kaum beantworten kann.

1. Gestern wollte er wissen, *warum in Deutschland so viel geraucht wird.* | in Deutschland, so viel rauchen

2. Einmal hat er mich gefragt, _____ | wohin, der Sondermüll, bringen

3. Er wollte auch wissen, _____ | warum, das Internet, so wenig

   _____ | nutzen

4. Er konnte auch überhaupt nicht verstehen, _____ | keine Höchstgeschwindigkeit,

   _____ | auf Autobahnen, einführen

4 Was ist hier passiert?

1. einbrechen – am Wochenende – in Köln – in die Villa eines Fabrikbesitzers

   Am Wochenende ist in Köln in die Villa eines Fabrikbesitzers eingebrochen worden.

2. ertappen – die Einbrecher – von – auf frischer Tat – die Polizei

3. festnehmen – können – der Mut eines Polizisten – durch – am Tatort – die Schuldigen

4. auszeichnen – heute – der Polizist – mit einer Medaille – für seine mutige Tat

5 Wer macht was mit wem?

die Kursleiterin ● der Gast ●		zum Essen einladen ●
der Leser ● der Universitätspräsident ●		verdächtigen ●
die Professoren ● die Autorin ●		um Unterstützung bitten ●
die Teilnehmer ● der Hoteldetektiv		manipulieren ● wählen

Die Kursleiterin ist von den Teilnehmern zum Essen eingeladen worden.

6 Sprechen Sie über sich selbst! Erzählen Sie Ihrem Partner / Ihrer Partnerin.

Bei uns zu Hause wird viel gelacht. Glücklicherweise wird nicht viel geraucht. Es wird ...

(lachen, rauchen, feiern, diskutieren, schimpfen, singen, spielen, lesen, fernsehen, tanzen, Sport treiben)

Pfifferlinge und Steinpilze kann man essen.
Der Fliegenpilz ist nicht essbar, er ist giftig!

Unpersönliche Ausdrücke

Pfifferlinge und Steinpilze kann **man** essen.	„man" + Verb im Aktiv
Der Fliegenpilz ist nicht **essbar**.	„sein" + Verb + „-bar" (Adjektiv)

Sätze mit „man" und Adjektive mit „-bar" haben oft eine ähnliche Bedeutung wie das Passiv.

man

„man" **94**

Das kann **man** leider nicht ändern.	*das kann nicht geändert werden*
Man hat mir gesagt, dass ich dieses Formular ausfüllen soll.	*mir wurde gesagt, ... (ich weiß nicht mehr genau, wer es gesagt hat / es ist nicht wichtig)*
Man hat mir meine Unkosten immer noch nicht erstattet.	*meine Unkosten sind mir immer noch nicht erstattet worden*
In dieser Firma arbeitet **man** mit der modernsten Technologie.	*in dieser Firma wird mit der modernsten Technologie gearbeitet*

„man" bedeutet oft „jede Person, alle Leute". Die konkrete handelnde Person ist nicht wichtig.

 Hinweis
Mündlich verwendet man oft „man",
um Passiv-Konstruktionen zu vermeiden.

Adjektive mit *-bar*

Form: essen → ess**bar**, lesen → les**bar**: Verb (ohne Endung) + „*-bar*"–> Adjektiv
Das ist nur möglich bei Verben, die ein Passiv bilden können.

Die Schrift ist so klein, der Text ist kaum **lesbar**.	*man kann den Text kaum lesen*
Das ist ohne Probleme **machbar**.	*das kann man ohne Probleme machen*
Pfifferlinge sind **essbare** Pilze.	*man kann sie essen*
Ich glaube, das ist ein **lösbares** Problem!	*das Problem kann gelöst werden*

„-bar" bedeutet: *kann gemacht werden, kann man machen.*

Vor dem Substantiv haben die Adjektive Endungen.

Adjektiv-Endungen **86, 87**

Unregelmäßige Form: Das Ufer ist **sichtbar**. (*man kann es sehen*)
Besondere Bedeutung: **wunderbar** (*sehr schön, toll*)
         zahlbar innerhalb von acht Tagen (*man muss innerhalb von acht Tagen zahlen*)

1 Sitten und Gebräuche

1. _In China isst man mit Stäbchen._ | mit Stäbchen essen, in China
2. _____ | Blumen mitbringen, der Gastgeberin, in Deutschland
3. _____ | die Bürotüren offen lassen, in den USA
4. _____ | auf der linken Straßenseite fahren, in Japan
5. _____ | viel mit dem Fahrrad fahren, in den Niederlanden
6. _____ | viele Mehlspeisen essen, in Österreich

Was für Sitten und Gebräuche gibt es in Ihrem Land? Formulieren Sie mit „man".

2 Kaum bewohnbar. Notieren Sie die Verben zu den Adjektiven mit „-bar".

Die Hausbesichtigung hat ergeben, dass die Wohnung kaum mehr bewohnbar ist. | _bewohnen_
Überall gibt es deutlich sichtbare Schäden. Das fängt bei der Wohnungstür an, die | _____ 1
nur noch mit Mühe verschließbar ist. Die Farbe an den Wänden blättert ab, das | _____ 2
Badezimmer ist wohl kaum mehr renovierbar – hier muss alles komplett neu | _____ 3
gemacht werden. Insgesamt ist eine komplette Renovierung zwar machbar, | _____ 4
aber sehr teuer!

3 Das kann man doch (nicht) machen!

1. Man kann saure Milch nicht mehr trinken. | _Saure Milch ist nicht mehr trinkbar._
2. Auf dem Foto kann man kaum etwas erkennen. | _Auf dem Foto_ _____
3. Diese Partei hat sehr radikale Ansichten – ich finde, | _____
   man kann sie nicht wählen. | _____
4. Viele gefährliche Krankheiten kann man heutzutage | _____
   heilen. | _____
5. Seit Eva kontinuierlich lernt, kann man ihre | _Ihre Fortschritte_ _____
   Fortschritte messen. | _____
6. Klar möchte ich nach Südafrika in Urlaub fahren – | _____
   aber kann man die Reise denn auch bezahlen? | _____

4 Auf dem Amt ist nicht alles Passiv. Variieren Sie die unterstrichenen Sätze. Sie können z.B. „man", „eine Person", „jemand", „die Leute", „der Beamte / die Beamtin" etc. verwenden. Lassen Sie maximal einen Passiv-Satz stehen!

Gestern war ich auf dem Einwohnermeldeamt. Was für eine Bürokratie! An der Pforte wurde mir gesagt, ich solle in den ersten Stock gehen. Dort saßen schon viele Leute. Ich habe an einer Tür geklopft, mir wurde von dem Beamten gesagt, dass ich erst eine Nummer ziehen muss. Nach einer Stunde wurde meine Nummer endlich aufgerufen. Ich muss sagen, ich wurde nicht gerade freundlich behandelt. Am Ende wurde ich dann wieder nach Hause geschickt, weil ich meinen Pass nicht dabei hatte. Ich bin froh, dass bei uns zu Hause nicht daran gedacht wird, so eine Meldepflicht einzuführen!

An der Pforte hat man mir gesagt, ich solle ...   Oder: _An der Pforte hat mir der Beamte gesagt, ..._

„Mach dir keine Sorgen, das lässt sich leicht reparieren!"

Unpersönliche Ausdrücke

Das Fahrrad **lässt sich** leicht **reparieren**.   „sich lassen" + Infinitiv
Das Fahrrad **ist** leicht **zu reparieren**.   „sein + zu" + Infinitiv

Diese unpersönlichen Ausdrücke haben eine ähnliche Bedeutung wie das Passiv.

sich lassen + Infinitiv

Kunst **lässt sich** nicht immer klar von Kitsch **unterscheiden**.	*Kunst kann nicht immer klar von Kitsch unterschieden werden*
● Kannst du bitte heute die Konzertkarten abholen?	
○ Ja, das **lässt sich machen**.	*das kann ich machen*
Die Kartoffeln **lassen sich** gut **schneiden**.	*man kann sie gut schneiden*
● Wenn wir ihm das sagen, wird er schockiert sein.	idiomatisch: *da kann man nichts machen,*
○ Das **lässt sich** nicht **ändern**.	*wir müssen es trotzdem tun*

„sich lassen" + Infinitiv hat die Bedeutung: ***man kann** es **machen** oder es **kann gemacht werden**.*
Man kann die handelnde Person nennen: Das lässt sich nur **von einem Fachmann** reparieren.

lassen **84** ➤

sein + zu + Infinitiv

Dieser Text **ist** schwer **zu verstehen**.	*man kann den Text nur schwer verstehen*
Manche Gefühle **sind** schwer **zu beschreiben**.	*sie können nur schwer beschrieben werden*
Bei Feuer **ist** die Treppe **zu benutzen**.	*man muss die Treppe benutzen*
Diese Frage **ist** noch **zu klären**.	*diese Frage muss noch geklärt werden*
● Wie alt ist das Bild? ○ Das **ist** schwer **zu sagen**.	idiomatisch: *man weiß es nicht genau*

„sein + zu" + Infinitiv hat die Bedeutung: ***man kann** es machen oder **man muss** es machen.*
Man kann die handelnde Person nennen: Dieser Text ist **für Anfänger** nur schwer zu verstehen.

> **!** **Hinweis**
> **!** mit „sich lassen" + Infinitiv und „sein + zu" + Infinitiv kann man
> komplizierte Passiv-Konstruktionen mit Modalverb vermeiden.

1 Ergänzen Sie „sich lassen":

1. Manche Probleme *lassen sich* ganz einfach lösen, wenn man darüber spricht.

2. Seit Tagen ist Olga sehr aufgeregt. Sie _____ gar nicht mehr beruhigen.

3. Der Vertrag _____ nicht so einfach kündigen – haben Sie das nicht gewusst?

4. Diese Schuhe _____ nur schwer verkaufen – sie sind einfach zu teuer!

2 Praktisch!

Familie Baumann hat ein neues Auto gekauft. Es ist sehr praktisch.

1. Man kann die Spiegel elektronisch verstellen. *Die Spiegel lassen sich elektronisch verstellen.*

2. Man kann das Auto mit einer Fernbedienung abschließen. _____

3. Man kann die Sitze ganz einfach herausnehmen. _____

4. Man kann einen Sitz in einen Tisch verwandeln. *Ein Sitz* _____

3 Strenge Hausordnung

1. Die folgenden Regeln *sind zu befolgen:* | ~~befolgen~~

2. Die Fahrräder _____ | in den Keller stellen

3. Die Treppe _____ | einmal in der Woche putzen

4. Die Haustür _____ | immer abschließen

5. Die Gehwege _____ | im Winter von Schnee reinigen

4 Gefühle und Gedanken. Formulieren Sie mit „sich lassen" und mit „sein ... zu" + Infinitiv:

1. Manche Gefühle kann man nicht leicht verstehen. *Manche Gefühle lassen sich nicht leicht verstehen. /*
   Manche Gefühle sind nicht leicht zu verstehen.

2. Manche Gedanken kann man nicht leicht aussprechen.

3. Manche Hoffnung kann man nicht leicht erfüllen.

4. Manche Erfahrung kann man nicht leicht vergessen.

5. Manche Enttäuschungen kann man nicht leicht verzeihen.

5 Was kann man oder muss man tun?

1. Die Bedienungsanleitung ist genau zu lesen. *Man muss die Bedienungsanleitung genau lesen.*

2. Die Bedienungsanleitung ist schwer zu verstehen. _____

3. Die Sitzplätze sind älteren Personen und Behinderten zu überlassen. _____

4. Hunde sind an der Leine zu führen. _____

5. Bei Feueralarm ist das Gebäude sofort zu verlassen. _____

6. Das Gebäude ist von zwei Seiten zu betreten. _____

„Das ist meine neue Nachbarin.
Sie soll eine bekannte Schauspielerin sein."

Modalverben: Vermutungen und Einschätzungen

Das ist meine neue Nachbarin.
Sie **soll** eine bekannte Schauspielerin sein.

Subjektiver Gebrauch der Modalverben:
Der Sprecher drückt seine Vermutung, seine Meinung
oder seine Einschätzung einer Sache aus.

Modalverben: Möglichkeit, Fähigkeit, Erlaubnis ◀ **33 – 35**

können	Vorige Woche war er bei seiner Familie in New York. Er **kann** also gar nicht hier gewesen sein. Sicher hast du dich getäuscht.	*Überzeugung, dass etwas (nicht) möglich ist*
wollen	Bernd ist nie mit an den Strand gegangen. Er **will** krank gewesen sein – aber er sah eigentlich immer sehr gesund aus.	*er behauptet das, ich glaube es nicht*
müssen	● Ich habe ihn seit Tagen nicht gesehen. Er **muss** schon in Urlaub sein. ○ Aber das Licht brennt in seiner Wohnung. Er **muss** zu Hause sein.	*starke Annahme*
sollen	● Haben Sie Frau Rolfs in letzter Zeit gesehen? ○ Nein, sie ist nicht da. Sie **soll** verreist sein.	*ich habe es gehört, andere Leute behaupten es*
mögen	Sie **mögen** das witzig finden – ich nicht. Er **mag** ja Recht haben, aber gut ist das nicht.	*das kann vielleicht so sein, aber der Sprecher ist anderer Meinung*
werden	● Alle Spuren deuten darauf hin, dass die Diebe durch die Tür gekommen sind. ○ Ja, so **wird** es wohl gewesen sein.	*Vermutung, Schlussfolgerung; so erkläre ich mir das*

werden ◀ **48**

! **Hinweis**

. „werden" als Modalverb hat immer eine subjektive Bedeutung.
Modal-Adverbien (wohl, vielleicht, wahrscheinlich, …)
verstärken diese Bedeutung.

1 Haben Sie das auch gehört?

1. Baldrian	a. soll Vampire fern halten.	_1.b_
2. Ein Mittagsschlaf	b. soll gut für die Nerven sein.	____
3. Ein Glas Rotwein am Tag	c. soll blonde Haare glänzend machen.	____
4. Kamillentee	d. soll die Leistungsfähigkeit fördern.	____
5. Knoblauch	e. soll gut für den Kreislauf sein.	____

2 Modalverben: „objektiv" oder „subjektiv"?

1. Er mag das ja gesagt haben, aber gemeint hat er das bestimmt nicht.	objektiv	(subjektiv)
2. Der Arzt hat meinem Mann gesagt, er soll mehr zu Fuß gehen.	objektiv	subjektiv
3. Jens kann schon gut schwimmen.	objektiv	subjektiv
4. Die Försters sollen eine riesige Erbschaft gemacht haben.	objektiv	subjektiv
5. Frau Neuhaus will früher eine bekannte Tänzerin gewesen sein.	objektiv	subjektiv
6. Will deine Tochter eigentlich auch Tänzerin werden?	objektiv	subjektiv
7. Es ist halb vier. Da muss Herbert längst vom Sport zurück sein.	objektiv	subjektiv

3 „können", „müssen", „sollen", „werden", „wollen", „mögen"?

1. Michael hat nie Zeit. Er ___wird___ wohl nicht lange auf dem Fest bleiben.

2. Das _____ Goethe gesagt haben? Das glaube ich nicht!

3. Du _____ schon wissen, was du tust! Ich finde das aber zu riskant.

4. Wo ist denn nur mein Führerschein? Ich _____ ihn irgendwo liegen gelassen haben.

5. Ich habe Dirk schon gefragt, ob er die Möbel umgeräumt hat. Aber er _____ das nicht gemacht haben.

6. Wir haben heute früh erst entschieden, zur Bibliothek zu fahren. Das _____ er also gar nicht gewusst haben.

7. Der Finanzminister behauptet, es gebe dieses Jahr keine Steuererhöhungen mehr. Das _____ ja stimmen, aber was passiert nächstes Jahr?

8. In der S-Bahn in München _____ man auch Fahrräder mitnehmen dürfen.

4 Drücken Sie die Aussagen mit Modalverben aus:

1. Es ist unmöglich, dass er mich gesehen hat.

   Er kann mich gar nicht gesehen haben.

2. In meinem Reiseführer steht, dass die beste Reisezeit für Mexiko der Frühling ist.

3. Das ist mal wieder typisch! Er behauptet, dass er meine Warnung nicht gehört hat.

4. Der Gast hat vielleicht Recht, aber das ist kein Grund für unhöfliches Benehmen.

5 Nichts als Vermutungen

1. Holger reibt sich schon die Augen. _Er wird müde sein._ | Er ist sicher müde.

2. Hast du gehört, Elke ist über den ganzen See geschwommen! | Sie ist ganz bestimmt sehr fit.

3. Horst und Karla sehen wieder ganz glücklich aus. | Sie haben sich sicher wieder vertragen.

4. Die Wolken ziehen sich über dem Meer zusammen. | Es regnet wohl bald.

5. Er hat mir den Weg zu seinem Haus sehr genau beschrieben. | Es ist sicher hier in der Nähe.

163

"Hallo, Britta, komm doch ins ‚Maxim'!"

"Ach Jochen, wenn ich nicht so viel zu tun hätte, würde ich gern kommen!"

Konjunktiv II: Konditionale Nebensätze

Wenn ich nicht viel zu tun habe, komme ich.
Wenn ich nicht so viel zu tun **hätte**, **würde** ich **kommen**.

Die Bedingung ist realisierbar: *ich komme wahrscheinlich*
Die Bedingung ist nicht realisierbar: *ich habe viel zu tun, deshalb komme ich nicht* → **Konjunktiv II**

Weitere Beispiele:
Wenn wir weniger **fernsehen würden**, **könnten** wir mehr miteinander **unternehmen**.
Wenn du nicht immer gleich beleidigt **wärst**, **würden** wir uns besser **verstehen**.
Manchmal auch ohne „wenn" (konjugiertes Verb auf Position I):
Hätte ich nicht so viel zu tun, **würde** ich gern **kommen**. (Oder: … käme ich gern.)

Formen des Konjunktiv II

Regelmäßige Verben: Konjunktiv II von „werden" + Infinitiv:
ich **würde** dort **wohnen**, du **würdest** es **machen**, er **würde** jetzt **arbeiten**

Unregelmäßige Verben: Konjunktiv II = Präteritum + -e; Umlaut: a, o, u → ä, ö, ü
ich kam → ich **käme**, du **kämest**, er **käme**, wir **kämen**, ihr **kämet**, sie **kämen**; Sie **kämen**

Man verwendet diese Konjunktiv II-Formen bei:
● besonders frequenten unregelmäßigen Verben: ich **käme**, ich **ginge**, ich **ließe**, ich **bliebe**, ich **wüsste**, …
● Modalverben: **könnte**, **wollte**, **müsste**, **sollte**, **dürfte**
● **hätte** (haben), **wäre** (sein), **würde** (werden)
Sonst verwendet man meist „würde" + Infinitiv.

Wenn das Wörtchen wenn nicht wär' …

	haben	sein	werden	wissen	können	sollen
ich	hätt-e	wär-e	würd-e	wüsst-e	könnt-e	sollt-e
du	hätt-est	wär-st	würd-est	wüsst-est	könnt-est	sollt-est
er						
sie	hätt-e	wär-e	würd-e	wüsst-e	könnt-e	sollt-e
es						
wir	hätt-en	wär-en	würd-en	wüsst-en	könnt-en	sollt-en
ihr	hätt-et	wär-(e)-t	würd-et	wüsst-et	könnt-et	sollt-et
sie	hätt-en	wär-en	würd-en	wüsst-en	könnt-en	sollt-en
Sie	hätt-en	wär-en	würd-en	wüsst-en	könnt-en	sollt-en

! **Hinweis**
Verb „brauchen":
ich **würde brauchen**
Oder:
ich **bräuchte**
(süddeutsch / österreichischer Standard)

Konditionale Nebensätze ohne Konjunktiv ◀ **66**

1 Was wäre, wenn …?

1. Wenn ich mehr Zeit hätte,	a. würde ich mehr sprechen.	*1.b,c,d*
2. Wenn ich mehr Wasser trinken würde,	b. käme ich noch schnell vorbei.	_____
3. Wenn ich nicht so viel Angst vor Fehlern hätte,	c. ginge es mir besser.	_____
4. Wenn ich nicht so müde wäre,	d. würde ich öfter meditieren.	_____

2 Wie würden Sie das sehen?

1. Ich habe nichts dagegen.	a. Die ganze Familie fährt mit in den Urlaub.
2. Es ist o.k.	b. Die Gäste bleiben noch eine Weile bei uns.
3. Ich freue mich.	c. Ich muss die ganze Hausarbeit allein machen.
4. Ich finde es nicht so gut.	d. Ich bin berühmt.

Zum Beispiel: *1.b: Ich hätte nichts dagegen, wenn die Gäste noch eine Weile bei uns blieben.*

3 Konjunktiv oder nicht?

Katrin erzählt: „Ich bin eine allein erziehende Mutter und ___*muss*___ (müssen) alles allein machen. Wenn der Vater von Henriette bei uns _____ 1 (leben), _____ 2 (sein) es natürlich einfacher, und wir _____ 3 (können) gemeinsam entscheiden, was zu tun ist. Gott sei Dank hilft mir meine Mutter, wenn ich mal besonders viel für meinen Job zu tun _____ 4 (haben). Wenn sie nicht in der Nähe _____ 5 (wohnen) und immer mal wieder _____ 6 (aushelfen), _____ 7 (wissen) ich gar nicht, was ich tun _____ 8 (sollen). Manchmal _____ 9 (haben) ich auch am Abend noch berufliche Verpflichtungen. Das _____ 10 (gehen) gar nicht, wenn ich nicht mit der Hilfe meiner Freundinnen rechnen _____ 11 (können). Oft denke ich, wir _____ 12 (haben) es einfacher, wenn ich wieder _____ 13 (heiraten). Aber _____ 14 (sein) das auch besser für meine Tochter? Wenn ich das nur _____ 15 (wissen)!

4 Leider ist es nicht immer ideal

1. Wenn man die Sitten einer fremden Kultur gut kennt, gibt es weniger Missverständnisse.

   Wenn man die Sitten einer fremden Kultur gut kennen würde, gäbe es weniger Missverständnisse.

2. Wenn wir weniger Müll produzieren, wird die Umwelt weniger belastet.

3. Wenn ich die Sprache des Urlaubslandes spreche, kann ich mich mit den Bewohnern besser verständigen.

4. Wenn die Ballettgruppe aus Indonesien in unsere Stadt kommt, gehe ich hin.

5 Was würden Sie tun, wenn Sie Filmregisseur / Filmregisseurin wären?

Wenn ich Filmregisseur wäre, würde ich einen Film über meine Kindheit drehen. Ich ließe …

(Zum Beispiel: meine Eltern und meine Geschwister auftreten lassen – auch selbst mitspielen – von meiner ersten großen Liebe erzählen – die Darstellerin / der Darsteller muss schwarze Haare haben – nur an authentischen Drehorten filmen – der Film darf nicht länger als 90 Minuten dauern – er muss spannend sein – er wird ein glückliches Ende haben – …)

„Wenn du besser aufgepasst hättest, wäre das nicht passiert!"

Konjunktiv II: Vergangenheit

Wenn er besser aufgepasst hätte, wäre das nicht passiert. (*er hat nicht aufgepasst, deshalb ist es passiert*)	Nicht realisierte Möglichkeit in der Vergangenheit: → **Konjunktiv II: Vergangenheit**
Wenn er nicht so **getrödelt hätte**, wäre er jetzt schon fertig. Oder auch ohne „wenn" (konjugiertes Verb auf Position I): **Wäre** er vorsichtiger **gefahren**, wäre der Unfall nicht passiert.	Konjunktiv II: Vergangenheit **hätte / wäre + Partizip Perfekt**
Der Anhalter **wäre** von dem Autofahrer **mitgenommen worden**, wenn er etwas ordentlicher angezogen gewesen wäre.	Passiv: **wäre + Partizip Perfekt + worden**
Eigentlich **hätte** ich viel länger **tanzen können**, aber mein Freund war schon müde.	Mit Modalverb: **hätte + Infinitiv + Infinitiv Modalverb**
Ich weiß, dass ich das nicht **hätte tun sollen**.	Im Nebensatz: „hätte" vor den Infinitiven

Vergleichssätze ohne Konjunktiv ◄ 69

Das sagt man oft:

Wenn ich das **gewusst hätte**! Wenn er das **geahnt hätte**! **Hättest** du doch was **gesagt**!

Vergleichssätze mit *als ob*

Es scheint, **als ob** er zu Hause **ist**. Er tut so, **als ob** er nichts zu tun **hätte**. Er spielt Tennis, **als ob** er 30 **wäre**.	er ist wahrscheinlich zu Hause er hat aber etwas zu tun \} „irrealer" Vergleich er ist aber schon 50 → **Konjunktiv II**
Oder auch ohne „ob": Er spielt Tennis, **als wäre** er 30.	
Das Dorf sah aus, **als hätte** es Tag und Nacht **geregnet**.	Konjunktiv II Vergangenheit: **hätte / wäre + Partizip Perfekt**

1 Zwei Freunde – verschiedene Ansichten

1. ● Wir sind vorigen Sommer im Urlaub nach Grönland gefahren. Was? Dahin *wäre ich nie gefahren.*

2. ● Ich habe Elke von unserem Abenteuer in der Wildnis erzählt. Das … meiner Freundin …

3. ● Wir haben uns eine Wohnung in dem neuen Hochhaus gekauft. Ich an deiner Stelle …

4. ● Ich habe den Job bei der Detektiv-Firma angenommen. Tatsächlich? Den Job … ich …

2 Autobiografie

1. Ich bin mein ganzes Leben Beamter gewesen.

   Am liebsten *wäre ich allerdings Maler geworden.* | Maler werden

2. Wir haben die meiste Zeit in der Stadt gelebt. Am liebsten … | auch mal auf dem Land

3. Wir sind nie ins Ausland gezogen. Am liebsten … | für ein paar Jahre nach Italien

4. Wir hatten immer genug zum Leben. Natürlich … | auch gern reich sein

3 Was wäre gewesen, wenn …

1. Thomas hat sich keine Mütze angezogen. Jetzt hat er Ohrenschmerzen.

   Wenn Thomas sich eine Mütze angezogen hätte, hätte er jetzt keine Ohrenschmerzen.

2. Vor vielen Jahren arbeitete sie für ihre Firma im Ausland. Dort lernte sie Juan kennen.

3. Der See war leider nicht zugefroren. Deshalb konnten wir nicht Schlittschuh laufen.

4. Die Prinzessin küsste den Frosch. Da verwandelte er sich in einen Prinzen.

4 Das wäre gemacht worden

1. Wenn er anruft, wird er abgeholt. *Wenn er angerufen hätte, wäre er abgeholt worden.*

2. Wenn sie besser tanzen, werden sie noch einmal engagiert.

3. Wenn die Bürger sich beim Bürgermeister beschweren, werden die Straßen repariert.

4. Wenn die Kranke zu Hause bleibt, wird sie von den Familienangehörigen gepflegt.

5 Er tut, als wäre nichts geschehen

1. Herr Neureich macht ein teilnahmsloses Gesicht. *Er tut so, als wäre nichts geschehen.* (nichts ist geschehen)

2. Ali macht erstaunte Augen. Sie tut, als ob sie _____ (sie hat das nicht gewusst)

3. Horst spielt sich immer so auf, als ob _____ (der Chef sein)

4. Erich ist gar nicht so arm. Aber er tut immer so, als _____ (kein Geld haben)

6 Kennen Sie das?

1. Man ist traurig, aber *man tut so, als wäre alles in Ordnung.* (alles ist in Ordnung)

2. Man möchte etwas haben, aber man tut so, als … _____ (kein Interesse haben)

3. Man hat Angst, aber … _____ (…)

4. Man ist enttäuscht, aber … _____ (…)

7 Erzählen Sie:

1. In welcher Zeit hätten Sie gern gelebt? Warum?
2. Gibt es einen Moment in Ihrem Leben, in dem Sie anders hätten entscheiden sollen?

167

„Grüß Gott, ich hätte gern eine Süddeutsche."

Konjunktiv II: Höfliche Bitten und Fragen

- Guten Tag, was darf es sein?
- Ich **hätte** gern eine Süddeutsche.

Mit dem Konjunktiv II kann man Bitten höflicher formulieren. Diese Form benutzt man besonders in Situationen mit „Sie".

Das sagt man oft:

Herr Ober, ich **hätte** gern noch einen Kaffee.
Frau Reiser ist nicht da. **Könnten** Sie bitte morgen noch einmal **anrufen**?
Entschuldigen Sie, **könnten** Sie mir bitte die Uhrzeit **sagen**?
Entschuldigung, **hätten** Sie vielleicht einen Moment Zeit?
Würdest du mir bitte mal den Zucker **geben**?
Wärst du so **nett**, mir die Zeitung zu bringen?
Dürfte ich Sie um einen Gefallen **bitten**?

Sehr formell:

Wenn Sie bitte hier **warten würden**. Herr Leitner kommt gleich.
Wären Sie bitte so **freundlich**, hier zu warten?

! **Hinweis**
Die Modal-Partikeln „vielleicht" und „mal" machen die Bitte vorsichtiger.

Modal-Partikeln ◄ 38, 39

Konjunktiv II: Ratschläge

An deiner Stelle **würde** ich diesen Mietvertrag nicht **unterschreiben**.
Wenn ich du **wäre**, würde ich jetzt die Wahrheit **sagen**.
Du **solltest** wirklich mehr **Sport treiben**! Das ständige Sitzen ist nicht gut für den Kreislauf.

Ratschläge kann man mit dem Konjunktiv II vorsichtiger formulieren.

Formen des Konjunktiv II ◄ 78

1 Sagen Sie das höflicher:

1. Sprechen Sie langsamer.   *Würden Sie bitte langsamer sprechen?*

2. Helfen Sie mir.   _____

3. Warten Sie einen Moment.   _____

4. Sagen Sie mir, wann der Zug aus Köln ankommt. _____

> Könnten Sie … ●
> Würden Sie … bitte ●
> Dürfte ich Sie bitten, … ●
> Wäre es möglich, …

2 Höfliche Fragen und Bitten an einen Freund. Benutzen Sie auch die Modalpartikeln „vielleicht" und „mal".

die Tür	leihen
das Radio	ein- / ausschalten
das Handy	leiser machen
dein Auto	auf- / zumachen

Beispiele:

Könntest du vielleicht mal die Tür zumachen?

Würdest du bitte mal das Radio einschalten?

3 Im Restaurant: Geht es auch höflicher?

1. Ober: Was wollen Sie?   *Was hätten Sie gerne?*

2. Gast: Was empfehlen Sie?   _____

3. Ober: Ich empfehle Steak mit Salat.   _____

4. Gast: Gut. Und bringen Sie mir ein Mineralwasser.   _____

4 Einladung bei einer Kollegin

1. Sie bitten um das Salz.   *Könnte ich bitte mal das Salz haben?*

2. Sie möchten das Telefon benutzen. _____

3. Sie haben eine Frage Ihrer Gastgeberin nicht verstanden. _____

4. Sie wissen nicht, wie man zur Autobahn kommt. _____

5 Ratschläge für eine Reise nach Lateinamerika

1. Zuerst würde ich …

2. An deiner Stelle …

3. Auf jeden Fall solltest du …

4. Wenn ich du wäre, …

> einen Spanischkurs machen ● einen guten Reiseführer kaufen ●
> im World Wide Web nachsehen ● sich erkundigen, ob eine Malaria–
> Impfung nötig ist ● Reiseschecks mitnehmen ●
> das Geld erst dort wechseln ● …

6 Zwei Briefe – einmal an eine Freundin, einmal an einen Kollegen

Liebe Else!

Wie geht es dir? … Kannst du mir einen Gefallen tun? Ich brauche ein deutsches Lehrwerk und kann es hier nicht bekommen. Kannst du mal nachsehen, ob die Universitäts-Buchhandlung es auf Lager hat? Und ist es möglich, dass du es mir schickst? Das ist sehr nett von dir! Ich werde dir natürlich deine Unkosten ersetzen. Antwortest du mir bitte so schnell wie möglich per E-Mail?

Herzliche Grüße, deine Sophie

Schreiben Sie nun den Brief an einen Kollegen in Deutschland, den Sie erst seit kurzem kennen.

Lieber Herr Fichte!

Wie geht es Ihnen? … Könnten Sie mir bitte einen Gefallen tun? …

169

"Wenn es doch endlich regnen würde!"

Konjunktiv II: Wunschsätze

Wenn es doch endlich regnen würde! | Mit dem Konjunktiv II kann man (irreale) Wünsche ausdrücken.
Meist: **„würde"** + **Infinitiv des Verbs**

Wenn sie doch mal **anrufen würde**!

Wenn er doch endlich **käme**!
Wenn wir doch gestern **mitgefahren wären**!
Wenn ich doch besser Deutsch **sprechen könnte**!

Ohne „wenn" (konjugiertes Verb auf Position I):
Käme er doch endlich!
Wäre er doch schon hier!

„würde" + Infinitiv des Verbs

Bei unregelmäßigen Verben und Modalverben
sowie bei „sein", „haben" und „werden" benutzt
man die Konjunktiv II-Form: käme, ginge, ließe, ...
könnte, sollte, wollte, dürfte, müsste
wäre, hätte, würde

Das sagt man oft:

● Wann kommt sie denn nur? ○ **Wenn** ich das bloß **wüsste**!
Hättest du mir das doch gleich **gesagt**!
Wenn doch schon Freitag Abend **wär'**!

! **Hinweis**
Die Modal-Partikeln „doch", „nur"
und „bloß" machen den Wunsch
intensiver.

Modal-Partikeln  **38, 39**

Konjunktiv II und Modalverben: Vermutungen

Er **dürfte** morgen fertig **werden**. | *vorsichtige Vermutung: wahrscheinlich wird er fertig*
Er **könnte** morgen fertig **werden**. | *Feststellung einer Möglichkeit: möglicherweise wird er fertig*
Er **müsste** morgen fertig **werden**. | *stärkere Vermutung, es gibt Indizien, dass er fertig wird*

Das sagt man oft:

So **dürfte** es gewesen sein.
Das **könnte** er gesagt haben.

Subjekt-Gebrauch der Modalverben **77**

1   Wünsche. Benutzen Sie auch „doch" und „nur".

1. Ich wünsche, dass schon Freitag Nachmittag ist. *Wenn es doch schon Freitag Nachmittag wäre!*

2. Ich wünsche, dass ich Chinesisch sprechen kann. *Könnte ich ...*

3. Ich wünsche, dass ich mehr Zeit für meine Hobbys habe. _____

4. Ich wünsche, dass mein Freund anruft. _____

2   Das wäre gut gewesen

1. Mein Freund hat nicht angerufen. *Wenn mein Freund doch angerufen hätte!*

2. Du hast es mir nicht rechtzeitig gesagt. _____

3. Ben hat nicht auf seine Eltern gehört. _____

4. Wir haben das nicht gewusst. _____

3   Ein verpatzter Urlaub

Familie Unger hat sich auf ihren Urlaub im Ausland nicht gut vorbereitet: (1) Sie verstehen die Sprache des Landes nicht, denn sie haben keinen Sprachkurs besucht. (2) Sie haben sich vorher nicht über Sitten und Bräuche informiert. (3) Sie haben keine Reiseschecks mit und (4) haben auch die Landkarte nicht eingesteckt . (5) Sie wussten nichts über das Klima und haben nicht genug warme Kleidung dabei. Frau Unger denkt: (1) *Wenn wir doch einen Sprachkurs*

besucht hätten! (2) Und wenn wir uns nur ... _____

4   Was hätten Sie besser machen können?

1. Sie sind zu spät zu einem Rendezvous gekommen, und ihr Bekannter ist schon weg.

   Wenn ich doch bloß rechtzeitig aus dem Haus gegangen wäre!

2. Sie sind in einem Restaurant, aber die Bedienung ist unfreundlich und das Essen ist schlecht.

3. Sie schreiben eine Deutschprüfung und können sich an viele Vokabeln nicht mehr erinnern.

5   Gloria ist vorsichtig

1. Freundin Ida: ● Ich brauche mein Buch wieder. Hast du es bis morgen ausgelesen?

   Gloria (hat nur noch ein paar Seiten zu lesen):   ○ *Ja, ich dürfte morgen damit fertig sein.*

2. Tochter Eva: ● Ich muss heute Abend noch weg. Ist das Essen um 7 Uhr fertig?

   Gloria (hält das für möglich):   ○ *Ja, es* _____

3. Mann Uwe: ● Glaubst du, dass es ein schönes Fest wird morgen?

   Gloria (hat alles gut vorbereitet):   ○ *So wie es aussieht,* _____

6   So wäre das Leben leichter!

Wäre das Leben leichter oder angenehmer für Sie, wenn Sie ... großzügiger / sparsamer wären? mehr Zeit für sich selbst / mehr Zeit für Ihre Freunde / mehr Zeit für Ihre Kinder hätten? mehr Geld / ein Auto hätten? den Beruf wechseln könnten? nettere Nachbarn / Kollegen hätten? einen Garten hätten?

Formulieren Sie Wünsche: *Wenn ich doch etwas sparsamer wäre! Dann ...*

Der Regierungssprecher sagte,
er wisse nichts von Steuererhöhungen.

Indirekte Rede

Regierungssprecher: „Ich **weiß** nichts von Steuererhöhungen."
Reporter: „Er sagte, er **wisse** nichts von Steuererhöhungen."

Der Sprecher gibt wieder, was ein
anderer gesagt hat → **Konjunktiv I**

Uwe: „Ich **komme** gleich!"
Maria: „Uwe sagt, **er kommt** gleich."
Oder: „Uwe sagt, **dass er** gleich **kommt**."

In der Umgangssprache benutzt
man den Konjunktiv I selten.

Regeln für die indirekte Rede:

Der Regierungssprecher <u>sagte</u>, **dass** er davon nichts **wisse**.
Der Regierungssprecher <u>behauptete</u>, er **wisse** davon nichts.
Die Freundin <u>meinte</u>, **dass** er gut **aussehe**.
Der Professor <u>fragte</u> den Studenten, **ob** ihm das Buch **gefalle**.

Die indirekte Rede folgt auf ein
Verb des Sagens im Hauptsatz. Sie kann
die Form eines Nebensatzes („dass", „ob")
oder eines Hauptsatzes haben.

Der Firmenchef sagt: „**Ich** muss das überprüfen."
Die Sekretärin: „Der Chef sagt, **er müsse** das überprüfen."
Der Firmenchef sagte: „**Wir** sind bald fertig."
Die Sekretärin: „Der Chef sagte, **sie seien** bald fertig."

Oft ändern sich die Personalpronomen.
Hier: ich → er
wir → sie

Der Minister: „Die Einkommen liegen höher als im Vorjahr.
Die Statistiken zeigen das."
Reporter: „Der Minister sagte, die Einkommen **lägen** höher
als im Vorjahr. Die Statistiken **würden** das **zeigen**."

Bei gleichen Formen in Konjunktiv I
und Präsens: Konjunktiv II
liegen → lägen
zeigen → würden zeigen.

Formen des Konjunktiv I

Diese Formen des Konjunktiv I werden benutzt, sonst: Konjunktiv II (oder „würde" + Infinitiv)

	gehen	wissen	haben	sein	werden	lassen	wollen	müssen
ich	–	**wiss-e**	–	sei	–	–	woll-**e**	müss-**e**
du	–	–	–	sei-**st**	–	–	–	–
er / sie / es	geh-**e**	**wiss-e**	hab-**e**	sei	werd-**e**	lass-**e**	woll-**e**	müss-**e**
wir	–	–	–	sei-**en**	–	–	–	–
ihr	–	–	–	–	–	–	–	–
sie / Sie	–	–	–	sei-**en**	–	–	–	–

> **!** **Hinweis**
> Konjunktiv I
> unregelmäßige
> Verben:
> er gehe,
> er fahre,
> er nehme, …

Die Formen des Konjunktiv I sind vom Infinitiv abgeleitet. Es gibt keine Vokal-Änderung.

1 Wie kann man diese Sätze anders formulieren?

1. Der Buchhändler sagte uns, das Buch habe er leider nicht.

   Der Buchhändler sagte uns, dass er das Buch leider nicht habe.

2. Er erklärte uns, das Buch sei schon lange vergriffen.   *Er erklärte uns, ...*

3. Der Verlag denke wohl auch nicht an eine Neuauflage.   *Er glaube auch nicht, ...*

2 Sie hat Zeit. Schreiben Sie den Dialog.

1. Rolf rief Rosa an und fragte sie, ob sie am Nachmittag Zeit habe.

   Rolf: „Hast du heute Nachmittag Zeit?"

2. Rosa meinte, sie sei gerade mit dem Artikel für die Sonntagszeitung fertig.

3. Rolf fragte, ob sie zum Kaffeetrinken zu ihm kommen könne.

4. Rosa sagte sofort, dass sie gerne komme. Was sie ihm denn mitbringen solle?

5. Er meinte, das sei gar nicht nötig. Er habe nämlich selbst einen Kuchen gebacken. Den könnten sie ja essen.

6. Sie sagte noch kurz, dass sie sich sehr auf ihn freue und dass sie sich also gleich sehen würden.

3 Drücken Sie die direkte Rede in indirekter Rede aus:

1. Der Minister: „Ich kenne die Gesetzesvorlage gar nicht so genau."

   Der Zeitungsbericht: *Der Minister behauptete, er kenne die Gesetzesvorlage gar nicht so genau.*

2. Ein Abgeordneter: „Die Umwelt muss uns wichtiger sein als der wirtschaftliche Gewinn. Deshalb dürfen die Bäume in dem Park nicht gefällt werden."

   Der Zeitungsbericht: *Ein Abgeordneter meldete sich zu Wort und forderte, ...*

4 Ein Interview

Reporter: Frau Orth, Sie haben gerade einen Preis im Eiskunstlauf gewonnen. Freuen Sie sich?

Frau Orth: Ja, natürlich, sehr. Nach so viel Training und Spannung ist das eine schöne Belohnung.

Reporter: Was ist denn das Wichtigste am Eiskunstlaufen?

Frau Orth: Na ja, natürlich ist am wichtigsten, dass man jeden Tag mehrere Stunden lang trainiert. Auch auf die Diät muss man sehr achten. Wenn ich zu viel wiege, kann ich nicht mehr so gut springen.

Reporter: Wie viele Stunden am Tag trainieren Sie denn?

Frau Orth: Also zuerst kommt mal die tägliche Gymnastik, das machen wir in der Gruppe. Danach gehen wir noch mal vier bis fünf Stunden aufs Eis, vor einem Wettkampf sogar länger.

Reporter: Ist Ihre Familie erleichtert, dass jetzt das ganz intensive Training erst mal vorbei ist?

Frau Orth: Oh ja. Besonders meine kleine Tochter ist froh, dass ich wieder mehr mit ihr spielen kann.

Reporter: Frau Orth, wir danken für das Gespräch.

In die Zeitung kommt eine Zusammenfassung des Interviews. Schreiben Sie die Zusammenfassung weiter.

Denken Sie daran, dass manchmal Verben des Sagens in den Text eingefügt werden müssen: wir fragten, ... sie antwortete, ... sie fuhr fort, ...

   Gestern haben wir die Eiskunstläuferin Hedwig Orth interviewt. Auf unsere Frage, ob sie sich über den Preis

   freue, antwortete sie, dass sie sich natürlich ...

Indirekte Rede: Vergangenheit und Zukunft

Minister:	„Ich habe davon nichts gewusst."	Vergangenheit
Zeitungsartikel:	Der Minister sagte, er **habe** davon nichts **gewusst**.	Bezug auf etwas Vergangenes: **Konjunktiv I Perfekt**
Minister:	„Ich werde das vor dem Untersuchungsausschuss aussagen. Die Ermittlungen werden auch nichts anderes ergeben."	Zukunft
Zeitungsartikel:	Der Minister sagte, er **werde** das vor dem Untersuchungsausschuss **aussagen**. Die Ermittlungen **würden** sicher auch nichts anderes **ergeben**.	Bezug auf etwas Zukünftiges: **Konjunktiv I Futur** Oft: „würde" + Infinitiv

Zeitpunkt des Sprechens

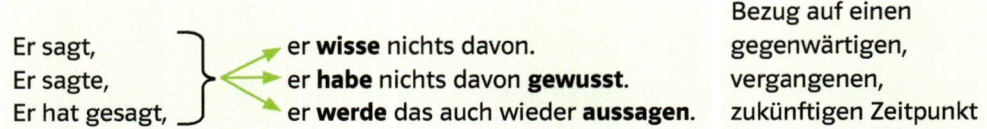

Er sagt,	er **wisse** nichts davon.	Bezug auf einen gegenwärtigen,
Er sagte,	er **habe** nichts davon **gewusst**.	vergangenen,
Er hat gesagt,	er **werde** das auch wieder **aussagen**.	zukünftigen Zeitpunkt

Der Zeitpunkt des Sprechens ist unabhängig von der Zeit in der indirekten Rede.

Zeit-Adverbien

Minister: „Ich bin erst <u>gestern</u> aus Rom zurückgekommen. Ich werde aber noch <u>heute</u> vor dem Ausschuss aussagen. <u>Morgen</u> muss ich allerdings schon wieder nach Berlin fliegen."
Der Minister sagte auf der Pressekonferenz, er sei erst **am Tag davor** aus Rom zurückgekommen. Er werde aber noch **am gleichen Tag** vor dem Ausschuss aussagen. Allerdings müsse er schon **am nächsten Tag** wieder nach Berlin fliegen.

> **! Hinweis**
>
> Die Zeit-Adverbien ändern sich in der indirekten Rede in der Vergangenheit:
> gestern → am Tag davor, am vorigen Tag
> heute → am gleichen Tag
> morgen → am nächsten Tag

1   Heide erzählt. Setzen Sie folgende Verben ein: gehen, haben, können, sein, unterstützen

Heide erzählt ihrer Freundin, dass sie jetzt wieder arbeiten ___*gehen*___ . Sie meint, dass es gar nicht so

einfach _____**1**, nach so vielen Jahren wieder anzufangen. Sie _____**2** aber stolz

darauf, dass sie sich ohne weiteres wieder in ihre Arbeit _____**3** einarbeiten _____**4**

. Sie _____**5**, vorher alles mit ihrem Mann und ihren Kindern besprochen, und ihre Familie

_____**6** sie voll. Alle _____**7** jetzt insgesamt viel zufriedener und _____**8** sich

interessantere Dinge zu erzählen.

2   Konjunktiv II in der indirekten Rede? Welche Verben brauchen einen Konjunktiv II statt des Konjunktiv I? Geben Sie auch den Grund dafür an.

1. Erika und Volker behaupten, sie haben in Mexiko in einem Restaurant Affen gesehen.

   Erika und Volker behaupten, sie hätten in Mexiko in einem Restaurant Affen gesehen.

   (Grund: haben → hätten, da Konjunktiv I gleich ist wie Indikativ)

2. Sie erzählten: Die Affen seien direkt an die Tische der Gäste gekommen und haben um Futter gebettelt.

3. Obwohl besonders Erika am Anfang etwas Angst gehabt habe, haben sie sich am dritten Tag dann schon an die

   ungewohnten Gäste gewöhnt.

3   Was haben sie gesagt? Drücken Sie die indirekte Rede in direkter Rede aus. Achten Sie dabei besonders auf die Zeit-Angaben.

1. Die Tochter erzählte den Eltern, sie hätte wegen des Lärms aus der Disko in der vorigen Nacht gar nicht schlafen

   können.

   Die Tochter erzählte: „Ich habe wegen des Lärms aus der Disko gestern Nacht gar nicht schlafen können."

2. Heinz versprach seiner Mutter, er werde noch am selben Tag die Bewerbung an die Firma schicken.

3. Die Gäste sagten, sie müssten jetzt gehen, weil ihre Kinder zu Hause alleine seien. Sie würden aber am nächsten

   Tag gern wieder kommen.

4   Drücken Sie die direkte Rede in indirekter Rede aus:

1. Hannelore erzählte: „Wir durften abends nicht mehr weggehen."

   Hannelore erzählte, sie hätten abends nicht mehr weggehen dürfen.

2. Bernd erklärte: „Ich konnte mir das einfach nicht erklären."

3. Ute erzählt: „Ich habe eine Fachschule für Erzieherinnen besucht. Im letzten Jahr mussten alle ein zweimonatiges

   Praktikum machen. Nun werde ich wahrscheinlich erst mal in einem Kindergarten arbeiten."

5   Wann haben sie was gesagt?

1a. Oskar sagt immer: „Ich habe kein Kleingeld dabei." →   *Er sagt immer, er habe kein Kleingeld dabei.*

1b. Auch gestern, an der Parkuhr, sagte er wieder: „Tut mir Leid! Ich habe kein Kleingeld dabei."

   → Auch gestern sagte er wieder,   *es tue ihm leid, aber er* _____

2a. Ute sagt oft: „Das habe ich doch schon immer gewusst." → Ute sagt oft, dass _____ ...

2b. Auch gestern sagte sie ständig: „Das habe ich doch schon immer gewusst." → Auch gestern sagte sie ständig,

   dass _____ ...

"Ich mag Kirschen!"

"Kennst du den Sänger?"

"Ja, aber ich weiß nicht, wie er heißt!"

Bitte liegen lassen!

Ich **mag** Kirschen. Ich **möchte** noch einen Kaffee! Ich **kenne** ihn, aber ich **weiß** nicht, wie er heißt. Bitte liegen **lassen**!

Diese Verben haben spezielle Bedeutungen.

mögen / gern haben

Ich **mag** Kirschen. Früher **mochte** ich sie nicht.
Katharina **mag** München nicht. Sie findet München langweilig.
Ich **habe** Kinder **gern**. (= Ich **mag** Kinder gern.)

Geschmack
allgemeine Einstellung

Präsens von „mögen": ich mag, du magst, er mag, wir mögen, ihr mögt, sie mögen; Sie mögen
Präteritum: ich mochte, du mochtest, er mochte, …; Perfekt: ich habe gemocht

> **!** Hinweis
> „etwas / jemanden lieben" klingt im Deutschen sehr emotional,
> stattdessen oft : „(gern) mögen" und „gern haben".

möchte

Ich **möchte** gerne noch einen Kaffee (trinken).
(Im Laden:) Ich **möchte** gerne fünf Semmeln.
Über dieses Problem **möchte** ich im Moment lieber nicht **reden**.

momentaner Wunsch

„möchte" ist ein Modalverb. Man verwendet es meistens mit einem anderen Verb.
(Ursprünglich war „möchte" die Konjunktiv II-Form von „mögen").

Modalverben ◀ 34

kennen, wissen

Fragst du bitte Herrn Scharf, du **kennst** ihn besser!	kennen:	*man kennt jemanden persönlich*
Ich **kenne** den Sänger.		*man kennt die Lieder / Werke*
Bernd **weiß** alle historischen Daten – phänomenal!	wissen:	*man hat etwas gelernt / gehört*

kennen lernen: „Hast du unseren Nachbarn schon ~~getroffen~~ **kennen gelernt**?

Bedeutungen von lassen

Herr Koller **lässt** seine Wohnung **streichen**.	*einen Auftrag geben / etwas nicht selbst tun*
Bitte **liegen lassen**!	*nicht wegnehmen / so lassen, wie es ist*
Heute **lasse** ich die Kinder mal **fernsehen**.	*etwas erlauben, zulassen*
Das Fahrrad **lässt** sich leicht **reparieren**!"	*es kann gemacht werden*

lassen + Infinitiv ◀ 57   „sich lassen" + Infinitiv ◀ 76

1 Vorlieben. Ergänzen Sie „mögen".

1. Als ich klein war, ___mochte___ ich kein Gemüse und keinen Käse. Jetzt _____ ich beides sehr gern!

2. ● _____ Sie klassische Musik?

   ○ Ja, sehr gerne sogar. Besonders gern _____ ich Strawinsky und Schönberg.

3. ● Ich koche heute Abend – _____ ihr eigentlich Fleisch?

   ○ Nein, Fleisch essen wir nicht, aber wir _____ gern Fisch.

2 „mögen" oder „möchte"?

1. Wir ___möchten___ ein Zimmer für den 28.10. reservieren – haben Sie noch etwas frei?

2. Wir _____ dieses Hotel – es liegt ruhig und zentral, und der Service ist sehr gut.

3. Sie sind sicher müde von der Reise – _____ Sie sich erst etwas ausruhen?

4. Die Landschaft hier _____ ich sehr gern, sie ist so wild und romantisch.

5. _____ du morgen einen Ausflug machen?

3 Ergänzen Sie „kennen":

● ___Kennst___ du schon die neue CD von „Kraftwerk"?

○ Nein, die _____1 ich noch nicht – ist sie gut?

● Ja, mir gefällt sie gut. Aber du _____2 doch die alten Stücke von „Kraftwerk"?

○ Nur ein paar – aber mein Freund ist ein richtiger Experte, der _____3 praktisch alles.
   Durch ihn habe ich die Gruppe erst _____ _____4 .

4 Wissen Sie, ...?

1. ___Wissen Sie, wie ich zum Bahnhof komme?___ | ~~zum Bahnhof kommen~~, wie

2. _____ | Fahrkarten kaufen können, wo

3. _____ | ein Brief nach Japan kosten, wie viel

4. _____ | hier verantwortlich sein, wer

5 „kennen" oder „wissen"?

Liebe Erika, jetzt ___kenne___ ich hier schon einige Menschen, aber ich ___weiß___ trotzdem noch nicht so

recht, ob es mir hier gut gefällt. Die Leute sind ziemlich direkt – nicht so vorsichtig wie bei uns. Auch wenn man das

_____1, muss man sich erst daran gewöhnen. Man lernt leicht jemanden _____2, aber das heißt nicht,

dass man auch eingeladen wird. Einige Leute kümmern sich aber besonders nett um mich, weil sie _____3,

dass ich hier neu bin.

6 Formulieren Sie mit „lassen":

1. ___Lass dich nicht von der Werbung täuschen!___   Akzeptiere nicht, dass die Werbung dich täuscht!

2. _____   Erlauben Sie dem Kind doch Schokolade zu essen!

3. _____   Ich nehme den Schlüssel nicht mit.

4. _____   Ich räume hier nicht auf – das machen die Kinder.

5. _____   Diese Frage kann man schnell klären.

"Welchen Hut hätten Sie denn gern?"

"Ich nehme diesen Hut hier, der sieht schick aus."

Artikelwörter

Welchen Hut ...?	–	... **diesen** Hut ...	(der Hut)
Welches Haus ...?	–	... **dieses** Haus ...	(das Haus)

Artikelwörter bestimmen das Substantiv.

Es gibt zwei Gruppen von Artikelwörtern:

● Immer <u>mit</u> Signal-Endung (wie Definit-Artikel „der, das, die")

● Manchmal <u>ohne</u> Signal-Endung (wie Indefinit-Artikel „ein, eine")

Diese Artikelwörter haben immer die Signal-Endung:

dieser, dieses, diese	Hast du **dieses** Buch schon gelesen? Es ist sehr gut!	*jemand zeigt auf etwas*
jener, jenes, jene	Beim Abendessen herrschte eine eisige Atmosphäre. ... Später dachte er immer wieder an **jenen** Abend zurück.	*Verweis auf eine andere Aussage*
jeder, jedes, jede	Die Tante brachte **jedem** Kind eine Tafel Schokolade mit.	*Peter, Paul, Marie ...*
alle	Man kann nicht immer **allen** Kindern etwas schenken.	*nur Plural*
mancher, manches, manche	**Manche** Leute sind immer unzufrieden.	*einige*
welcher, welches, welche	● **Welcher** Mantel gehört Ihnen? ○ *Dieser* Mantel hier. ● **Welche** Uhr gefällt Ihnen am besten? ○ *Die* Uhr hier.	*Auswahl aus konkreter Menge*
irgendwelche	Haben Sie noch **irgendwelche** Fragen? (nur Plural)	*egal, was für Fragen*

Deklination wie Definit-Artikel „der, das, die"

Diese Artikelwörter haben manchmal keine Signal-Endung:

irgendein, irgendeine Plural: irgendwelche ...	Ich mache das an **irgendeinem** anderen Tag, heute habe ich keine Zeit dafür.	*der genaue Tag ist nicht wichtig*
was für ein / eine ... ? Plural: was für welche ... ?	● **Was für eine Uhr** suchen Sie? ○ **Eine** moderne Uhr, mit Datumsanzeige.	*Frage nach der Art einer Sache; Antwort: ein ...*

Signal-Endungen bei „der, das, die": Signal-Endungen bei „ein, ein, eine":

	maskulin	neutrum	feminin	Plural	maskulin	neutrum	feminin	Plural
Nom.	der	das	die	die	ein	ein	eine	–
Akk.	den	das	die	die	einen	ein	eine	–
Dat.	dem	dem	der	den	einem	einem	einer	–
Gen.	des	des	der	der	eines	eines	einer	–

1 Signal oder kein Signal? <u>Unterstreichen</u> Sie Artikelwörter ohne Signal-Endung, ⟨umkreisen⟩ Sie Artikelwörter mit Signal-Endung:

Seit gestern steht <u>ein</u> Mann vor ⟨unserem⟩ Haus und beobachtet die Straße. Er sieht allen Leuten nach, die das Haus verlassen oder hineingehen. Habe ich diesen Mann nicht schon mal gesehen? Ich finde die Sache langsam unheimlich. Vielleicht ist es irgendein Krimineller? Oder ein Geheimagent? Ich glaube, ich spreche mal mit meinem Nachbarn – vielleicht weiß er, was für ein Mann das ist und was er vor unserer Tür will.

2 Ergänzen Sie die Endungen: **Achten Sie auf das Genus!**

1. Ich verstehe mich nicht gut mit mein *er* Mutter (Dat.). Nie hört sie mir zu. egal, was für ein_____ Problem

(Akk.) ich habe. Wenn sie selbst aber irgendein_____ Problem (Akk.) hat, spricht sie immerzu darüber.

2. Wissen Sie, manch_____ Leuten (Dat.) kann man es nie Recht machen. Egal, was für ein_____ Lösung (Akk.) man

findet – sie sind nie zufrieden.

3. Ich hasse Einkaufen. Nie kann ich mich entscheiden: Was für ein_____ Hut (Nom.) passt gut zu dies_____ Mantel

(Dat.)? Was für ein_____ Schal (Akk.) soll ich nehmen? Bei jed_____ Entscheidung (Dat.) muss ich lange

überlegen. Am Schluss kaufe ich meistens irgendwelch_____ Dinge (Akk.) – nur, um endlich aus dies_____ Läden

rauszukommen.

4. Dies_____ Luxusauto (Nom.) ist der Traum all_____ Manager (Gen.)! Verlassen Sie sich auf unser_____ Erfahrung

(Akk.) und unser_____ Können (Akk.) – wir bauen Autos für Ihr_____ Vergnügen (Akk.)!

3 Was für ein Waschmittel? Ergänzen Sie die Artikelwörter „was für ein", „welcher", „ein", „der, die, das"

Achten Sie auf Genus und Kasus!

1. ● Wenn du einkaufst, bring bitte ein Waschmittel mit.

   ○ Ja, gerne, aber ___*was für ein Waschmittel*_____ soll ich denn kaufen?

2. (An der Universität) ● Ich mache in diesem Semester vier Seminare.   ○ _____ Seminar gefällt dir denn am

   besten?   ● Ich finde _____ Kurs über Karl Marx am interessantesten.

3. (Beim Bäcker) ● Guten Tag, was darf es denn sein?   ○ Ich hätte gerne vier Brötchen.   ● Ja, gerne, aber _____

   Brötchen hätten Sie gern? Wir haben viele Sorten!   ○ Ich nehme _____ Mohnbrötchen.

4. (An der Bushaltestelle) ● Entschuldigen Sie – _____ Bus fährt denn in die Innenstadt?

   ○ _____ Bus Nummer 34, aber er macht einen ziemlichen Umweg.

4 Psychologische Beratung. Setzen Sie die Artikelwörter ein.   **Achten Sie auf Genus und Kasus!**

● An ___*manchen*___ Tagen fühle ich mich so deprimiert. Da macht das Leben

einfach _____**1** Spaß mehr!

○ Können Sie sagen, an _____**2** Tagen Sie _____**3**

Gefühl haben?

● Nein, das kann ich nicht. _____**4** Mal ist es anders.

○ Erklären Sie doch noch einmal, _____**5** Gefühl das genau ist.

Wie fängt es an, was genau fühlen Sie, wie reagieren Sie?

● Es fängt schon in der Nacht an – ich habe meistens _____**6** Albträume,

dann wache ich auf und kann nicht mehr einschlafen.

> welch- ● jed- ●
> ~~manch-~~ ● dies- ●
> kein- ● irgendwelch- ●
> was für ein-

„Zieh bitte nicht schon wieder diesen alten Pulli an!
Das neue Hemd steht dir viel besser!"

Deklination der Adjektive

„sein" + Adjektiv:

Der Pulli ist **alt**.
Das Hemd ist **neu**.
Die Bluse ist **blau**.

Das Adjektiv hat keine Endung.

Adjektiv + Substantiv:

Der alte Pulli ist hässlich.
Das neue Hemd steht dir besser.
Die blaue Bluse war ziemlich teuer.

Das Adjektiv hat eine Endung.

„sein" + Adjektiv ◄ **5**

Prinzip: Das Artikelwort bestimmt die Endung des Adjektivs.

der alt**e** Pulli   **das** neu**e** Hemd   mit **den** bunt**en** Kleidern

Regel 1: Die Signal-Endung ist beim Artikelwort. → Das Adjektiv hat die Endungen „-e" oder „-en".

Regel 2 ► **87**

> **! Tipp**
> Es ist ganz leicht:
> Lernen Sie die Adjektiv-Endungen visuell!

	maskulin	neutrum	feminin	Plural
Nominativ Akkusativ		-e		-en
Dativ Genitiv		-en		

	maskulin	neutrum	feminin	Plural
Nominativ	der blau**e** Pulli	das blau**e** Kleid	die blau**e** Bluse	die blau**en** Pullis, Kleider, …
Akkusativ	d**en** blau**en** Pulli	das blau**e** Kleid	die blau**e** Bluse	die blau**en** Pullis, Kleider, …
Dativ	d**em** blau**en** Pulli	d**em** blau**en** Kleid	d**er** blau**en** Bluse	d**en** blau**en** Pullis, Kleidern, …
Genitiv	d**es** blau**en** Pullis	d**es** blau**en** Kleids	d**er** blau**en** Bluse	d**er** blau**en** Pullis, Kleider, …

> **! Hinweis**
> Die Adjektive „lila" und „rosa" haben nie eine Endung:
> Ich kaufe **ein rosa** Kleid. Er trug **eine lila** Krawatte.

Artikelwörter mit Signal-Endungen ◄ **85**

1   Die gute, alte Zeit. Was passt zusammen?

1. Die ___gute, alte___ Zeit

2. Das _____ Kind

3. Der _____ Herr

4. Die _____ Augen

5. Der _____ Chef

6. Die _____ Mutter

7. Die _____ Nachrichten

8. Das _____ Examen

> ~~gut~~ ● jung ● freundlich ●
> schlecht ● nett ● streng ●
> alt ● groß ● fröhlich ● ~~alt~~ ●
> gut ● süß ● klein ● schön ●
> grau ● dynamisch ●
> schwer ● blau ● …

2   Ich freue mich schon sehr darauf!   **Achten Sie auf den Kasus!**

Wir fahren jedes Jahr an die Nordsee. Ich kenne schon alles – und ich freue mich jedes Mal darauf!

1. immer denken an – die langen Spaziergänge   *Ich denke immer an die langen Spaziergänge.*

2. sich freuen auf – der schöne, lange Strand   *Ich freue mich schon auf* _____

3. sich immer wieder erinnern an – der weite Himmel   *Ich erinnere mich* _____

4. sich freuen auf – das gute Essen   _____

5. sich freuen auf – die saubere Luft   _____

3   Ich arbeite nur mit dem neuen Computer!

Margarete Stolz weiß genau, was sie will – und was sie nicht will.

1. Sie arbeitet nur mit ___dem neuen Computer.___ | ~~der neue Computer~~

2. Sie geht nur zu _____ | der teure Frisör in der Milchstraße

3. Sie will _____ nicht – sie kauft nur Spezialitäten! | die billigen Lebensmittel

4. Ohne _____ geht sie nicht auf die Straße. | der elegante Hut

5. Sie hasst den Stress in _____ | die volle U-Bahn

4   Das Geheimnis der alten Frau. Schreiben Sie spannende Zeitungsüberschriften.

1. Das Geheimnis ___der alten Frau___

2. Die Tränen _____

3. Das tragische Schicksal _____

4. Der Stolz _____

5. Das Pech _____

6. Das Glück _____

Erfinden Sie weitere Überschriften.

> **Der Besuch der alten Dame**
> (Drama von Friedrich Dürrenmatt)

> der erfolgreiche Forscher ●
> die alte Frau ●
> das kleine Mädchen ●
> die junge Familie ●
> die jungen Eltern ●
> der gefährliche Verbrecher

5   Büroregeln! Ergänzen Sie die Adjektive.   **Achten Sie auf den Kasus!**

1. Legen Sie alle Briefe immer in ___die grüne Mappe!___ | ~~die grüne Mappe~~

2. Stellen Sie die Akten immer in _____ | der graue Schrank

3. Kümmern Sie sich bitte um _____ | die schöne Pflanze

4. Schalten Sie abends bitte immer _____ aus! | das neue Kopiergerät

5. Schließen Sie immer mit _____ ab! | der große und der kleine Schlüssel

Frau Siebert kauft jede Woche ein neues Kleid! Sie liebt schöne Kleider.

Deklination der Adjektive

Frau Siebert kauft jede Woche **ein neues** Kleid. Sie liebt **schöne Kleider**.   Hier hat das Adjektiv die Signal-Endung.

Regel 2: Das Adjektiv hat die Signal-Endung, wenn
- das Artikelwort keine Endung hat: ein Kleid – ein neue**s** Kleid (da**s** Kleid)
- kein Artikelwort da ist: Kleider – schön**e** Kleider (di**e** Kleider)   *Regel 1* ◄ 86

Weitere Beispiele:

De**r**	kleine Junge schaukelte.	Ein fremde**r**	Junge kam auf den Spielplatz.
De**r**	Kaffee ist sehr stark.	Starke**r**	Kaffee macht mich nervös.
Da**s**	Wetter wird besser.	Gute**s**	Wetter schafft gute Laune.
Bei de**m**	Lärm kann ich nicht arbeiten.	Mit große**m**	Lärm fiel der Baum um.
Di**e**	alten Leute hatten nicht viel zu tun.	Alt**e**	Leute gehen gerne spazieren.

Adjektive nach Artikelwörtern wie *ein, mein, kein, irgendein, was für ein,* . . .

	maskulin	neutrum	feminin	Plural
Nom.	mein alt**er** Baum	mein alte**s** Haus	mein**e** neue Frisur	mein**e** alten Bäume
Akk.	mein**en** alten Baum	mein alte**s** Haus	mein**e** neue Frisur	mein**e** alten Bäume
Dat.	mein**em** alten Baum	mein**em** alten Haus	mein**er** neuen Frisur	mein**en** alten Bäumen
Gen.	mein**es** alten Baums	mein**es** alten Hauses	mein**er** neuen Frisur	mein**er** alten Bäume

Hier hat das Adjektiv die Signal-Endung, in allen anderen Fällen „-en".

Adjektive ohne Artikelwort, mit Signal-Endung   *Artikelwörter* ◄ 85

	maskulin	neutrum	feminin	Plural
Nom.	gut**er** Geschmack	gute**s** Wetter	groß**e** Freude	alt**e** Leute
Akk.	gut**en** Geschmack	gute**s** Wetter	groß**e** Freude	alt**e** Leute
Dat.	(mit) gut**em** Geschmack	(bei) gut**em** Wetter	(mit) groß**er** Freude	(mit) alt**en** Leuten
Gen.	(ein Zeichen) gut**en** Geschmack**s**	(trotz) gut**en** Wetter**s**	(Zeichen) groß**er** Freude	(Interessen) alt**er** Leute

Hier ist das Signal am Substantiv. Das Adjektiv hat „-en". Diese Formen kommen selten vor.

1 **Unterstreichen Sie die Signal-Endungen:**

Sie sah ihn mit großen Augen an: Warum erzählte er jedes Mal eine andere Geschichte? Das war kein gutes Zeichen. Vielleicht hatte er ein schlechtes Gewissen? Oder er hatte ein ernstes Problem? Gab es ein persönliches Geheimnis? Zuerst fühlte sie großes Mitleid mit ihm, als er da so hilflos stand. Aber auch vorsichtige Fragen halfen nichts: Er blieb bei seiner Geschichte. In großer Wut fragte sie ihn schließlich ganz direkt …

2 **Assoziationen. Schreiben Sie Ihre Assoziationen auf. Suchen Sie noch mehr Assoziationen.**

1. Griechenland: _alte Kultur, warmes Klima, schöne Inseln, …_

2. USA: _____

3. Brasilien: _____

4. Deutschland: _____

5. Russland: _____

grün • tropisch • politisch • alt • schön • schlecht • kalt • groß • gut • wirtschaftlich • …	Wälder • Essen • Klima • Macht • Kultur • Schlösser • Kirchen • Winter • Inseln • Große Energiereserven • …

3 **Ergänzen Sie:**

1. ● Fahren wir morgen an die See?

   ○ Nur bei _gutem Wetter_ , | gutes Wetter

   bei _____ gehen wir lieber ins Museum. | schlechtes Wetter

2. ● Tut mir leid, der Kaffee ist ziemlich stark geworden!

   ○ Das macht gar nichts, ich mag _____ sehr gerne. | starker Kaffee

3. Seine Arbeit ist nach _____ nun endlich fertig geworden. | lange Mühe

4 **Entwicklungen**   **Achten Sie auf das Genus!**

1. _Der faule Schüler_ wurde _ein reicher Rechtsanwalt._ | Schüler, faul → Rechtsanwalt, reich

2. _____ gewann im Lotto und wurde | Rentner, einsam

   _____ | → Millionär, glücklich

3. _____ wurde renoviert und ist jetzt _____ | Gebäude, alt → Hotel, gut

4. _____ ist _____ geworden. | Dorf, klein → Stadt, groß

5 **Kompetente Mitarbeiter!**

Wir suchen kompetente Mitarbeiter _mit langer Berufserfahrung,_ | Berufserfahrung, lang

_____ 1, _____ 2 und | Qualifikation, gut; Fleiß, groß

_____ 3 . Bitte melden bei Herrn Kunze! | Einstellung, positiv

6 **Das Kofferspiel. Jonas Sönke packt seinen Koffer. Was nimmt er mit? Spielen Sie mit Ihrem Partner / Ihrer Partnerin. Wiederholen Sie alle Dinge, die schon genannt wurden – bis Sie etwas vergessen!**

● _Jonas Sönke packt ein grünes Hemd ein._   rot, blau, grün, … dick, dünn, elegant, …

○ _Er packt ein grünes Hemd und eine blaue Hose ein._   lang, kurz, hell, dunkel, …

● _Er …_

Hemd, Hose, Schuhe, …

Partizipien als Adjektive

Vorsicht! **Spielende** Kinder! Der Film war sehr **spannend**.	Mögen Sie gern **geröstete** Erdnüsse? Der Laden ist heute wegen Inventur **geschlossen**.	Partizipien kann man wie Adjektive verwenden.
Partizip I	Partizip II	

Partizip I (= Partizip Präsens)
Form: spielen-**d**-e Kinder; blühen-**d**-e Wiesen: **Infinitiv** + -**d** (+ Endung)
Bedeutung: *etwas passiert gleichzeitig mit einer anderen Sache:*
Auf der Straße sahen wir spielende Kinder. = Wir sahen: Die Kinder spielten gerade auf der Straße.

Das ist ein sehr **beunruhigender** Bericht.	*dieser Bericht beunruhigt (mich) sehr*
Gestern kam es zu einer **überraschenden** Entwicklung.	*diese Entwicklung hat alle überrascht*
Das Auto näherte sich mit **rasender** Geschwindigkeit.	*das Auto näherte sich sehr schnell*

Partizipien I stehen meistens **vor** dem Substantiv und haben Adjektiv-Endungen.
Manche Partizipien I können auch idiomatisch mit „sein" oder anderen Verben verwendet werden.
Dann haben sie keine Endung: Das Kleid ist ja **entzückend**! (*sehr hübsch*). Sie sah ihn **strahlend** an.

Partizip II (= Partizip Perfekt)
Vor einem Substantiv hat das Partizip II die Adjektiv-Endungen. Es hat meistens eine Passiv-Bedeutung.

In der **zerstörten** Stadt gab es kaum Lebensmittel.	*die Stadt war zerstört (man hat sie zerstört)*
Ich kann sie sogar durch die **geschlossene** Tür hören.	*die Tür ist geschlossen / die Tür ist zu*
Der auf Gleis 3 **eingefahrene** Zug fährt nach Rostock.	*der Zug ist auf Gleis 3 eingefahren*

Form des Partizip II (Partizip Perfekt) ◄ **40, 42 44, 45**

Adjektiv-Endungen ◄ **86, 87**

Man verwendet das Partizip II auch oft mit „sein". Dann hat es keine Endung.

Du **bist** aber **schick angezogen**!	*deine Kleidung ist schick*
So, jetzt **ist** alles **vorbereitet** – die Party kann beginnen.	*alles ist fertig*
Kompliment! Die Konferenz **war** wirklich **gut organisiert**!	*die Konferenz ist gut organisiert worden*

! Hinweis
Man kann das Partizip II auch mit anderen Verben verwenden:
Er **blickte erstaunt** um sich.

1 Aber das ist doch schon gemacht!

1. Schließen Sie bitte die Tür! → *Aber die Tür ist doch schon geschlossen!*

2. Räumt bitte die Küche auf. → _____

3. Erledigen Sie bitte die Korrespondenz! → _____

4. Ich muss jetzt das Auto waschen. → _____

2 Der Vogel flog durch das geöffnete Fenster herein. Ergänzen Sie die Partizipien. Achten Sie auf die Endungen.

Der Vogel flog durch das ___*geöffnete*___ Fenster herein. Er setzte sich direkt auf

den _____ **1** Tisch und schaute mit _____ **2** Augen um sich.

Das _____ **3** Besteck glänzte, die frisch _____ **4** Tischecke

duftete. Da hörte der Vogel menschliche Stimmen durch die _____ **5**

Tür – und flog schnell wieder hinaus ins Freie.

~~geöffnet~~ ●
geputzt ● geschlossen ●
gedeckt ● gewaschen ●
erschreckt

3 Schreckensvisionen. Was passt? Achten Sie auf die Endungen.

~~Kinder~~ ● Wasserhähne ●
ein Chef ● Milch ●
Regen ● ein Hund

schreiende Kinder,

_____

_____

überkochend ● ~~schreiend~~ ●
strömend ● bellend ●
brüllend ● tropfend

4 Idylle

~~Ein Kind, das lacht~~; Kühe, die grasen;

eine Sonne, die strahlt; Vögel, die singen;

ein Bach, der plätschert; Wiesen, die blühen, …

ein lachendes Kind,

_____

_____

5 Momentaufnahme. Setzen Sie die Partizipien an die passende Stelle.

Sie saßen schweigend am Tisch. Die Geräusche der Straße füllten den Raum:

Ein Motorrad fuhr vorbei, eine Frau schrie aus einem Fenster im Nachbarhaus.

Ein Flugzeug flog über sie hinweg. Ein Hund lief hinter einem anderen Hund

her. Sie blickten sich an: Es gab nichts mehr zu sagen!

| ~~schweigend~~
| knatternd, aufgeregt
| donnernd, bellend
| erschöpft

6 Sprichwörter. Wie heißen die Sprichwörter? Finden Sie die richtigen Paraphrasen zu den Sprichwörtern.

1. Schlafende Hunde   ist halb gewonnen.   *Schlafende Hunde soll man nicht wecken.*

2. Aufgeschoben   verlassen das sinkende Schiff.   _____

3. Frisch gewagt   ist nicht aufgehoben.   _____

4. Die Ratten   soll man nicht wecken.   _____

a. Wir können es jetzt nicht machen, aber wir machen es auf jeden Fall. _____

b. Wer mutig anfängt, hat schon einen wichtigen Teil geschafft. _____

c. Jetzt ist nichts mehr zu retten. _____

d. Man sollte sich keine zusätzlichen Probleme machen. ___*1.d*___

„Wissen Sie schon das Neueste?
Frau Menkes wird unsere neue Chefin!"

Adjektive und Partizipien als Substantive

das Neueste, der / die Geliebte, der / die Angestellte, der / die Studierende, …	Man kann Adjektive und Partizipien als Substantive verwenden.

Sie behalten auch als Substantive ihre Adjektiv-Endungen:

Adjektiv-Endungen ◄ **86, 87**

der Angestellte   ein Angestellter   das Beste   mein Bestes   die Bekannte   eine Bekannte

maskulin   neutrum   feminin

Adjektiv als Substantiv

Es gibt nichts Gutes, außer man tut es!

Personen	Adjektive
der/die Deutsche (ein Deutscher, eine Deutsche)	deutsch
der/die Bekannte (ein Bekannter, eine Bekannte)	bekannt
der/die Arbeitslose (ein Arbeitsloser, eine Arbeitslose)	arbeitslos
der/die Jugendliche (ein Jugendlicher, eine Jugendliche)	jugendlich

Ebenso: der/die Verwandte, der/die Fremde, der/die Kranke, der/die Schlaue, der/die Adelige, …

Abstrakte Konzepte (immer neutrum)	Adjektive
das Gute, das Schlechte, das Schöne, das Alte	gut, schlecht, schön, alt
das Neueste, das Schönste, das Beste (Superlativ)	neu, schön, gut

Partizip I als Substantiv

	Partizip I
der/die Studierende (ein Studierender, eine Studierende)	studierend
der/die Reisende (ein Reisender, eine Reisende)	reisend

Ebenso: der/die Vorsitzende, der/die Alleinerziehende (*jemand, der/die ein Kind allein aufzieht*)

Partizip II als Substantiv

	Partizip II
der/die Angestellte (ein Angestellter, eine Angestellte)	angestellt
der/die Vorgesetzte (ein Vorgesetzter, eine Vorgesetzte)	vorgesetzt

Ebenso: der/die Verheiratete, der/die Bekannte, der/die Verletzte, der/die Behinderte, …
Aber: der Beamte, ein Beamter; die Beamtin, eine Beamtin (Partizip: beamtet)

1   Der Fremde. Finden Sie die Adjektive und Partizipien zu den unterstrichenen Substantiven.

Es war schon spät, und die __Angestellten__ wollten gerade gehen. Da betrat ein   __angestellt__

__Fremder__ __1__ den Laden. Er hatte etwas __Besonderes__ __2__ an sich,   _____

aber es war schwer zu sagen, was so besonders an ihm war: Seine enorme   _____

__Größe__ __3__? Das leuchtende __Weiß__ __4__ seiner Haare?   _____

Die __Schärfe__ __5__ seiner Stimme? Er sah aus wie ein __Reisender__ __6__.   _____

der schon lange nicht mehr an einem Ort gewohnt hatte. Das __Komischste__ __7__   _____

an ihm war jedoch, dass er gar nichts kaufen wollte.

2   Weisheiten. Setzen Sie die Adjektive und Partizipien als Substantive in den Text ein.

1. Der __Faule__ kommt nicht weit – dem _____ öffnen sich die Türen. | faul, fleißig

2. Den _____ gehört das Himmelreich, den _____ die halbe Welt. | arm, reich

3. Jeder ist fast überall auf der Welt ein _____. | fremd

4. Manchmal will man nur _____ und schafft doch nur _____. | gut, schlecht

5. _____ soll man nicht aufhalten. | reisend

3   Nur Superlative

1. ● Du bist so verständnisvoll!   ○ Das ist das __Schönste__, was ich seit langem gehört habe. | ~~schön~~

2. In der Prüfung ist es das _____, die Nerven zu behalten. | wichtig

3. Der Krieg ist für viele Menschen das _____, was sie je erlebt haben. | schlimm

4. Dass ich ihn getroffen habe, ist das _____, was mir passieren konnte. | gut

4   Sehr geehrter Vorsitzender . . . . Ergänzen Sie die Substantive. (Wandeln Sie die Verben in Partizipien I (P I) oder Partizipien II (PII) um.)

Sehr geehrter __Vorsitzender__, liebe Anwesende, | ~~vorsitzen~~ (PI)

unser Staat ist unsozial! Den Unternehmern, den _____ __1__ und | anstellen (PII)

den _____ __2__ geht es gut – aber was sagt dazu ein _____ __3__ | beamten (PII), arbeitslos

oder ein einfacher Arbeiter? Die _____ __4__ und _____ __5__ in unserer | krank, alt

Gesellschaft leben heute schlechter als vor zehn Jahren. Unsere Steuern sind

ungerecht: die _____ __6__ können mehr Steuern sparen | verheiraten (PII); allein er-

als eine _____ __7__ (oder ein _____ __8__), | ziehen, allein erziehen (PI)

wo bleibt da die Gerechtigkeit? Unsere _____ __9__ verlieren die Hoffnung, | jugendlich

weil es keine Stellen für sie gibt – das kann so nicht weitergehen!

5   Wahl-Taktik. Sie sind Politiker. Wer ist Ihre Zielgruppe? Um wen brauchen Sie sich nicht zu bemühen?

Wir müssen uns um __die Studierenden__ bemühen – die werden mal sehr einflussreich.

Um __die Alten__ brauchen wir uns nicht zu bemühen – die haben schon eine feste Meinung. …

~~studieren~~ ● anstellen ● ~~alt~~ ● behindert ● jugendlich ●
begabt ● krank ● reich ● arm ● verheiratet ● …

Das Publikum war von dem Konzert ganz begeistert.

Adverbien der Verstärkung und Fokussierung

Das Publikum war von dem Konzert **ganz** begeistert.

„ganz" kann die Bedeutung von Adjektiven verstärken oder abschwächen.

Nur der Dirigent hat mir nicht gut gefallen.

„nur" fokussiert die Aufmerksamkeit auf ein Substantiv, Pronomen oder Adverb.

Verstärkung von Adjektiven

sehr (betont)	Vielen Dank für diesen Tipp – das ist ein **sehr** interessanter Roman!
besonders	Das war heute ein **besonders schönes** Konzert – so etwas habe ich selten gehört.
ganz (betont)	Du hast ja eine **ganz** nette Freundin – wirklich sehr sympathisch.
ziemlich	Ich habe **ziemlich wenig** verstanden. Das ist eine **ziemlich gute** Arbeit. (*relativ gut*)
recht	Es war eine **recht kurze** Fahrt. (*relativ kurz*)

Aber: Ich möchte Ihnen **recht herzlich** danken. = Ich möchte Ihnen **ganz herzlich** danken.
Mündlich sagt man auch oft: **total nett**, **super**, **schön**, …

Abschwächung von Adjektiven

ganz (unbetont)	Ich fand das Konzert **ganz nett**. (Betonung auf „nett": *ich bin nicht so begeistert*)
einigermaßen	Hier drinnen ist es **einigermaßen warm**. (*es ist nicht sehr warm, es geht gerade*)
etwas	Lange bleibe ich nicht mehr wach, ich bin schon **etwas müde**. (*ein bisschen müde*)
nur	Seltsam: Das Konzert war toll – aber der Beifall war **nur schwach**. (schwach ist betont)

Mit der Negation („nicht", „gar nicht") kann man diese Adjektive verneinen.

Negation ▶ 17

Fokussierung von Substantiven, Pronomen und Adverbien

nur	Das Konzert war gut – **nur der Dirigent** hat mir nicht gefallen. (*er allein*) Ich gehe jeden Tag in die Bibliothek – **nur dort** kann ich mich konzentrieren.
auch	Immer kaufen **wir** ein, ich finde, **auch du** kannst das jetzt mal machen! („wir" und „du" sind betont)
sogar	Dieses Computerprogramm ist wirklich nicht schwer – **sogar Bernhard** hat es ganz schnell gelernt. („Bernhard" ist betont: *von dem erwartet man das normalerweise nicht*) (Vorsicht: „sogar" kann in dieser Bedeutung beleidigend wirken!)

1   Prima Party. Verstärken Sie die Aussagen.

Also, Katja, das muss ich dir erzählen – gestern war ich auf einem ganz tollen Fest. Die Leute waren alle nett, die Musik hat mir gut gefallen, und das Essen war lecker. Klar, dass ich gute Laune hatte! Und – ich hab' auch eine sympathische Frau kennen gelernt. Wir haben uns lange unterhalten. Vielleicht ruft sie bald an? Am Ende vom Fest waren alle müde – ich wäre auf dem Heimweg fast in der U-Bahn eingeschlafen!

2   Enttäuschungen. Welches Adverb passt wohin? Manchmal gibt es mehr als eine Lösung.

1. Der Film war ja ganz interessant – aber ich habe schon bessere gesehen.

2. Ich hatte die Präsentation sehr gut vorbereitet – aber das Interesse war schwach.

3. Der neue Kollege ist nett – manchmal aber auch stressig.

4. Wenn fremde Leute zu Besuch kommen, sind unsere Kinder immer schüchtern.

> ziemlich ● ~~ganz~~ ●
> etwas ● ganz ● nur

3   Nur hier kann man sich richtig entspannen. Formulieren Sie die Sätze mit „nur", „auch", „sogar".

1. Kommen Sie zu uns auf die Trauminsel – *nur hier kann man sich richtig entspannen.*

                  (hier, sich richtig entspannen können)

2. Hier entwickeln Sie endlich wieder Lebensfreude – (Pessimisten, die Zukunft wieder positiver sehen)

3. Die Inselbewohner freuen sich auf Sie – (bei uns, solche Gastfreundschaft finden können)

4. Der Strand ist nicht die einzige Attraktion – (die Hügel mit ihren tropischen Wäldern, ein wahres Paradies sein)

4   Ein schreckliches Restaurant. Sie berichten einem Freund / einer Freundin über einen schrecklichen Restaurant-Besuch. Benutzen Sie die Adjektive mit verstärkenden Adverbien.

Geh bloß nicht in das Restaurant „Alte Eiche":

Der Service ist *ganz schrecklich,*

die Bedienung ist _____

das Essen schmeckt _____

der Raum ist _____, und trotzdem sind

die Preise _____

> ~~schrecklich~~ ● hoch ●
> scheußlich ● arrogant ●
> ungemütlich

Jetzt berichten Sie einem Freund / einer Freundin über ein ganz tolles Restaurant. Benutzen Sie diese Adjektive mit verstärkenden Adverbien: gemütlich, freundlich, hervorragend, niedrig, gut.

5   Fragen und Antworten. Fragen Sie Ihren Partner / Ihre Partnerin:

● *Wie hat Ihnen der letzte Film gefallen, den Sie gesehen haben?*

○ *Der hat mir sehr gut / ziemlich gut / nicht sehr gut / gar nicht gefallen.*

● *Wie fanden Sie … / Wie war …*

○ *Den fand ich … / Der war …*

> Film (sehen) ●
> Konzert (besuchen) ●
> Kunstausstellung (ansehen) ●
> Ausflug (machen) ●
> Party (gehen auf) ●
> Deutschstunde ●
> Urlaub ● …

"Siehst du den Mann dort drüben? Wer ist das?"

"Warte mal, den kenne ich doch ...! Wie heißt er nur?"

Pronomen

● Siehst du **den** Mann dort drüben?   ○ Warte mal, **den** kenne ich doch. Wie heißt **er** nur?

Artikel

Demonstrativ-Pronomen
oft betont
meistens auf Position I

Text-Pronomen
meistens unbetont
oft in der Satzmitte

Personalpronomen ◀ **3, 16, 56**

der, *das*, *die* als Pronomen

Schau mal, da vorne, was ist **das**?

● Wie heißt nur der Mann da vorne?   ○ **Das** weiß ich auch nicht.

Es war einmal ein kleiner Junge, **der** hatte keine Eltern mehr.

● Wir müssen uns noch bei Kai und Uta bedanken.   ○ Bei **denen** haben wir uns doch schon bedankt, aber bei Martina noch nicht! (Unbetont auch möglich: ○ Wir haben uns schon bei **ihnen** bedankt.)

Bezug auf etwas, das man sieht

Bezug auf eine ganze Aussage

Bezug auf konkrete Substantive

> **!** Hinweis
> Artikel: den
> Pronomen: **denen** (wie Relativ-Pronomen)

einer; *keiner* als Pronomen

Ihr könnt nicht alle mitkommen – **einer** muss hier bleiben und aufräumen.

● Mögen Sie noch ein Stück Kuchen?   ○ Ja, gerne, ich esse gerne noch **eins**.
● Und Sie?   ○ Nein, vielen Dank, für mich **keins** mehr, ich bin satt!
● Ich brauche eine Briefmarke. Hast du eine?   ○ Nein, ich habe **keine**.
Ich habe keine Briefmarken mehr. Kannst du mir **welche** leihen?

Auswahl aus Menge

Bezug auf Substantive mit Indefinit-Artikel
Negation
Plural: welche

Pronomen haben immer die Signal-Endungen:

	maskulin	neutrum	feminin	Plural	maskulin	neutrum	feminin	Plural
Nom.	d**er**	d**as**	d**ie**	d**ie**	ein**er**	ein(**e**)**s**	ein**e**	**welche**
Akk.	d**en**	d**as**	d**ie**	d**ie**	ein**en**	ein(**e**)**s**	ein**e**	**welche**
Dat.	d**em**	d**em**	d**er**	**denen**	ein**em**	ein**em**	ein**er**	**welchen**
Gen.	(d**essen**)	(d**essen**)	(d**eren**)	(d**eren**)	–	–	–	–

Ebenso: dieser, ... jener, ...; mancher, ...; jeder, ...; alle; welcher, ...

Ebenso: keiner, ...; meiner, ..., deiner, ..., seiner, ..., ihrer, ...; irgendeiner, ...; was für einer, ...

1   Kollegen und Kolleginnen. Verwenden Sie „einer, eine".

● Ich habe nur Männer als Kollegen – sie sind sehr verschieden. ___Einer___ ist verheiratet und hat drei

Kinder, _____**1** ist schon über 60 und geht bald in Rente, und _____**2** ist jung und

unternehmungslustig.

○ Komisch, und ich habe nur Kolleginnen. _____**3** ist so alt wie ich, wir verstehen uns gut,

_____**4** ist Mitte 30 und hat ganz andere Interessen, und _____**5** ist Ende 50 – die ist

immer ganz mütterlich zu mir.

✳ Meine Kollegen sind sehr nett – nur mit _____**6** verstehe ich mich nicht sehr gut.

Aber so _____**7** gibt es in jedem Büro.

2   Der, das, die. Ergänzen Sie „der, das, die" als Pronomen. Achten Sie auf den Kasus.

1. ● Hast du Demir und Sabrina schon zum Fest eingeladen?

   ○ Ja, ___die___ haben auch schon zugesagt.

2. ● Ich finde, mit Männern kann man über vieles nicht reden – _____ interessieren

   sich nicht für persönliche Dinge.

   ○ Da sind meine Freunde aber anders. Mit _____ kann ich mich sehr gut über Privates unterhalten.

3. ● Wir müssen Frau Kuczinski noch eine Einladung schicken.

   ○ _____ hab ich doch schon längst eine geschickt!

4. ● Gestern habe ich mich beim Geschäftsführer der Firma beschwert.

   ○ Bei Herrn Heiter? Bei _____ habe ich mich auch schon mal beschwert, das nutzt nichts.

> **Kennen Sie den?**
> (Idiomatische Wendung beim Witzeerzählen)

3   Annehmen oder ablehnen? Antworten Sie mit „einer, eines, eine" oder „keiner, keines, keine".

1. ● Darf ich Ihnen noch ein Stück Kuchen anbieten?

   ○ Ja, vielen Dank, ___ich nehme gerne noch eines.___

   ○ Nein, vielen Dank, ich kann wirklich _____ mehr essen.

2. ● Möchten Sie noch eine Tasse Kaffee?   ○ Ja, vielen Dank, _____.

   ○ Nein, vielen Dank, aber ich vertrage wirklich _____ mehr.

3. ● Darf ich Ihnen noch ein paar Pralinen anbieten?

   ○ Ja, vielen Dank, ich esse gerne noch _____.

   ○ Das ist sehr nett von Ihnen, aber ich vertrage _____ mehr.

4. ● Hätten Sie noch gerne einen Keks?   ○ Ja, danke, ich nehme gerne noch _____.

   ○ Nein danke, ich kann wirklich _____ mehr essen.

4   Geheimnisse. Herr Braun ist beim Geheimdienst. Ständig muss er seine Mitarbeiter ermahnen.

Außer Ihnen darf das ___keiner___ wissen. Bitte _____**1** etwas davon sagen!

Reden Sie mit _____**2** darüber! Informieren Sie nur mich – sonst _____**3** ! Passen Sie gut

auf diese Dokumente auf , es darf _____**4** verloren gehen! Warum erfahre ich das jetzt erst, wieso hat

mich _____**5** darüber informiert?

"Also, es gibt einen langsamen Zug um 12 Uhr und einen schnelleren um halb eins. Welchen nehmen wir?"

"Den späteren, dann können wir noch schnell einen Kaffee trinken."

welcher, ...? – der, ... / dieser, ...

- Es gibt <u>zwei Züge</u> ... **Welchen** nehmen wir?   ○ **Den** späteren ...
- Hier sind <u>unsere Armreifen</u>. **Welcher** gefällt Ihnen denn am besten?
- ○ **Dieser** hier, der ist schön schlicht.

Auswahl aus konkreter Menge:
A, B oder C? →
Antwort: der / dieser

was für einer, ...? was für welche? – ein, ... / irgendein, ...

- Wir brauchen einen neuen Herd. Können Sie uns beraten?
- ○ Ja, gerne. **Was für einen** wollen Sie – einen Gasherd oder einen Elektroherd?
- Ich habe mir endlich Handschuhe gekauft. Prima! **Was für welche** denn?   ○ Echte Fellhandschuhe, für den Winter!
- **Was für eine Postkarte** nehmen wir? Das ist mir egal, nimm **irgendeine**.

Frage: Was für eine Art /
Was für einen Typ? →
Antwort: ein / irgendein
Plural: welche

dieser, ... jener, ... im Text

Wir leben in einer Informationsgesellschaft, aber wir reden immer weniger in Ruhe miteinander. Viele Menschen bemerken **dies(es)**, aber sie können **es** nicht ändern. (*bezieht sich auf den Vorsatz*)

Er traf zwei alte Bekannte: <u>Moritz Wohlmann</u> und <u>Karl Knapp</u>. **Dieser** war sehr reich, aber **jener** hatte gerade genug zum Leben.
(dieser: *Bezug auf die ‚nahe' Aussage*; jener: *Bezug auf die Aussage, die weiter weg steht*)
- Nimmst du den Regenschirm mit?   ○ **Diesen** hier? (*es ist nicht klar, welchen*)

Deklination der Pronomen ◀ 91

Das sagt man oft:

Ich muss noch **dieses oder jenes** erledigen. (*einige Dinge*)
Dieser oder jener stimmte mir zu. (*einige Leute*)

1 Was passt?

1. ~~Ich möchte ein Fahrrad kaufen.~~
2. Ich komme mit dem Computer einfach nicht zurecht.
3. Hier ist ein blaues Hemd, und hier ist ein weißes.
4. Diese Musik-Band mag ich gar nicht.
5. Du kannst mit meinem oder mit Pauls Fahrrad fahren.
6. Mein Freund ist leider ein Fußball-Fan.

a. Mit was für einem arbeitest du denn?
b. ~~An was für eines denken Sie denn?~~
c. Mit welchem fährst du lieber?
d. Was für eine gefällt Ihnen denn?
e. Für welchen Verein ist er denn?
f. Welches gefällt Ihnen besser?

_1.b_ _____ _____ _____ _____ _____

2 Unentschlossen. Setzen Sie „welcher, . . ." oder „was für einer, . . ." ein.

Achten Sie auf den Kasus!

1. Ich will in ein Restaurant gehen – aber in____*was für eines*____? Ein indisches? Ein griechisches? …
2. Soll ich den roten oder den blauen Mantel kaufen – ich weiß nicht, _____ mir besser steht.
3. Ich brauche eine neue Frisur – aber _____?
4. Wenigstens weiß ich, dass ich im Sommer ans Meer will – nur an _____?
5. Zwei Männer wollen mich heiraten – der eine ist groß und intelligent, der andere reich und charmant. _____ soll ich nur nehmen?

3 Was für einer / Welcher? Ergänzen Sie die Lücken und formulieren Sie Fragen.

1. Wenn du einkaufst, bring bitte ____*einen*____ Saft mit!   _Was für einen denn?_____
2. Gestern sind wir in _____ Konzert gegangen.   _____
3. Simon hat sich mit _____ Bruder gestritten.   _____
4. Ute und Jakob haben _____ Auto gekauft.   _____

4 Dieser hier?

1. ● Ist hier zufällig mein Mantel abgegeben worden?

   ○ Ist es vielleicht ____*dieser*____ hier?   ● Nein, der ist ja viel zu klein!

2. ● So, Herr Maier, dann setzen Sie sich mal an einen Computer.

   ○ An _____ hier? Das ist ganz egal, wo Sie wollen.

3. Hier sehen Sie also unsere besten Waschmaschinen.   ● Bei _____ hier sparen Sie Wasser und Energie, die andere hat mehr Funktionen.

5 Bezüge. Worauf bezieht sich „dieser"? <u>Unterstreichen</u> Sie. Worauf bezieht sich „jener"? (Umkreisen) Sie.

1. Auf dem Tisch lagen zwei Bücher: Eines über mittelalterliche Geschichte, das <u>andere über die Zeit nach 1945</u>. Dieses nahm sie in die Hand und blätterte darin.

2. Sie kamen an eine Kreuzung. Ein Weg ging in den Wald, der andere führte zurück in die Stadt. Auf diesem gingen sie weiter.

3. Er traf Frau März und Frau Pollak jeden Tag auf dem Weg zur Arbeit. Mit dieser verstand er sich recht gut, jene war ihm unsympathisch.

„Ja, das ist meins.
Es ist nicht sehr luxuriös,
aber mir gefällt es."

„Ist das dein Boot?"

meiner, mein(e)s, meine, . . .

● Ist das <u>dein Boot</u>? ○ Ja, das ist **mein(e)s**.	*Besitz /*
● Ich habe <u>meine Tasche</u> vergessen. ○ Ist das hier **Ihre**?	*Zugehörigkeit*
Nehmen wir lieber <u>unser Auto</u>, mit **eurem** ist mir das zu riskant – es ist sehr alt.	

jeder, . . ., alle; alles

●Wenn die ganze Familie zusammen ist, will **jeder** immer etwas anderes machen.	*jeder Einzelne*
○ Das ist bei uns ganz anders: Bei uns vertragen sich **alle** sehr gut.	*die ganz Gruppe*
●Weiß Frau Simon Bescheid? ○ Ja, ich habe gestern **alles** mit ihr besprochen.	*alle Dinge*
● Haben Sie noch einen Wunsch? ○ Nein, vielen Dank, das ist **alles**.	*ich habe alles*

! **Hinweis**
  Wenn nur Frauen gemeint sind, verwendet man „jede" oder „jede Frau" statt „jeder":
  In der Frauengruppe berichtete **jede** (**jede Frau**) über **ihre** Erfahrungen.

mancher, . . .; einiges, einige; vieles, viele; wenige; beide(s)

Es kamen viele Leute zu der Demonstration. **Manche** hatten Transparente dabei.	*einige, eine Min-*
Ich kannte viele Gäste auf der Party, **manchen** aber war ich noch nie begegnet.	*derheit*
Ich habe vor vielen Jahren Deutsch gelernt – **einiges** habe ich schon wieder vergessen.	*ein paar Dinge*
Mir gefallen alle Lieder auf dieser CD, aber **einige** finde ich besonders toll.	*ein paar*
Meine Mutter sagte immer: „**Vieles** im Leben versteht man erst, wenn man älter ist."	*viele Dinge*
Vor der Wahl hofften viele Menschen auf eine Veränderung. Danach waren **viele**	*eine große Zahl*
enttäuscht, denn so hatten sie sich das nicht vorgestellt. Nur **wenige** waren zufrieden.	*eine kleine Zahl*
Die Menschen glaubten lange Zeit, dass die Erde eine Scheibe ist und dass sich	*sowohl A*
die Sonne um die Erde dreht. **Beides** ist falsch.	*als auch B*
Ich habe zwei Schwestern. **Beide** studieren in Kiel.	

Deklination der Pronomen ◀ 91

derselbe, dasselbe, dieselbe

Vor einem Jahr wurde Martin Mahler von der Firma entlassen. Seitdem ist er nicht	*Identität*
mehr **derselbe**, er ist depressiv und mutlos.	
Siehst du die Katze dort? Es ist **dieselbe**, die immer an unser Fenster kommt.	

! **Hinweis**
  Die Deklination von „derselbe, dasselbe, dieselbe" ist wie die Deklination von „der, das, die" + Adjektiv:
  de**r**selb**e**, de**n**selb**en**, de**m**selb**en**, . . .; di**e**selb**e**, de**r**selb**en**, . . .; da**s**selb**e**, de**m**selb**en**, . . .

1 Nein, das ist meins!

Lukas ist drei Jahre alt. Er denkt, dass alle Sachen ihm gehören.

1. Gib mir das Buch – das ist ___*meins.*___

2. Das ist nicht dein Bär – das ist _____

3. Ich will die Tasche haben – das ist _____

4. Ich will jetzt die Nudeln essen – das sind _____

2 Ist das Ihrer?

1. ● Der Hund sieht aber gefährlich aus – ist das etwa ___*Ihrer*___ (Sie) ?

   ○ Nein, nein, das ist nicht _____ (ich), der gehört meiner Nachbarin. Die ist gerade im Urlaub.

2. Ich würde gerne Weihnachten mit meiner Familie feiern – mit _____ (du) haben wir letztes Jahr schon gefeiert!

3. Ich arbeite lieber mit meinem Computer – mit _____ (Sie) kenne ich mich nicht aus.

4. Unser Vermieter ist eigentlich recht nett – nicht so wie _____ (ihr).

3 Veränderungen

___*Vieles*___ auf der Welt ist ungerecht. Man kann leider nicht _____ **1** ändern,

aber wenn _____ **2** sich bemühen, wird sich _____ **3** verbessern.

Leider haben _____ **4** kein Interesse daran, etwas zu verbessern.

manch- ●
all- ● viel- (2x) ●
einig-

4 Geheimnisse. Setzen Sie „jeder" und „alles" ein. Achten Sie auf den Kasus!

1. Wenn ___*jeder*___ _____ _____ sagen würde, gäbe es keine Geheimnisse mehr.

2. Wenn keiner mehr mit dem anderen reden würde, dann wäre _____ ein Geheimnis, und _____ wäre ganz allein.

5 Immer dasselbe! Formulieren Sie mit „derselbe, dieselbe, dasselbe". Achten Sie auf den Kasus!

Meine Freundin muss immer dasselbe haben wie ich – es ist wirklich schlimm!

1. Ich kaufe mir ein neues Kleid – am nächsten Tag hat sie ___*dasselbe*___ .

2. Neulich habe ich einen neuen Hut geschenkt bekommen – jetzt hat sie auf einmal _____.

3. Gerade habe ich schöne Blumen auf das Fensterbrett gestellt – und schon stehen bei ihr _____.

4. Zum Glück gibt es meinen Mann nur einmal – sonst hätte sie am Ende auch _____.

6 Ein schöner Tag. Formulieren Sie mit „jeder".

An manchen Tagen habe ich einfach Glück:

1. ___*In der U-Bahn lächelt mich jeder an.*___ | In der U-Bahn, mich, anlächeln

2. _____ | Im Büro, ich, mich gut verstehen mit

3. _____ | Auf dem Heimweg, ich, umarmen können

4. Und auch meine Töchter sind brav – _____ | deshalb, ein Geschenk mitgebracht

jemand, niemand

Ich suche **jemand(en)**, der mit mir musiziert.   *eine Person (ich weiß noch nicht, wer)*
Kann mir **jemand** sagen, wie das Verb *wollen* konjugiert wird?
Ich kenne **niemand(en)**, dem ich vertrauen kann.   *keine Person*

	jemand	Abkürzung	niemand
Nom.	jemand	jd.	niemand
Akk.	jemand(en)	jdn.	niemand(en)
Dat.	jemand(em)	jdm.	niemand(em)
(Gen.)	(jemandes)	jds.	(niemandes)

Akkusativ und Dativ:
Die Endungen sind nicht obligatorisch.

Man verwendet maskuline Relativ-Pronomen, um sich auf „jemand" zu beziehen:
Ich suche **jemanden**, **der** mit mir musiziert./ . . . , **dem** ich vertraue /. . . , **dessen** Name mit A beginnt.
Wenn man explizit Frauen meint, sagt man besser: Wir suchen **eine Frau**, **die** mit uns musiziert.

man, einen, einem

In Deutschland sagt **man** „Januar", in Österreich „Jänner".

● Ich bin gut versichert, **man** weiß ja nie, was **einem** passieren kann.
● Gestern war ich auf dem Ausländeramt – also da behandeln sie **einen**
  nicht besonders freundlich!

! Hinweis
Akkusativ, Dativ:
„einen", „einem"
statt „man"

etwas (was), nichts

Ich gehe einkaufen. Brauchst du noch (irgend) **etwas**?
● Du siehst aber deprimiert aus. Ist **etwas (was)** passiert?
○ Nein, es ist **nichts** passiert, ich habe nur eine Grippe.
● Soll ich dir mal **was (etwas) Komisches** erzählen?
○ Nein, bitte **nichts Komisches**, ich bin nicht in der richtigen
  Stimmung!

*eine Sache (nicht
  genau definiert)*
keine Sache
„etwas" / „nichts" + Adjektiv
→ Substantiv (neutrum)

! Hinweis
„etwas" (mündlich oft „was") und „nichts" werden nicht dekliniert.

1 **Träume. Setzen Sie „jemand" ein. Achten Sie auf den Kasus!**

1. _____Jemand_____, der mir meine Träume erfüllt. 2. Sich jeden Tag über _____ freuen können. 3. Von

_____ so richtig gemocht werden. 4. Mit _____ alles teilen können. 5. Sich bei _____ wohl

fühlen. 6. _____ ganz und gar vertrauen können.

2 **Großzügigkeit**

1. _____Man_____ bietet gerne seine Hilfe an.

2. _____ freut sich, wenn _____ etwas geschenkt wird, aber _____

erwartet es nicht.

3. _____ nimmt sich Zeit, wenn andere _____ brauchen.

> einem ●
> einen ●
> man

3 **Sehnsucht und Einsamkeit. Verwenden Sie „man-einen", „jemand", „niemand".**

_____Man_____ fühlt sich einsam, weil _____ _____ hat und weil _____ _____ versteht.

So sucht _____ verzweifelt _____, der _____ endlich glücklich macht.

4 **Ich mag Menschen, die . . . . Was für Menschen mögen Sie – was für Menschen mögen Sie nicht? Verwenden Sie „einen / einem".**

1. halten zu 2. sehr direkt sein mit 3. schnell Vertrauen haben zu 4. auch mal kritisieren

5. sich interessieren für 6. ernst nehmen 7. zuhören 8. in die Augen schauen

1. *Ich mag Menschen, die zu einem halten.*

Fragen Sie auch Ihren Partner / Ihre Partnerin, was für Menschen er / sie mag.

5 **Etwas Lustiges. Erzählen oder schreiben Sie.**

> ~~etwas Lustiges~~ ● etwas Peinliches ●
> etwas Angenehmes ● etwas Eigenartiges ●
> etwas Tolles ● etwas Dummes ●
> . . .

> eine Gehaltserhöhung bekommen ●
> eine private E-Mail an den Chef / die Chefin schicken ●
> den Bus verpassen ● zum Essen eingeladen werden ●
> von einem Unbekannten / einer Unbekannten umarmt werden ●
> ~~mit einem Filmstar verwechselt werden~~

1. Stell dir vor, gestern ist mir etwas Lustiges passiert: Ich bin mit einem Filmstar verwechselt worden. /

Jemand hat mich mit einem Filmstar verwechselt.

6 **Und dir / Und Ihnen? Fragen Sie Ihren Partner / Ihre Partnerin:**

Ist dir (Ist Ihnen) in letzter Zeit etwas Komisches (Lustiges, . . .) passiert? Erzähl mal! (Erzählen Sie mal!)

Der zweite Versuch war erfolgreich.
Sie war glücklich!

Ordinalzahlen, Datum

der erste Versuch	–	ein zweiter Versuch	Ordinalzahlen sind Adjektive.
das dritte Haus	–	ein vierter Mann	Sie haben Adjektiv-Endungen.
die fünfte Aufgabe	–	eine fünfte Aufgabe	

Adjektiv-Endungen ◀ 86, 87

Form der Ordinalzahlen

Zahlen ◀ 9

	Zahl + -te	1. – 19.	Zahl + -ste	ab 20.
der, das, die	erste …	1.	zwanzigste …	20.
	zweite …	2.	einundzwanzigste …	21.
	dritte …	3.	zweiundzwanzigste …	22.
	vierte …	4.	…	…
	fünfte …	5.	hundertste …	100.
	sechste	6.	hunderterste …	101.
	…	…	hundertzweite …	102.
	zehnte …	10.	hundertdreißigste …	130.
	…	…	…	…
	neunzehnte	19.	tausendste …	1000.

! Hinweis
Als Ziffer schreibt
man Ordinalzahlen
mit einem Punkt:
1. 2. 3.

der, das, die vorletzte …
der, das, die letzte …

Man schreibt:

| der erste Versuch, der zweite …, dritte …, … zwölfte Versuch | von 1.– 12.: Ordinalzahl als Wort |
| der 13. Versuch, der 14. … , der 20. Versuch | ab 13.: Ordinalzahl als Ziffer |

1.10.2000 (erster Zehnter zweitausend)	Datum: geschrieben meistens
am 21.1.2000 (am einundzwanzigsten Ersten zweitausend)	als Ziffer
Berlin, 3.4.2000 (Berlin, den dritten Vierten zweitausend)	

Ordinalzahlen als Pronomen:
der Erste / ein Erster, der Zweite, der Dritte … der Letzte (Großschreibung!)
Zahl-Adverbien:
erstens, zweitens, drittens, viertens, fünftens, sechstens, siebtens, achtens, … (geschrieben: 1. 2. 3.)

Datum 10 ▶

Das sagt man oft:

Ich versuche das jetzt schon **zum dritten Mal. Am ersten Januar** ist hier Feiertag.
Erstens habe ich keine Lust und **zweitens** haben wir zu wenig Zeit.
Das Gehalt wird an **jedem Ersten** (des Monats) überwiesen. (*immer am Ersten des Monats*)

Die Letzten werden
die Ersten sein.

1 Feste Feiertage

In Deutschland gibt es folgende feste Feiertage:

1. der 1. Januar (____der erste Januar____)

  = Neujahr

2. der 6. Januar (_____)

  = Heilige Drei Könige (Christlicher Feiertag)

3. der 1. Mai (_____)

  = Tag der Arbeit

4. der 3. Oktober (_____)

  = Tag der deutschen Einheit

5. der 25. Dezember (_____)

  = Erster Weihnachtsfeiertag

6. der 26. Dezember (_____)

  = Zweiter Weihnachtsfeiertag

2 Setzen Sie die Ordinalzahlen ein:

1. Sie haben drei Versuche. Einen ___vierten___ Versuch gibt es nicht.

2. Ich habe zwei von den drei Männern gesehen – was war mit dem _____?

3. Ich habe es dir doch schon drei Mal gesagt – muss ich es jetzt zum _____ Mal sagen?

4. Klaus geht schon in die _____ (11.) Klasse!

5. Neunzehn Mal war alles gut gegangen – beim _____ Mal wurden die Einbrecher erwischt.

6. Im _____ (19.) Jahrhundert begann in Deutschland die industrielle Revolution.

3 Terminsorgen. Sprechen Sie die Ordinalzahlen laut und schreiben Sie sie als Wort. Achten Sie auf die Endung!

● Also Frau Sikurek, das tut mir wirklich leid, aber am 15. 10.

geht es wirklich nicht – wie wäre es denn mit dem 15. 11., da

habe ich noch Zeit.

○ Nein, nein, Herr Berger, der 15. 11. passt mir leider nicht.

Was ist denn mit dem 23.?

● Nein, da bin ich den ganzen Tag in Bochum. Und wie ist es

eine Woche später, am 30.?

○ Ja, der 30.11. passt mir – na also, das war aber schwierig!

___am fünfzehnten Zehnten___

_____ 1

_____ 2

_____ 3

_____ 4

_____ 5

4 Ungeduldig. Schreiben Sie die Zahl-Adverbien.

Aber Herr Wolters, das habe ich Ihnen doch schon lang und breit erklärt: ___Erstens___ (1.) habe ich keine Zeit

für das Projekt, _____ (2.) ist jetzt ein sehr ungünstiger Zeitpunkt dafür, _____ (3.) ist das nicht Ihr

Aufgabenbereich, und _____ (4.) muss ich mich jetzt dringend um was anderes kümmern – bitte seien Sie

nicht böse, aber es geht nun mal nicht!

5 Lauter Sieger! Setzen Sie die Ordinalzahlen als Pronomen ein. Achten Sie auf Kasus und Artikel!

1. Elias ist neulich beim Wettlauf ___Erster___ (1.) geworden – und Michael _____ (2.)!

2. Meine Tochter ist bei den Frauen auch _____ (1.) geworden.

3. Auch der _____ (3.) bekommt bei der Olympiade noch eine Medaille.

4. Bei den Leichtathletik-Europameisterschaften wurde die deutsche Meisterin leider nur _____ (10.).

„Was ist Ihnen im Leben am wichtigsten –
Reichtum, Freundschaft oder Gesundheit?"

Substantive mit Suffixen

die Freund**schaft**   die Gesund**heit**   der Reich**tum**   der Lehr**er**   das Häus**chen**

Viele Substantive bestehen aus einem Grundwort und einem Substantiv-Suffix.

> **!** **Tipp**
> Am Suffix erkennt man das Genus des ganzen Wortes.
> Wenn man Suffix und Grundwort erkennt, versteht man neue Wörter leichter.

Feminine Suffixe

-ung	die Erfahr**ung** (<u>erfahr</u>en)	die Hoffn**ung** (<u>hoff</u>en)	Verbstamm + „-ung"
-e	die Red**e** (<u>red</u>en) die Sprach**e** (<u>sprech</u>en)	die Such**e** (<u>such</u>en) die Lieb**e** (<u>lieb</u>en)	Verbstamm + „-e" (auch Vokal-Änderung)
-t	die Fahr**t** (<u>fahr</u>en)	die Sich**t** (<u>seh</u>en)	Verbstamm + „-t "
-in	die Italiener**in** (der Italiener) die Ärzt**in** (der Arzt)	die Lehrer**in** (der Lehrer) die Künstler**in** (der Künstler)	Substantiv + „-in" (Personen)
-schaft	die Feind**schaft** (der Feind) die Lehrer**schaft** (der Lehrer)	die Freund**schaft** (der Freund) die Mann**schaft** (der Mann)	Substantiv + „-schaft" (Beziehungen, Gruppen)
-heit / **-keit**	die Schön**heit** (schön) die Möglich**keit** (möglich)	die Dumm**heit** (dumm) die Menschlich**keit** (menschlich)	Adjektiv + „-heit / -keit" (oft Eigenschaften)

Maskuline Suffixe

-er	der Lehr**er** (<u>lehr</u>en) der Bohr**er** (<u>bohr</u>en) der Musik**er** (die Musik)	der Fahr**er** (<u>fahr</u>en) der Zähl**er** (<u>zähl</u>en) der Engländ**er** (England)	Verbstamm + „-er" (Personen, Instrumente) Substantiv + „-er " (Personen)
-ler	der Künst**ler** (die Kunst)	der Sport**ler** (der Sport)	Substantiv + „-ler" (Personen)

Neutrale Suffixe

-chen **-lein**	das Kind**chen** (das Kind) das Vög**lein** (der Vogel)	das Häus**chen** (das Haus) das Büch**lein** (das Buch)	Substantiv + „-chen" / „-lein" *ein kleines Haus / Buch / ...*
-tum	das Beamten**tum** (der Beamte)	das Christen**tum** (der Christ)	(meist) Substantiv + „-tum"

Auch: das Mädchen (*weibliches Kind*); das Fräulein: als Anrede veraltet
Aber: **der** Reichtum, **der** Irrtum

1 Woraus bestehen die Substantive?

1. _eil(en) + -e_____ die Eile
2. _____ die Freundin
3. _____ die Lösung
4. _____ die Klarheit
5. _____ das Bürgertum

6. _____ das Wäldchen
7. _____ die Wahrscheinlichkeit
8. _____ der Wähler
9. _____ die Macht
10. _____ die Pflegerin

2 Welches Genus?

Fremdheit ● Maler ● Wählerschaft ●
Renovierung ● Künstlertum ● Gesundheit ●
Ausnahme ● Bächlein ● Chefin ●
Schrift ● Höflichkeit ● Mixer ●
Wissenschaftler ● Boxer ●
Rede ● Flüsschen ● Bewegung

1. Feminine Substantive: ___die Fremdheit,_____
_____
_____
2. Maskuline Substantive: _____
_____
3. Neutrale Substantive: _____
_____

3 Was fehlt in der Reihe? Wenn Sie bestimmte Wörter nicht kennen, schauen Sie in einem Lexikon nach.

1. die Sprache _____der Sprecher_____ sprechen
2. _____ der Lehrer _____
3. die Fahrt _____ _____
4. die Schrift _____ schreiben

5. die Kunst _____ die Künstlerin
6. _____ der Sportler _____
7. die Wissenschaft _____
8. _____ der Italiener _____

4 Jemand, der ...

1. Jemand, der spricht → ___ein Sprecher___
2. Jemand, der zuhört → _____
3. Jemand, der liest → _____

4. Jemand, der (jemanden) besucht → _____
5. Jemand, der dichtet → _____
6. Jemand, der berät → _____

5 Ein Gerät, mit dem man ...

1. Ein Gerät, mit dem man bohrt → _ein Bohrer_____
2. Ein Gerät, mit dem man (etwas) schaltet → _____
3. Ein Gerät, mit dem man Geschirr spült → _ein Geschirr..._____
4. Ein Gerät, mit dem man Schrauben zieht → _ein Schrauben..._____

6 Bei den Zwergen. Schreiben Sie den Text neu und verwenden Sie „-chen" dort, wo es passt.

Schneewittchen wachte auf. Da war sie sehr überrascht: Alles war viel kleiner als sie es gewohnt war: Die Zwerge saßen auf kleinen Stühlen an kleinen Tischen, sie aßen von kleinen Tellern und benutzten kleine Messer und Löffel. In den Zimmern sah es ähnlich aus: Dort standen kleine Betten, man schaute in kleine Spiegel und setzte sich auf kleine Sessel. Wie sollte Schneewittchen in dieser Welt nur zurecht kommen?

_Die Zwerge saßen auf kleinen Stühlchen ..._____

„Die neue Wohnung hat drei Zimmer: Arbeitszimmer, Wohnzimmer und Schlafzimmer."

Substantiv-Komposition

das Arbeits**zimmer**   das Wohn**zimmer**   das Schlaf**zimmer**   das Kinder**zimmer**

Substantiv-Komposita bestehen aus zwei Teilen. Der zweite Teil ist immer ein Substantiv. Man schreibt Komposita meistens als ein Wort.

Erster Teil	Substantiv-Kompositum
Substantiv	**Dach**zimmer
Verb	**Bohr**maschine
Adjektiv	**Schnell**straße
Präposition	**Um**weg

! **Hinweis**
Im Deutschen werden ständig neue Komposita gebildet – vor allem in den Medien und in der Politik.

- Das Genus des Substantivs erkennt man am zweiten Teil:
  das Zimmer → **das** Arbeits**zimmer**
- Manche Komposita haben ein „Scharnier":
  Arbeit-**s**-zimmer, Prüfung-**s**-gespräch,
  Schwein-**e**-braten (süddeutsch / österreichisch: Schwein-**s**-braten)
- Bedeutung:
  Der zweite Teil legt die Grundbedeutung fest: ein Arbeits**zimmer** ist ein **Zimmer**
  Der erste Teil des Kompositums gibt genauere Angaben: Was für ein Zimmer?
  Arbeitszimmer → ein Zimmer **für die Arbeit** = ein Zimmer, in dem man normalerweise **arbeitet**

! **Tipp**
Achten Sie auf den Text, in dem das Kompositum vorkommt. Viele Komposita versteht man dann leicht.

Es gibt einige typische Bedeutungen von Komposita.

Sparmaßnahme; **Kinder**zimmer	*Maßnahme zum Sparen; Zimmer für Kinder* (**wofür? für wen?**)
Dachzimmer; **Mond**rakete	*Zimmer unter dem Dach* (**wo?**); *Rakete zum Mond* (**wohin?**)
Mittagsschlaf; **Sommer**urlaub	*Schlaf am Mittag; Urlaub im Sommer* (**wann?**)
Brechtgedicht; **Sturm**schaden	*Gedicht von Brecht; Schaden durch einen Sturm* (**von wem? wodurch?**)
Holzkiste; **Erdbeer**torte	*Kiste aus Holz; Torte mit Erdbeeren* (**woraus? womit?**)
Tierbuch; **Wetter**bericht	*Buch über Tiere; Bericht über das Wetter* (**worüber?**)
Ölheizung; **Wasser**kraftwerk	*Heizung, die mit Öl funktioniert; …* (**funktioniert womit?**)
Warmwasser; **Alt**papier	*warmes Wasser; altes Papier* (**wie?**)

1 Woraus bestehen die Substantive?

1. _das Haus + die Tür_   die Haustür
2. _____ der Ledersessel
3. _____ die Fahrbahn
4. _____ das Passfoto
5. _____ der Fußballspieler

6. _____ die Augenärztin
7. _____ das Rotlicht
8. _____ die Küchenuhr
9. _____ der Hängeschrank
10. _____ die Jugendarbeitslosigkeit

2 Alle möglichen Geschichten. Was für Geschichten mögen Sie? Fragen Sie auch Ihren Partner / Ihre Partnerin.

Liebe(s) ● Abenteuer ● Spionage ●
Reise ● Katze(n) ● Urlaub(s) ●
Pferd(e) ● Kriminal ● Internat(s)

Ich mag am liebsten Liebesgeschichten.

Lesen Sie auch gerne Liebesgeschichten?

Geschichte(e) ●
Roman ●
Film ●

3 Dinge und Zeiten. Was passt zusammen? Es gibt meistens mehr als eine Möglichkeit.

Abend- ● Bade- ●
Sommer- ● Schi- ●
Mittag(s)- ● Schönheit(s)- ●
Winter- ● kurz- ●
Woche(n)-

die Abendnachrichten, _____

_____

_____

_____

_____

Schlaf ●
Urlaub ●
Nachrichten ●
Gewitter ●
Zeit ●
Ende

4 Verb + Substantiv. Erklären Sie die Bedeutung.

1. Bohrmaschine = _eine Maschine, mit der man bohrt_
2. Wohnzimmer = _ein Zimmer, ..._
3. Waschbecken = _____

4. Schwimmstunde = _____
5. Esstisch = _____
6. Spielplatz = _____

5 Ordnen Sie nach der Bedeutung:

wofür / für wen?	wo / wohin?	wann?	von wem?	woraus?	worüber?	funktioniert mit?
				Holzhaus		

Holzhaus ● Kohleofen ●
Sportplatz ● Dichterlesung ● Abendspaziergang ● Bergtour ● Heizöl ●
Wartezimmer ● Waldweg ● Vollkornbrot ● Umweltdiskussion ●
Kanzlerrede ● Duschcreme

„Die weiteren Aussichten:
Winterlich kalt, aber sonnig. An der Küste stürmisch."

Adjektive mit Suffixen

winter**lich**   sonn**ig**   meister**haft**   arbeits**los**   stürm**isch**

Viele Adjektive bestehen aus einem Grundwort und einem Adjektiv-Suffix.

-lich

winterliches Wetter (der Winter)	ein **sprachliches** Problem (die Sprache)	Substantiv + „-lich"
persönlich anrufen (die Person)	**monatlich** zahlen (der Monat)	
ein **ängstlicher** Mensch (die Angst)	**freundlich** sein (der Freund)	
verständlich sprechen (verstehen)	das ist **erklärlich** (erklären)	Verbstamm + „-lich"

Manche Adjektive haben Umlaut: m**ä**nnlich (der Mann), pers**ö**nlich (die Person), m**ü**ndlich (der Mund)

-ig

sonniges Wetter (die Sonne)	ein **schattiger** Platz (der Schatten)	Substantiv + „-ig"
die **bergige** Landschaft (der Berg)	ein **farbiges** Bild (die Farbe)	
breitschultrige Männer (breite Schultern)	**langstielige** Rosen (langer Stiel)	
ein **wackeliger** Stuhl (wackeln)	ein **kratziger** Pulli (kratzen)	Verbstamm + „-ig"
das **dortige** Restaurant (dort)	das **heutige** Konzert (heute)	Adverb + „-ig"

-isch

die **amerikanische** Politik (Amerika)	**kindisches** Verhalten (das Kind)	Substantiv + „-isch"
regnerisches Wetter (regnen)	ein **wählerischer** Mensch (wählen)	Verbstamm + „-erisch"

> **!** Hinweis
> kindisch: „Sei nicht so **kindisch**!" (negativ)
> kindlich: Nein-Sagen ist ein wichtiger Schritt in der **kindlichen** Entwicklung. (neutral)

-haft

die **meisterhafte** Vorstellung (der Meister)	ein **fehlerhafter** Text (der Fehler)	Substantiv + „-haft"
wohnhaft in Berlin (wohnen) (*der Wohnsitz ist in Berlin*)		Verb + „-haft"

-los

ein **emotionsloser** Mensch (die Emotion)	eine **schlaflose** Nacht (der Schlaf)	Substantiv + „-los"
jemand ist **arbeitslos** (die Arbeit)	etwas ist **hoffnungslos** (die Hoffnung)	

Das Suffix „-los" hat immer die Bedeutung *ohne*.

Adjektiv-Endung „-bar" ▶ **75**

1 Landschaft und Wetter. Bilden Sie Adjektive mit „-ig" und „-los". Benutzen Sie immer den Singular.

1. _eine bergige Gegend_   eine Gegend mit vielen <u>Bergen</u>

2. _____   eine Landschaft ohne <u>Bäume</u>

3. _____   eine Gegend mit vielen <u>Hügeln</u>

4. _____   ein Tag mit viel <u>Sonne</u>

5. _____   eine Nacht ohne <u>Sterne</u>

2 Zugehörigkeit

1. _die amerikanische Politik_   ←   die Politik von (den Vereinigten Staaten von) Amerika

2. die sozialistische Ideologie   →   _die Ideologie des_ _____

3. das europäische Zeitalter   →   _____

4. _____   ←   eine Theorie in der Philosophie

5. _____   ←   Fragen der Theologie

3 Woher kommen die Adjektive?

1. _der Fels(en) + -ig_   felsig   5. _____   laienhaft

2. _____   feindlich   6. _____   fachmännisch

3. _____   orientierungslos   7. _____   morgig

4. _____   jetzig   8. _____   menschlich

4 Was passt? Manchmal gibt es mehrere Möglichkeiten.

| freundlich ● kindisch ●
 sprachlos ● verständlich ●
 verantwortlich ● heftig ●
 fleißig ● indisch | _freundlich grüßen,_ _____
 _____
 _____
 _____ | dastehen ● kochen ●
 grüßen ● handeln ●
 sich verhalten ● schreiben ●
 arbeiten ● reagieren |

5 Hoffnungslos?

1. Das schaffen wir nie – das ist einfach _hoffnungslos_ !

2. Manchen Menschen kann man nicht vertrauen – sie sind _____ .

3. Diese Inszenierung war aber sehr blass – richtig _____ !

4. Sei nicht immer so _____ – vielleicht gibt es ja doch noch eine Lösung!

5. Mein Chef ist wirklich sehr _____ – er macht nur, was er will.

ideenlos ●
rücksichtslos ●
~~hoffnungslos~~ ●
skrupellos ●
mutlos

6 Wetterbericht. Beschreiben Sie, wie das Wetter zur Zeit bei Ihnen ist.

sonnig, regnerisch, stürmisch, eisig, windig, heiß,

wolkig / bewölkt, sommerlich warm, herbstlich, frühlingshaft, …

Heute Morgen war es sonnig, aber jetzt ist es bewölkt und regnerisch. / … aber jetzt regnet es.

Adjektiv-Komposition

dunkelgrüne Augen   **tiefschwarzes** Fell   **fettarme** Milch

Adjektiv-Komposita bestehen aus zwei Teilen. Der zweite Teil ist immer ein Adjektiv.
Der erste Teil ergänzt den zweiten Teil des Kompositums:
dunkelgrün = ein dunkles Grün; fettarme Milch = Milch, die arm an Fett ist.

Die häufigsten Typen von Adjektiv-Komposita:

! Hinweis
Im Deutschen werden ständig neue Adjektiv-Komposita gebildet, besonders in der Werbung.

Farben

dunkelgrün – **hell**grün, **dunkel**blau – **hell**blau, … **tief**schwarz, **zart**rosa, **knall**rot	*dunkles / helles Grün, dunkles / helles Blau, …* *sehr schwarz, zartes Rosa, knalliges Rot*
grasgrün, **himmel**blau, **blut**rot, **zitronen**gelb **pech**schwarz, **schnee**weiß	*grün wie Gras, blau wie der Himmel, rot wie Blut, …* *schwarz wie Pech (sehr schwarz), …*

Vergleiche und Verstärkungen

etwas **blitz**schnell machen, eine **bild**schöne Vase etwas ist **glas**klar, jemand ist **bären**stark **stein**hartes Brot, ein **eis**kaltes Zimmer	*schnell wie der Blitz, schön wie ein Bild* *klar wie Glas (sehr klar), stark wie ein Bär* *hart wie ein Stein, kalt wie Eis*

Der erste Teil ergänzt den zweiten Teil des Kompositums

fettarme Milch, **kalorien**armer Käse **blei**freies Benzin, **salz**freies Essen	*arm an Fett, arm an Kalorien (wenig Fett / Kalorien)* *frei von Blei, frei von Salz (ohne Blei / Salz)*
liebevolle Eltern, **baum**reiche Gegend **umwelt**schonendes Auto, **verkehrs**beruhigte Zone	*mit viel Liebe, mit vielen Bäumen* *schont die umwelt, der Verkehr ist beruhigt*

Präfix *un-*

ein **un**freundlicher Mensch, ein **un**ordentliches Zimmer das ist **un**möglich, ein **un**lösbares Problem	*nicht freundlich, nicht ordentlich* *(gar) nicht möglich, nicht lösbar*

Das Präfix „un-" macht ein Adjektiv negativ: freundlich – **un**freundlich.

1 Was passt?

1. blitz-   4. kern-   7. kinder-   a. -wach   d. -weiß   g. -traurig
2. glas-   5. eisen-   8. tod-   b. -schnell e. -gesund h. -klar
3. hell-   6. schnee-   c. -hart   f. -leicht

1.b: blitzschnell,

2 Welche Farben kann man gut kombinieren? Schreiben Sie Ihre Lieblingskombinationen auf oder fragen Sie Ihren Partner / Ihre Partnerin.

dunkelgrün – hellgrün, dunkelrot – knallrot – hellrot,

dunkelblau – königsblau – himmelblau – hellblau,

zitronengelb, … (… -grau, … -rosa, … -braun, … -schwarz)

● _Ich finde, man kann dunkelgrün und_

hellrot gut kombinieren.

○ _Das gefällt mir auch. / Ich finde,…_

3 Das Land der Superlative

Hoch im Norden liegt das Land der Superlative. Die Natur ist rau – aber

die Menschen dort sind ___bärenstark___ und _____ **1**. In den

_____ **2** Wintern sind die Nächte _____ **3** und die Tage

sind kurz. Wenn kurz vor Mittag die Sonne über der _____ **4**

Berglandschaft aufgeht, gehen die Menschen auf Fischfang. Man muss

_____ **5** sein, um in dem eisigen Wasser etwas zu fangen.

> schneeweiß ● blitzschnell ●
> blitzgescheit ● eiskalt ●
> bärenstark ● pechschwarz

4 Bilden Sie Adjektive:

1. Dieser Saft ist reich an Vitaminen.   _Dies ist ein vitaminreicher Saft._

2. Dieser Käse enthält wenig Fett.   _____

3. Dieser Text enthält keine Fehler.   _____

4. Diese Dichterin ist voller Fantasie.   _____

5. Dieser Patient hat keine Schmerzen mehr.   _____

5 Umwelt und Gesundheit

In Deutschland machen sich viele Leute Sorgen um die Umwelt und ihre Gesund-

heit. Viele wollen nur noch in ___verkehrsberuhigten___ Gegenden wohnen, haben

Angst vor _____ **1** Lebensmitteln und benutzen _____ **2**

Verkehrsmittel. Man will schlank bleiben, darum gibt es _____ **3**

Speisen, und viele Leute halten sich mit _____ **4** Fitnessgeräten in Form.

> schadstoffbelastet ●
> umweltschonend ●
> computergesteuert ●
> verkehrsberuhigt ●
> kalorienreduziert

6 Schlechtes Zeugnis. Schreiben Sie das Gegenteil.

Herr Wieser ist ein sehr ordentlicher, höflicher und angenehmer Mensch. Er hat ein sicheres

Auftreten und ist äußerst kooperativ. Mit allen technischen Dingen geht er sehr geschickt, aber

vorsichtig um, dabei erledigt er alles selbstständig und auf unkomplizierte Art.

Herr Wieser ist ein sehr unordentlicher …

Unregelmäßige Verben

Die unregelmäßigen Verben sind nach ihren Vokaländerungen in drei Gruppen geordnet (siehe Kapitel 44). Wir geben die Infinitivformen und die dritte Person Singular im Präsens, Präteritum und Perfekt an.

A → B → A

fahren		fuhr		gefahren

Infinitiv	Präsens	Präteritum	Perfekt	
abfahren	fährt ab	fuhr ab	ist	abgefahren
abgeben	gibt ab	gab ab	hat	abgegeben
abwaschen	wäscht ab	wusch ab	hat	abgewaschen
anfangen	fängt an	fing an	hat	angefangen
ankommen	kommt an	kam an	ist	angekommen
anrufen	ruft an	rief an	hat	angerufen
ansehen	sieht an	sah an	hat	angesehen
aufgeben	gibt auf	gab auf	hat	aufgegeben
ausgeben	gibt aus	gab aus	hat	ausgegeben
aussehen	sieht aus	sah aus	hat	ausgesehen
beraten	berät	beriet	hat	beraten
betragen	beträgt	betrug	hat	betragen
einfallen	fällt ein	fiel ein	ist	eingefallen
einladen	lädt ein	lud ein	hat	eingeladen
einschlafen	schläft ein	schlief ein	ist	eingeschlafen
enthalten	enthält	enthielt	hat	enthalten
entlassen	entlässt	entließ	hat	entlassen
erfahren	erfährt	erfuhr	hat	erfahren
erhalten	erhält	erhielt	hat	erhalten
essen	isst	aß	hat	gegessen
fahren	fährt	fuhr	ist	gefahren
fallen	fällt	fiel	ist	gefallen
fangen	fängt	fing	hat	gefangen
festhalten	hält fest	hielt fest	hat	festgehalten
fressen	frisst	fraß	hat	gefressen
geben	gibt	gab	hat	gegeben
gefallen	gefällt	gefiel	hat	gefallen
geschehen	geschieht	geschah	ist	geschehen
halten	hält	hielt	hat	gehalten
heißen	heißt	hieß	hat	geheißen
kommen	kommt	kam	ist	gekommen
laufen	läuft	lief	ist	gelaufen
lassen	lässt	ließ	hat	gelassen
lesen	liest	las	hat	gelesen
messen	misst	maß	hat	gemessen
nachschlagen	schlägt nach	schlug nach	hat	nachgeschlagen
raten	rät	riet	hat	geraten
rufen	ruft	rief	hat	gerufen
schlafen	schläft	schlief	hat	geschlafen
schlagen	schlägt	schlug	hat	geschlagen
tragen	trägt	trug	hat	getragen

Infinitiv	Präsens	Präteritum	Perfekt
überfahren	überfährt	überfuhr	hat überfahren
sich unterhalten	unterhält sich	unterhielt sich	hat sich unterhalten
vergessen	vergisst	vergaß	hat vergessen
sich verhalten	verhält sich	verhielt sich	hat sich verhalten
verlassen	verlässt	verließ	hat verlassen
verraten	verrät	verriet	hat verraten
vertreten	vertritt	vertrat	hat vertreten
vorschlagen	schlägt vor	schlug vor	hat vorgeschlagen
wachsen	wächst	wuchs	ist gewachsen
waschen	wäscht	wusch	hat gewaschen

A → B → B
bleiben · blieb · geblieben

Infinitiv	Präsens	Präteritum	Perfekt
abbiegen	biegt ab	bog ab	ist abgebogen
abfliegen	fliegt ab	flog ab	ist abgeflogen
abheben	hebt ab	hob ab	hat abgehoben
abschließen	schließt ab	schloss ab	hat abgeschlossen
anbieten	bietet an	bot an	hat angeboten
angreifen	greift an	griff an	hat angegriffen
anziehen	zieht an	zog an	hat angezogen
aufheben	hebt auf	hob auf	hat aufgehoben
aufstehen	steht auf	stand auf	ist aufgestanden
ausschließen	schließt aus	schloss aus	hat ausgeschlossen
aussteigen	steigt aus	stieg aus	ist ausgestiegen
anziehen	zieht an	zog an	hat angezogen
beißen	beißt	biss	hat gebissen
belügen	belügt	belog	hat belogen
beschließen	beschließt	beschloss	hat beschlossen
beschreiben	beschreibt	beschrieb	hat beschrieben
bestehen	besteht	bestand	hat bestanden
betrügen	betrügt	betrog	hat betrogen
beweisen	beweist	bewies	hat bewiesen
beziehen	bezieht	bezog	hat bezogen
biegen	biegt	bog	hat gebogen
bieten	bietet	bot	hat geboten
bleiben	bleibt	blieb	ist geblieben
bringen	bringt	brachte	hat gebracht
denken	denkt	dachte	hat gedacht
einsteigen	steigt ein	stieg ein	ist eingestiegen
einziehen	zieht ein	zog ein	ist eingezogen
entscheiden	entscheidet	entschied	hat entschieden
entstehen	entsteht	entstand	ist entstanden
erkennen	erkennt	erkannte	hat erkannt
erscheinen	erscheint	erschien	ist erschienen
erziehen	erzieht	erzog	hat erzogen
fliegen	fliegt	flog	ist geflogen
fließen	fließt	floss	ist geflossen

frieren	friert	fror	hat gefroren
genießen	genießt	genoss	hat genossen
gießen	gießt	goss	hat gegossen
greifen	greift	griff	hat gegriffen
heben	hebt	hob	hat gehoben
kennen	kennt	kannte	hat gekannt
leiden	leidet	litt	hat gelitten
leihen	leiht	lieh	hat geliehen
lügen	lügt	log	hat gelogen
missverstehen	missversteht	missverstand	hat missverstanden
nennen	nennt	nannte	hat genannt
pfeifen	pfeift	pfiff	hat gepfiffen
scheiden	scheidet	schied	hat geschieden
schieben	schiebt	schob	hat geschoben
schließen	schließt	schloss	hat geschlossen
schneiden	schneidet	schnitt	hat geschnitten
schreiben	schreibt	schrieb	hat geschrieben
schreien	schreit	schrie	hat geschrien
schweigen	schweigt	schwieg	hat geschwiegen
stehen	steht	stand	hat / ist gestanden
steigen	steigt	stieg	ist gestiegen
streichen	streicht	strich	hat gestrichen
streiten	streitet	stritt	hat gestritten
treiben	treibt	trieb	hat getrieben
tun	tut	tat	hat getan
überweisen	überweist	überwies	hat überwiesen
umsteigen	steigt um	stieg um	ist umgestiegen
umziehen	zieht um	zog um	ist umgezogen
unterscheiden	unterscheidet	unterschied	hat unterschieden
verbieten	verbietet	verbot	hat verboten
verbringen	verbringt	verbrachte	hat verbracht
vergleichen	vergleicht	verglich	hat verglichen
verlieren	verliert	verlor	hat verloren
verschreiben	verschreibt	verschrieb	hat verschrieben
verstehen	versteht	verstand	hat verstanden
verzeihen	verzeiht	verzieh	hat verziehen
vorziehen	zieht vor	zog vor	hat vorgezogen
wehtun	tut weh	tat weh	hat wehgetan
wiegen	wiegt	wog	hat gewogen
wissen	weiß	wusste	hat gewusst
ziehen	zieht	zog	hat gezogen

finden		fand	gefunden

Infinitiv	Präsens	Präteritum	Perfekt
abhängen	hängt ab	hing ab	hat abgehangen
angehen	geht an	ging an	ist angegangen
annehmen	nimmt an	nahm an	hat angenommen
aufnehmen	nimmt auf	nahm auf	hat aufgenommen
ausgehen	geht aus	ging aus	ist ausgegangen
aussprechen	spricht aus	sprach aus	hat ausgesprochen
befehlen	befiehlt	befahl	hat befohlen
beginnen	beginnt	begann	hat begonnen
besitzen	besitzt	besaß	hat besessen
binden	bindet	band	hat gebunden
bitten	bittet	bat	hat gebeten
blasen	bläst	blies	hat geblasen
brechen	bricht	brach	hat gebrochen
empfehlen	empfiehlt	empfahl	hat empfohlen
entsprechen	entspricht	entsprach	hat entsprochen
erfinden	erfindet	erfand	hat erfunden
erschrecken	erschrickt	erschrak	ist erschrocken
finden	findet	fand	hat gefunden
gehen	geht	ging	ist gegangen
gelingen	gelingt	gelang	ist gelungen
gelten	gilt	galt	hat gegolten
gewinnen	gewinnt	gewann	hat gewonnen
hängen	hängt	hing	hat gehangen
helfen	hilft	half	hat geholfen
liegen	liegt	lag	hat gelegen
nehmen	nimmt	nahm	hat genommen
schwimmen	schwimmt	schwamm	ist geschwommen
singen	singt	sang	hat gesungen
sinken	sinkt	sank	ist gesunken
sitzen	sitzt	saß	hat / ist gesessen
sprechen	spricht	sprach	hat gesprochen
springen	springt	sprang	ist gesprungen
stehlen	stiehlt	stahl	hat gestohlen
sterben	stirbt	starb	ist gestorben
stinken	stinkt	stank	hat gestunken
teilnehmen	nimmt teil	nahm teil	hat teilgenommen
treffen	trifft	traf	hat getroffen
trinken	trinkt	trank	hat getrunken
übernehmen	übernimmt	übernahm	hat übernommen
verbinden	verbindet	verband	hat verbunden
versprechen	verspricht	versprach	hat versprochen
werden	wird	wurde	ist geworden
werfen	wirft	warf	hat geworfen
widersprechen	widerspricht	widersprach	hat widersprochen
zunehmen	nimmt zu	nahm zu	hat zugenommen
zwingen	zwingt	zwang	hat gezwungen

Verben mit Dativ- und Akkusativ-Objekt

Verb	Beispiel	Objekt
abnehmen	Ich nehme ihr den Koffer ab.	Dativ + Akkusativ
abtrocknen	Kannst du bitte mal das Geschirr abtrocknen?	Akkusativ
anbieten	Sie bietet mir Tee und Gebäck an.	Dativ + Akkusativ
annehmen	Er nimmt das Geld sofort an.	Akkusativ
anrufen	Gestern hat mich meine Mutter im Büro angerufen.	Akkusativ
anschauen	Er schaute das Beispiel genau an.	Akkusativ
ansehen	Er sieht sie fragend an.	Akkusativ
anstrengen	Diese Arbeit strengt mich zu sehr an.	Akkusativ
antworten	Die Lehrerin antwortet dem Schüler.	Dativ
anzünden	Am Abend zünden wir oft eine Kerze an.	Akkusativ
auffallen	Das ist mir nicht aufgefallen.	Dativ
aufgeben	Hast du den verrückten Plan endlich aufgegeben?	Akkusativ
aufheben	Sie hebt das Papier vom Boden auf.	Akkusativ
aufmachen	Könnten Sie bitte das Fenster aufmachen?	Akkusativ
aufnehmen	Die Schule muss alle Kinder aufnehmen.	Akkusativ
auspacken	Sie packt das Paket schnell aus.	Akkusativ
ausschalten	Er schaltet den Fernseher sofort aus, wenn sie kommt.	Akkusativ
aussprechen	Wie spricht man dieses Wort aus?	Akkusativ
aussuchen	Sie sucht die Geschenke für ihre Eltern sorgfältig aus.	Akkusativ
ausweichen	Das rote Auto ist dem blauen Auto ausgewichen.	Dativ
ausziehen	Zieh bitte sofort die Schuhe aus, wenn du reinkommst!	Akkusativ
backen	Jeden Samstag backt der Vater einen Kuchen.	Akkusativ
bauen	Der Architekt baut ein Haus für seine Kunden.	Akkusativ
beachten	Hast du das Verfallsdatum auf dem Jogurt beachtet?	Akkusativ
beantragen	Er beantragt eine Aufenthaltserlaubnis.	Akkusativ
beantworten	Beantworte (mir) bitte die Frage!	(Dativ +) Akkusativ
bedienen	Der Ober bedient den Gast.	Akkusativ
begegnen	Wir sind ihm im Park begegnet.	Dativ
beginnen	Wann hast du den Klavierunterricht begonnen?	Akkusativ
begründen	Er konnte seine Entscheidung nicht begründen.	Akkusativ
begrüßen	Die Gastgeber begrüßen ihre Gäste an der Tür.	Akkusativ
behalten	Sie behält das Buch noch bis morgen.	Akkusativ
bemerken	Wir bemerkten den Fehler zuerst nicht.	Akkusativ
benachrichtigen	Bitte benachrichtigen Sie mich rechtzeitig.	Akkusativ
benutzen	Kann man diesen Topf noch benutzen?	Akkusativ
beraten	Der Experte berät den Händler.	Akkusativ
berücksichtigen	Bei ihren Plänen berücksichtigt sie ihn nur wenig.	Akkusativ
beruhigen	Die Mutter beruhigt ihr weinendes Kind.	Akkusativ
besichtigen	Die Touristen besichtigen zuerst den Dom.	Akkusativ
besitzen	Seit kurzem besitzt sie einen Sportwagen.	Akkusativ
bestimmen	Er bestimmt die Pläne für den nächsten Tag.	Akkusativ
besuchen	Die Studenten besuchen ihren kranken Kommilitonen.	Akkusativ
betrügen	Der Händler betrügt seinen Kunden nie.	Akkusativ
beweisen	Beweis (mir) deine Unschuld!	(Dativ +) Akkusativ
bezahlen	Der Gast bezahlt den Kaffee.	Akkusativ
bieten	Dieses Hotel bietet (uns) den größten Luxus.	(Dativ +) Akkusativ
brauchen	Ich brauche dringend den Wagen!	Akkusativ

bringen	Wir bringen unserem Freund viele Bücher ins Krankenhaus.	Dativ + Akkusativ
dienen	Dieser Keller dient der Jazz-Band als Proberaum.	Dativ
drehen	Diesen Knopf muss man nach rechts drehen.	Akkusativ
drücken	Drücken Sie bitte die Klingel!	Akkusativ
drucken	Der Verlag druckt das Buch noch in diesem Jahr.	Akkusativ
ehren	Der Präsident ehrt den Nobelpreisträger.	Akkusativ
einfallen	Die Idee ist mir gestern eingefallen.	Dativ
einkaufen	Den ganzen Nachmittag hat sie Kleidung eingekauft.	Akkusativ
einladen	Sie möchte auch gern ihren Klavierlehrer einladen.	Akkusativ
einpacken	Soll ich Ihnen den Anzug einpacken?	Akkusativ
empfehlen	Kann ich Ihnen etwas zum Essen empfehlen?	Dativ + Akkusativ
enthalten	Der Aufsatz enthält wichtige Informationen.	Akkusativ
entlassen	Das Krankenhaus hat ihn frühzeitig entlassen.	Akkusativ
erfahren	Ich habe das erst sehr spät erfahren.	Akkusativ
erfinden	Wer hat eigentlich den Computer erfunden?	Akkusativ
erfüllen	Diesen Wunsch kann ich (dir) leicht erfüllen.	(Dativ +) Akkusativ
erhalten	Haben Sie den Brief schon erhalten?	Akkusativ
erhöhen	Die Tankstellen haben den Benzinpreis erhöht.	Akkusativ
erkennen	Ich habe dich nicht gleich erkannt!	Akkusativ
erklären	Sie erklärte ihm immer wieder die Aufgabe.	Dativ + Akkusativ
erledigen	Sie erledigt wichtige Aufgaben immer sofort.	Akkusativ
eröffnen	Die Präsidentin eröffnet die Ausstellung.	Akkusativ
erreichen	Sie hat ihr Ziel endlich erreicht.	Akkusativ
erschrecken	Der Junge erschreckt gern seine Freunde.	Akkusativ
erwarten	Diesen Schluss des Romans habe ich nicht erwartet.	Akkusativ
erzählen	Habe ich Ihnen schon das Neueste erzählt?	Dativ + Akkusativ
erziehen	Die Eltern erziehen ihr Kind mit viel Liebe.	Akkusativ
fehlen	Du fehlst mir sehr!	Dativ
feiern	Er feiert seinen Geburtstag immer im Restaurant.	Akkusativ
finden	Endlich habe ich meinen Schlüssel gefunden!	Akkusativ
folgen	Folgen Sie mir!	Dativ
fordern	Die Gewerkschaften fordern mehr Lohn.	Akkusativ
fragen	Hast du mich gefragt oder ihn?	Akkusativ
fühlen	Ich habe die Kälte kaum gefühlt.	Akkusativ
führen	Führen Sie ihn bitte in das Zimmer!	Akkusativ
geben	Hat er dir den Schlüssel schon gegeben?	Dativ + Akkusativ
gefallen	Das Kleid gefällt mir.	Dativ
gehören	Der Ball gehört mir.	Dativ
gelingen	Dieser Kuchen gelingt mir nicht immer.	Dativ
gewinnen	Er hat den ersten Preis gewonnen.	Akkusativ
gratulieren	Ich gratuliere dir zum Geburtstag.	Dativ
gründen	1999 gründeten sie einen neuen Verein.	Akkusativ
grüßen	Sie grüßt ihn immer sehr höflich.	Akkusativ
hassen	Sie hasst ihre neue Arbeit.	Akkusativ
heben	Kannst du diesen Stein heben?	Akkusativ
heizen	Im Winter heizen wir nur einen Raum.	Akkusativ
helfen	Wir helfen unseren Freunden gern.	Dativ
herstellen	Die Fabrik stellt nur noch Klein-Fahrzeuge her.	Akkusativ
holen	Bitte hol (mir) doch ein Stück Kuchen beim Bäcker.	(Dativ +) Akkusativ
hören	Die Nachbarn können den Streit deutlich hören.	Akkusativ

kennen	Kennen Sie diesen Mann?	Akkusativ
klagen	Er klagt uns sein Leid.	Dativ + Akkusativ
kochen	Heute hat Franz das Essen gekocht.	Akkusativ
korrigieren	Den Grammatikfehler habe ich noch nicht korrigiert.	Akkusativ
kündigen	Die Firma kündigt dem Angestellten.	Dativ
küssen	Sie küsst ihn und er küsst sie.	Akkusativ
lassen	Lass mir doch den Spaß!	Dativ + Akkusativ
leihen	Leihst du mir dein Fahrrad?	Dativ + Akkusativ
leiten	Sie leitet die Abteilung seit drei Jahren.	Akkusativ
lernen	Heute lernen wir den Akkusativ.	Akkusativ
lesen	Hast du diesen Roman schon gelesen?	Akkusativ
lieben	Die Kinder lieben ihren Großvater sehr.	Akkusativ
liefern	Der Händler liefert uns die Möbel.	Dativ + Akkusativ
loben	Der Vater lobt das Kind: „Das hast du gut gemacht!"	Akkusativ
lösen	Wir können das Problem auch nicht lösen.	Akkusativ
machen	Hast du den Kuchen selbst gemacht?	Akkusativ
malen	Sie malt immer zuerst einen Entwurf.	Akkusativ
markieren	Bitte markieren Sie die Substantive!	Akkusativ
melden	Sie meldet der Polizei den Unfall.	Dativ + Akkusativ
merken	Er war nervös. Hast du das auch gemerkt?	Akkusativ
messen	Ich muss das Sofa erst messen, bevor ich es kaufe.	Akkusativ
mieten	Können wir den Wagen heute noch mieten?	Akkusativ
mitteilen	Ich habe ihm die Neuigkeiten mitgeteilt.	Dativ + Akkusativ
nehmen	Nehmen Sie den Tee mit Zitrone?	Akkusativ
nennen	Bitte nennen Sie ein Beispiel.	Akkusativ
nutzen	Er nutzt die Möglichkeiten des Computers.	Akkusativ
nützen	Deine Hilfe nützt mir sehr.	Dativ
passen	Die Schuhe passen mir.	Dativ
pflegen	Sie pflegt ihre Mutter, die krank im Bett liegt.	Akkusativ
prüfen	Prüf bitte mal die Schraube. Sitzt sie richtig?	Akkusativ
putzen	Am Samstag putzen wir die ganze Wohnung!	Akkusativ
reichen	Reich mir mal den Kuchen, bitte.	Dativ + Akkusativ
reparieren	Wir können den Wagen leider erst morgen reparieren.	Akkusativ
reservieren	Kann ich bitte für heute Abend einen Tisch reservieren?	Akkusativ
riechen	Riechst du den Rauch? Hoffentlich brennt nichts.	Akkusativ
sammeln	Er sammelt alles, was glitzert und glänzt.	Akkusativ
schaden	Diese Arbeit schadet dir.	Dativ
schenken	Er hat mir seinen alten Computer geschenkt.	Dativ + Akkusativ
schlagen	Er schlägt seinen Hund, wenn er nicht gehorcht.	Akkusativ
schließen	Schließen Sie bitte das Fenster!	Akkusativ
schmecken	Schmeckst du den Curry in der Soße?	Akkusativ
schmecken	Schmeckt dir der Salat?	Dativ
schneiden	Tante Else schneidet den Kuchen in 12 Teile.	Akkusativ
schreiben	Sie schreibt (ihm) immer sehr lange Briefe.	(Dativ +) Akkusativ
schreiben	Jeden Sonntag schreibt sie ihrer Mutter (einen Brief).	Dativ (+ Akkusativ)
sehen	Siehst du den Abendstern?	Akkusativ
senden	Sende ihm bitte herzliche Grüße von mir!	Dativ + Akkusativ
sparen	Konrad spart jede Woche mindestens eine Mark.	Akkusativ
spielen	Heute Abend spielen wir mal ein Kartenspiel.	Akkusativ
spülen	Wer spült heute das Geschirr?	Akkusativ

starten	Im Winter ist es schwer, den Wagen zu starten.	Akkusativ
stehlen	Die Diebe haben der Frau alle ihre CDs gestohlen.	Dativ + Akkusativ
stoppen	Bitte stoppt diesen Unsinn!	Akkusativ
stören	Stör ihn bitte nicht! Er muss sich konzentrieren.	Akkusativ
studieren	Sie studiert Politische Wissenschaften.	Akkusativ
suchen	Er sucht schon den ganzen Tag seinen Autoschlüssel.	Akkusativ
teilen	Die Mutter versucht das Dessert gerecht zu teilen.	Akkusativ
tippen	Bitte tippen Sie diesen Brief heute noch!	Akkusativ
töten	Penicillin tötet Bakterien.	Akkusativ
tragen	So einen kurzen Mantel könnte ich nicht tragen!	Akkusativ
transportieren	Das Blut transportiert den Sauerstoff im Körper.	Akkusativ
treffen	Ich habe ihn gestern im Kino getroffen.	Akkusativ
trinken	Jetzt möchte ich erst mal einen Kaffee trinken!	Akkusativ
trocknen	Die Sonne trocknet die Wäsche.	Akkusativ
überfahren	Das Auto hätte mich beinahe überfahren.	Akkusativ
überholen	Er hat den Wagen rechts überholt.	Akkusativ
übernehmen	Welche Aufgabe können Sie übernehmen?	Akkusativ
überqueren	Schau nach beiden Seiten, bevor du die Straße überquerst!	Akkusativ
überraschen	Sie hat ihn mit der Geburtstagsparty sehr überrascht.	Akkusativ
überreden	Er versucht sie zu überreden, doch noch mitzukommen.	Akkusativ
übersetzen	Es ist sehr schwer, einen Haiku zu übersetzen.	Akkusativ
überweisen	Ich habe (dir) das Geld schon letzte Woche überwiesen.	(Dativ +) Akkusativ
überzeugen	Die Idee ist toll! Du hast mich überzeugt.	Akkusativ
umtauschen	Kann ich hier kanadische Dollar in Euro umtauschen?	Akkusativ
unterrichten	Frau Bartmann unterrichtet hier Deutsch.	Akkusativ
unterschreiben	Wir haben den Vertrag sofort unterschrieben.	Akkusativ
unterstützen	Diesen Plan können wir voll und ganz unterstützen.	Akkusativ
untersuchen	Der Arzt untersuchte den Patienten sehr genau.	Akkusativ
verändern	Bitte verändern Sie keinen einzigen Satz in dem Text.	Akkusativ
verbieten	Du kannst mir das Tanzen nicht verbieten.	Dativ + Akkusativ
verbrauchen	Wie viel Benzin verbraucht der Wagen?	Akkusativ
verdächtigen	Der Detektiv verdächtigte sofort den Gärtner.	Akkusativ
vergessen	Er hatte sie nach all den Jahren noch nicht vergessen.	Akkusativ
vergleichen	Vor dem Einkauf sollte man die Preise vergleichen.	Akkusativ
vergrößern	Dieses Foto ist sehr gut. Wir sollten es vergrößern lassen.	Akkusativ
verhaften	Die Polizei verhaftete den Einbrecher auf der Stelle.	Akkusativ
verheimlichen	Verheimlichst du (mir) etwas?	(Dativ +) Akkusativ
verhindern	Er konnte den Unfall nicht mehr verhindern.	Akkusativ
verkaufen	Wann hat er sein Auto verkauft?	Akkusativ
verlängern	Ich wünschte, wir könnten das Wochenende verlängern!	Akkusativ
verlassen	Sie hat ihren Mann nach 30 Jahren Ehe verlassen.	Akkusativ
verlieren	Ich habe beim Spielen meinen Ring verloren.	Akkusativ
vermieten	Schulzes vermieten ihr Haus und machen eine Weltreise.	Akkusativ
verpassen	Das ist die letzte Chance. Verpasse sie nicht!	Akkusativ
verraten	Kannst du mir dein Geheimnis verraten?	Dativ + Akkusativ
verschreiben	Der Arzt hat mir ein Medikament verschrieben.	Dativ + Akkusativ

versichern	Der Angeklagte versicherte (dem Richter) seine Unschuld.	(Dativ +) Akkusativ
versprechen	Er hat mir ein Geschenk versprochen.	Dativ + Akkusativ
verstecken	Der Hund versteckt seinen Knochen.	Akkusativ
verstehen	Jetzt verstehe ich den Text endlich!	Akkusativ
verteilen	Nach dem Unglück hat die Regierung Lebensmittel verteilt.	Akkusativ
vertrauen	Vertrau mir! Ich werde das schon schaffen!	Dativ
vertreten	Der Lehrer ist krank, ein Kollege vertritt ihn.	Akkusativ
verursachen	Alkohol am Steuer verursacht viele Unfälle.	Akkusativ
verwenden	Kann man diese alten Werkzeuge noch verwenden?	Akkusativ
verzeihen	Bitte verzeih mir meine Ungeduld.	Dativ + Akkusativ
vorbereiten	Sie hat das Geburtstagsfest tagelang vorbereitet.	Akkusativ
vorlesen	Liest du mir ein Märchen vor?	Dativ + Akkusativ
vorschlagen	Ich schlage dir eine andere Strategie vor.	Dativ + Akkusativ
vorstellen	Wir haben unseren Eltern den neuen Kollegen vorgestellt.	Dativ + Akkusativ
warnen	Ich habe dich gewarnt! Er fährt immer zu schnell.	Akkusativ
waschen	Hast du den Pullover schon gewaschen?	Akkusativ
wechseln	Nach 45 Minuten wechseln die Fußball-Teams die Seite.	Akkusativ
wecken	Kannst du mich bitte um 6 Uhr wecken?	Akkusativ
werfen	Wirf den Ball nicht so weit!	Akkusativ
widersprechen	Der Junge widerspricht seinen Eltern ständig.	Dativ
wiederholen	Wiederholen Sie den Satz bitte noch einmal!	Akkusativ
wiegen	Die junge Mutter wiegt ihr Baby jeden Tag.	Akkusativ
winken	Er winkt ihr noch einmal, bevor der Zug verschwindet.	Dativ
wissen	Ob sie morgen kommt? – Das weiß ich nicht genau.	Akkusativ
wünschen	Wir wünschen dir einen guten Anfang im neuen Beruf!	Dativ + Akkusativ
zählen	Er zählte sein Geld: Er hatte nur noch 7 Euro 50.	Akkusativ
zahlen	Er hat mir sogar den Kaffee gezahlt!	Dativ + Akkusativ
zeichnen	Der Architekt zeichnet zuerst einen Plan vom Haus.	Akkusativ
zeigen	Elke zeigt der Freundin ihren neuen Mantel.	Dativ + Akkusativ
zerstören	Das Kind baut einen Turm und zerstört ihn wieder.	Akkusativ
zuhören	Hörst du mir überhaupt zu? Was habe ich gerade gesagt?	Dativ
zumachen	Es zieht! Mach bitte die Tür zu!	Akkusativ
zusammenfassen	Wir wollen alle Ideen noch einmal zusammenfassen.	Akkusativ
zuschauen	Sie schaute ihm immer gern zu.	Dativ
zusehen	Sie sah ihm immer gern zu.	Dativ

Reflexive Verben	Beispiel	Objekt
sich begrüßen	Wir begrüßen uns voller Freude.	Akkusativ
sich duschen	Ich dusche mich jeden Morgen.	Akkusativ
sich leisten	Ich kann mir diesen Luxus wirklich nicht leisten!	Dativ + Akkusativ
sich merken	Hast du dir die Adresse gemerkt?	Dativ + Akkusativ
sich trocknen	Trocknest du dir die Haare immer mit dem Föhn?	Dativ + Akkusativ
sich verletzen	Ich habe mich beim Sport verletzt.	Akkusativ
	Ich habe mir aber nur den Finger leicht verletzt.	Dativ + Akkusativ
sich waschen	Du wäschst dich immer sehr gründlich.	Akkusativ
	Ich wasche mir am Samstag die Haare.	Dativ + Akkusati

Verben mit festen Präpositionen

Verb	Präposition + Kasus		Beispiel
abhängen	von	+ Dativ	„Geht ihr mit ins Kino?"– „Das hängt ganz vom Film ab!"
achten	auf	+ Akkusativ	Sie achtet sehr auf eine gesunde Ernährung.
anfangen	mit	+ Dativ	Komm bitte, wir wollen mit dem Essen anfangen!
ankommen	auf	+ Akkusativ	Es kommt besonders auf Ihre Hilfe an!
antworten	auf	+ Akkusativ	Ich kann doch nicht auf jede Frage antworten!
sich ärgern	über	+ Akkusativ	Man ärgert sich zu oft über Dinge, die man nicht ändern kann!
aufhören	mit	+ Dativ	Ich bin so müde – ich höre jetzt mit dieser Arbeit auf!
aufpassen	auf	+ Akkusativ	Können Sie bitte kurz auf meine Tasche aufpassen?
sich aufregen	über	+ Akkusativ	Manche Leute regen sich über jede Kleinigkeit auf.
ausgeben	für	+ Akkusativ	Für teure Kleidung gebe ich kein Geld aus.
sich bedanken	bei	+ Dativ	Hast du dich schon bei Simone und Mario für das tolle
	für	+ Akkusativ	Geschenk bedankt?
sich bemühen	um	+ Akkusativ	Ich bemühe mich um einen Termin bei Herrn Malz.
berichten	über	+ Akkusativ	Danach berichtete Frau Maier über die Konferenz in Köln.
sich beschäftigen	mit	+ Dativ	Mit finanziellen Dingen beschäftige ich mich nicht gern.
sich beschweren	bei	+ Dativ	Beschweren Sie sich doch beim Direktor über die
	über	+ Akkusativ	ungerechte Behandlung!
bestehen	aus	+ Dativ	Das „Zertifikat Deutsch" besteht aus einer mündlichen und einer schriftlichen Prüfung.
sich beteiligen	an	+ Dativ	Frau Liedke beteiligt sich immer sehr aktiv am Unterricht.
sich bewerben	um	+ Akkusativ	Bewerben Sie sich doch um ein Stipendium!
sich beziehen	auf	+ Akkusativ	Wir beziehen uns auf unser Gespräch von letzter Woche.
bitten	um	+ Akkusativ	Herr Lauterbach bat mich um meine Meinung.
denken	an	+ Akkusativ	Ich denke schon immerzu an den nächsten Urlaub.
diskutieren	über	+ Akkusativ	Ich diskutiere gerne über Politik.
einladen	zu	+ Dativ	Ich würde Sie gerne zu meinem Fest am Samstag einladen.
sich entscheiden	für	+ Akkusativ	Haben Sie sich schon für ein bestimmtes Kleid entschieden?
sich entschließen	zu	+ Dativ	Wir haben uns zur Heirat entschlossen.
sich entschuldigen	bei	+ Dativ	Der Direktor wird sich bei mir nicht für die ungerechte
	für	+ Akkusativ	Behandlung entschuldigen, da bin ich mir sicher.
erfahren	von	+ Dativ	Warum erfahre ich erst jetzt von dieser Sache?
sich erholen	von	+ Dativ	Hier im Urlaub erhole ich mich von dem ganzen Stress!
sich erinnern	an	+ Akkusativ	Erinnern Sie sich noch an mich? Es ist lange her …
erkennen	an	+ Dativ	Norddeutsche erkennt man an der Intonation.
sich erkundigen	nach	+ Dativ	Ich erkundige mich mal nach meiner alten Freundin.
erschrecken	über	+ Akkusativ	Erschrick bitte nicht über meine neue Frisur.
erzählen	über	+ Akkusativ	Erzählen Sie uns doch mal etwas über Ihr Land.
	von	+ Dativ	Habe ich Ihnen schon von meinem Pech gestern erzählt?
fragen	nach	+ Dativ	Auf dem Amt fragen Sie am besten nach Herrn Fröhlich.
sich freuen	auf	+ Akkusativ	Ich freue mich schon so auf den nächsten Urlaub.
	über	+ Akkusativ	Ich habe mich sehr über Ihren Besuch gefreut.

gehen	um	+ Akkusativ	Darf ich kurz stören – es geht um eine wichtige Sache.
gehören	zu	+ Dativ	Bulgarien gehört seit 2007 zur Europäischen Union.
gewöhnen	an	+ Akkusativ	An das Essen hier habe ich mich schnell gewöhnt.
glauben	an	+ Akkusativ	Ich glaube an ein Leben nach dem Tod.
gratulieren	zu	+ Dativ	Ich gratuliere dir herzlich zu deinem Geburtstag!
halten	für	+ Akkusativ	Ich halte ihn für einen kompetenten Mitarbeiter.
sich handeln	um	+ Akkusativ	Es handelt sich um eine vertrauliche Angelegenheit.
handeln	von	+ Dativ	Dieser Roman handelt von einem rätselhaften Mord.
helfen	bei	+ Dativ	Simon hilft mir immer beim Vokabellernen.
hindern	an	+ Dativ	Der Lärm hindert mich an der Arbeit.
hoffen	auf	+ Akkusativ	Hoffe nicht auf bessere Zeiten – unternimm lieber was!
hören	von	+ Dativ	Ich habe schon lange nichts mehr von dir gehört.
sich informieren	über	+ Akkusativ	Informieren Sie sich genau über die Details!
sich interessieren	für	+ Akkusativ	Sie interessiert sich sehr für klassische Musik.
interessiert sein	an	+ Dativ	Wären Sie an einer kostenlosen Beratung interessiert?
klagen	über	+ Akkusativ	Sie klagt immer über die schlechte Zugverbindung.
kämpfen	für	+ Akkusativ	Die Minderheit kämpft für gleiche Rechte.
kommen	zu	+ Dativ	Ich bin nicht zur Bearbeitung Ihrer Akte gekommen.
sich kümmern	um	+ Akkusativ	Bitte kümmern Sie sich auch um die Akte meiner Frau!
lachen	über	+ Akkusativ	Ich lache gerne über lustige Geschichten.
leiden	an	+ Dativ	Er leidet an einer seltenen Krankheit.
	unter	+ Dativ	Ich leide sehr unter dem feuchten Klima.
nachdenken	über	+ Akkusativ	Denken Sie noch einmal über unser Angebot nach!
protestieren	gegen	+ Akkusativ	Die Arbeiter protestieren gegen die Schließung der Fabrik.
rechnen	mit	+ Dativ	Wir rechnen mit einer Fahrzeit von drei Stunden.
reden	über	+ Akkusativ	Reden wir doch nicht immer über die Arbeit!
	von	+ Dativ	Er redet die ganze Zeit von einer unbekannten Frau.
riechen	nach	+ Dativ	Ich glaube, hier riecht es nach Gas. Das ist gefährlich!
sagen	über	+ Akkusativ	Hat er etwas über mich gesagt? Findet er mich nett?
	zu	+ Dativ	Tut mir Leid, zu diesem Thema sage ich nichts.
schicken	an	+ Akkusativ	Schicken Sie das doch an meine Münchner Adresse!
	zu	+ Dativ	Schick deine Kinder doch zu uns – da können sie spielen!
schimpfen	über	+ Akkusativ	Schimpf nicht immer über andere Autofahrer!
schmecken	nach	+ Dativ	Die Schokolade schmeckt nach Erdbeeren!
schreiben	an	+ Akkusativ	Ich schreibe gerade einen Brief an meine Eltern.
sehen	von	+ Dativ	Sieht man noch etwas von dem Kaffeefleck?
sein	für	+ Akkusativ	Die Regierung ist für die europäische Integration,
	gegen	+ Akkusativ	aber gegen die Einführung des Euro.
sorgen	für	+ Akkusativ	Seit er so krank ist, sorge ich für meinen alten Vater.
sprechen	mit	+ Dativ	Ich möchte gerne mit Ihnen über Ihr neuestes Buch sprechen.
	über	+ Akkusativ	
sterben	an	+ Dativ	Er starb an einem Gehirntumor.
streiten	mit	+ Dativ	Streitest du auch immer mit deinen Eltern über Politik?
	über	+ Akkusativ	

teilnehmen	an	+ Dativ		Nehmen Sie auch an der Konferenz nächste Woche teil?
telefonieren	mit	+ Dativ		Haben Sie schon mit Frau Özdemir telefoniert?
sich treffen	mit	+ Dativ		Ich treffe mich heute Abend mit meiner Freundin.
	zu	+ Dativ		Nachher treffen wir uns zu einem kurzen Gespräch.
sich trennen	von	+ Dativ		Sie hat sich letztes Jahr von ihrem Mann getrennt.
sich überzeugen	von	+ Dativ		Überzeugen Sie sich selbst von der Qualität des Produkts!
sich unterhalten	mit	+ Dativ		Mit dir unterhalte ich mich gerne über Kunst.
	über	+ Akkusativ		
sich unterscheiden	von	+ Dativ		Das Leben auf dem Land unterscheidet sich sehr vom Leben in der Stadt.
sich verabreden	mit	+ Dativ		Heute Abend bin ich mit einem Kollegen verabredet.
sich verabschieden	von	+ Dativ		Wir müssen uns jetzt von Ihnen verabschieden, es ist schon spät!
vergessen	auf	+ Akkusativ		Ich habe auf seinen Geburtstag vergessen. (österreich. Standard)
vergleichen	mit	+ Dativ		Vergleichen wir einmal den Akkusativ mit dem Dativ.
sich verlassen	auf	+ Akkusativ		Ich verlasse mich auf Ihren Rat!
sich verlieben	in	+ Akkusativ		Der Frosch verliebte sich in eine Prinzessin.
sich verstehen	mit	+ Dativ		Ich verstehe mich gut mit meinen Kollegen.
verstehen	von	+ Dativ		Er ist Computerexperte, aber er versteht auch viel von Kunst.
sich etwas vorstellen	unter	+ Dativ		Kannst du dir etwas unter dem Begriff „Dekonstruktion" vorstellen?
sich vorbereiten	auf	+ Akkusativ		Bereiten wir uns gemeinsam auf die Prüfung vor?
warnen	vor	+ Dativ		Er hat mich vor dieser gefährlichen Gegend gewarnt.
warten	auf	+ Akkusativ		Wartet bitte auf mich, ich komme gleich!
werden	zu	+ Dativ		Er ist zu einem richtigen Computerexperten geworden.
wissen	von	+ Dativ		„Ich weiß nichts von einer Krise", sagte der Präsident.
sich wundern	über	+ Akkusativ		Sie wundern sich über das gute U-Bahnsystem in Hamburg.
zuschauen	bei	+ Dativ		Sie schaut ihm beim Zeichnen zu.
zusehen	bei	+ Dativ		Er sieht ihr beim Fußballspielen zu.
zweifeln	an	+ Dativ		Ehrlich gesagt, zweifle ich an ihrer Version der Geschichte.

Adjektive und Substantive mit festen Präpositionen

Hinweis: Oft gibt es entsprechende Substantive und Adjektive mit Präposition. Oft gibt es auch entsprechende Verben, zum Beispiel: *die Antwort auf – antworten auf* (siehe Liste von „Verben mit festen Präpositionen"). Die entsprechenden Adjektive, Substantive und Verben können aber verschiedene Präpositionen bei sich haben. Manchmal gibt es auch nur das Adjektiv oder nur das Substantiv.

Adjektive			Substantive		
abhängig von	+	Dativ	die Abhängigkeit von	+	Dativ
			die Angst vor	+	Dativ
			die Antwort auf	+	Akkusativ
ärgerlich über	+	Akkusativ	der Ärger über	+	Akkusativ
arm an	+	Dativ	die Armut an	+	Dativ
aufmerksam auf	+	Akkusativ			
befreundet mit	+	Dativ	die Freundschaft mit	+	Dativ
begeistert von	+	Dativ	die Begeisterung für	+	Akkusativ
begeistert über	+	Akkusativ	die Begeisterung über	+	Akkusativ
behilflich bei	+	Dativ	die Hilfe bei	+	Dativ
bekannt mit	+	Dativ	die Bekanntschaft mit	+	Dativ
beliebt bei	+	Dativ	die Beliebtheit bei	+	Dativ
bereit zu	+	Dativ	die Bereitschaft zu	+	Dativ
berühmt für	+	Akkusativ			
besorgt um	+	Akkusativ	die Sorge um	+	Akkusativ
blass vor	+	Dativ			
böse zu	+	Dativ			
dankbar für	+	Akkusativ	die Dankbarkeit für	+	Akkusativ
eifersüchtig auf	+	Akkusativ	die Eifersucht auf	+	Akkusativ
einverstanden mit	+	Dativ	das Einverständnis mit	+	Dativ
entschlossen zu	+	Dativ	die Entschlossenheit zu	+	Dativ
fähig zu	+	Dativ	die Fähigkeit zu	+	Dativ
fertig mit	+	Dativ			
frei von	+	Dativ	die Freiheit von	+	Dativ
			die Freude an	+	Dativ
			die Freude auf	+	Akkusativ
			die Freude über	+	Akkusativ
freundlich zu	+	Dativ	die Freundlichkeit gegenüber	+	Dativ
froh über	+	Akkusativ			
geeignet für	+	Akkusativ	die Eignung für	+	Akkusativ
geeignet zu	+	Dativ	die Eignung zu	+	Dativ
genug für	+	Akkusativ			
gespannt auf	+	Akkusativ			
gleichgültig gegenüber	+	Dativ	die Gleichgültigkeit gegenüber	+	Dativ
glücklich über	+	Akkusativ			
			die Hoffnung auf	+	Akkusativ
höflich zu	+	Dativ	die Höflichkeit zu	+	Dativ
leicht für	+	Akkusativ			

lieb zu	+	Dativ		die Liebe zu	+	Dativ
				die Lust auf	+	Akkusativ
misstrauisch gegenüber	+	Dativ		das Misstrauen gegenüber	+	Dativ
neidisch auf	+	Akkusativ		der Neid auf	+	Akkusativ
nett zu	+	Dativ		die Nettigkeit gegenüber	+	Dativ
neugierig auf	+	Akkusativ		die Neugier auf	+	Akkusativ
nützlich für	+	Akkusativ		der Nutzen für	+	Akkusativ
reich an	+	Dativ		der Reichtum an	+	Dativ
schädlich für	+	Akkusativ		die Schädlichkeit für	+	Akkusativ
schuld an	+	Dativ		die Schuld an	+	Dativ
schwierig für	+	Akkusativ		die Schwierigkeit für	+	Akkusativ
sicher vor	+	Dativ		die Sicherheit vor	+	Dativ
stolz auf	+	Akkusativ		der Stolz auf	+	Akkusativ
traurig über	+	Akkusativ		die Trauer über	+	Akkusativ
typisch für	+	Akkusativ				
überzeugt von	+	Dativ				
				der Unterschied zwischen	+	Dativ
verheiratet mit	+	Dativ		die Heirat mit	+	Dativ
verlobt mit	+	Dativ		die Verlobung mit	+	Dativ
verschieden von	+	Dativ				
verwandt mit	+	Dativ		die Verwandtschaft mit	+	Dativ
voll von	+	Dativ				
wütend auf	+	Akkusativ		die Wut auf	+	Akkusativ
wütend über	+	Akkusativ		die Wut über	+	Akkusativ
zufrieden mit	+	Dativ		die Zufriedenheit mit	+	Dativ
zuständig für	+	Akkusativ		die Zuständigkeit für	+	Akkusativ

Verben mit „zu" + Infinitiv

Hinweis: Vor die Infinitiv-Konstruktion kann man ein Komma setzen. Manchmal wird der Sinn dadurch deutlicher:
Klara bot ihm an(,) ihn nach Hause zu bringen.

Gruppe 1: <u>Subjekt</u> = Handelnder in der Infinitiv-Konstruktion:
<u>Er</u> bietet mir an: <u>Er</u> will mir helfen. → Er bietet mir an, mir zu helfen.

anbieten	Er bietet mir an, mir bei der Arbeit zu helfen.
anfangen	Fangen Sie bitte an zu lesen!
aufhören	Es hört auf zu regnen.
beabsichtigen	Die Regierung beabsichtigt die Steuern zu erhöhen.
beginnen	Er beginnt zu arbeiten.
sich bemühen	Bemüht euch bitte leise zu sein – meine Mutter schläft!
beschließen	Lukas beschloss sie gleich anzurufen.
denken an	Denk daran, die Kassette mitzubringen.
sich entschließen	Paul hat sich entschlossen den Beruf zu wechseln.
sich freuen (auf)	Wir freuen uns (darauf), Sie bald wiederzusehen.
fürchten	Viele Menschen fürchten arbeitslos zu werden.
sich gewöhnen an	Ich habe mich daran gewöhnt, immer einen Regenschirm mitzunehmen.
gelingen	Hoffentlich gelingt es der Polizei, die Einbrecher zu verhaften.
glauben	Der Forscher glaubt das Problem bald lösen zu können.
hoffen	Wir hoffen Sie bald wiederzusehen.
meinen	Er meint immer im Recht zu sein.
planen	Jakob und Anna planen im Mai zu heiraten.
scheinen	Ich rede und rede – aber er scheint nichts zu verstehen.
vergessen	Ich habe vergessen mein Fahrrad abzuschließen.
sich verlassen auf	Ich verlasse mich darauf, das Geld zurückzubekommen.
versprechen	Herr Deckert hat versprochen das morgen zu machen.
versuchen	Ich versuche Sie morgen anzurufen.
vorhaben	Marion und Peter haben vor, im nächsten Monat umzuziehen.
sich weigern	Der Angeklagte weigert sich die Namen seiner Komplizen zu nennen.

Gruppe 2: <u>Objekt</u> = Handelnder in der Infinitivkonstruktion:
Die Opposition fordert <u>die Regierung</u> auf: <u>Die Regierung</u> soll zurücktreten. → Die Opposition fordert die Regierung auf zurückzutreten.

anbieten	Er bot mir an, bei ihm mitzuarbeiten.
auffordern (zu)	Die Opposition forderte die Regierung (dazu) auf zurückzutreten.
befehlen	Mein Chef kann mir nicht befehlen noch länger hierzubleiben.
bitten	Darf ich Sie bitten mir kurz zu helfen?
bringen zu	Meine Freundin hat mich dazu gebracht, nicht mehr zu rauchen.
einladen	Wir würden Sie gerne einladen, Weihnachten bei uns zu verbringen.
empfehlen	Die Lehrerin empfahl ihren Schülern mit Musik zu lernen.
erinnern (an)	Bitte erinnere mich (daran), die Tabletten zu nehmen!
erlauben	Seine Eltern erlauben ihm nicht, viel fernzusehen.
ermöglichen	Sein Vater ermöglichte ihm, ein Jahr in den USA zu studieren.
helfen	Vielleicht kann ich dir helfen einen Job zu finden.
hindern an	Ich konnte ihn gerade noch daran hindern, ihr alles zu erzählen.
leicht fallen	Es fällt ihm leicht, schwierige mathematische Aufgaben zu lösen.
raten	Mein Arzt hat mir geraten mehr Sport zu treiben.
schwer fallen	Heute fällt es mir sehr schwer, mich zu konzentrieren.
überreden (zu)	Meine Kinder haben mich (dazu) überredet, ihnen ein Eis zu kaufen.
verbieten	Niemand kann mir verbieten dich zu treffen!
warnen vor	Ich warne dich davor, ihr alles zu glauben.

Adjektive und Partizipien mit „zu" + Infinitiv

bereit (zu)	Sind Sie (dazu) bereit, jetzt mit der Aufgabe anzufangen?
entschlossen (zu)	Ich bin fest (dazu) entschlossen, das heute noch fertig zu machen.
erlaubt / verboten	Es ist hier erlaubt / verboten, Fußball zu spielen.
erfreut (über)	Moritz war sehr erfreut (darüber), sie zu treffen.
erstaunt	Ich bin erstaunt Sie hier zu sehen!
gesund / ungesund	Es ist gesund / ungesund, ins Fitness-Studio zu gehen.
gewohnt	Ich bin es gewohnt, viel zu arbeiten.
gut / schlecht	Sie findet es gut / schlecht, sich über private Dinge zu unterhalten.
höflich / unhöflich	Es ist höflich / unhöflich, 15 Minuten zu früh zu kommen.
interessant / uninteressant	Es ist interessant / uninteressant, sich Reise-Dias anzuschauen.
leicht / schwer	Ich finde es leicht / schwer, diesen Text zu verstehen.
nötig / unnötig	Ich finde es nötig / unnötig, hier mal aufzuräumen.
praktisch / unpraktisch	Anna findet es praktisch / unpraktisch, mit dem Fahrrad einzukaufen.
stolz (auf)	Sie ist stolz (darauf), so eine gute Note bekommen zu haben.
richtig / falsch	Wir finden es richtig / falsch, sehr kritisch zu sein.
überzeugt (von)	Die Firma ist überzeugt (davon), den besten Service zu bieten.
wichtig / unwichtig	Es ist wichtig / unwichtig für sie, eine gute Note zu bekommen.

Substantive mit „zu" + Infinitiv

die Absicht	Herr Gammel hat die Absicht, für längere Zeit zu verreisen.
die Angst (vor)	Wir haben Angst (davor), die Geduld zu verlieren.
die Freude	Es ist mir eine große Freude, Sie bei uns begrüßen zu können.
die Gelegenheit	Gibt es eine Gelegenheit, kurz mit Ihnen zu sprechen?
der Grund (für)	Es gibt keinen Grund (dafür), jetzt schon aufzuhören.
die Lust	Ich habe Lust etwas spazieren zu gehen.
die Möglichkeit	Auf dem Rückflug haben Sie die Möglichkeit zollfrei einzukaufen.
die Mühe	Es macht mir große Mühe, alles unter Kontrolle zu behalten.
das Problem	Ich hatte kein Problem, mich mit allem zurechtzufinden.
die Schwierigkeiten (Plural)	Haben Sie Schwierigkeiten, den Text zu verstehen?
der Spaß	Es macht mir Spaß, darüber nachzudenken.
die Zeit	Es ist jetzt Zeit, nach Hause zu gehen.

Präpositionen und Kasus

ab	+ Dativ	Ab nächster Woche soll das Wetter besser werden.
an	+ Akkusativ	Er hat einen Brief an seine Mutter geschrieben.
	+ Dativ	Jeden Morgen warten viele Menschen an der Bushaltestelle.
(an)statt	+ Genitiv	Kauf doch einen Strauß Blumen statt der Süßigkeiten!
auf	+ Akkusativ	Leg die Schlüssel einfach auf den Tisch!
	+ Dativ	Auf dem Bett sitzt eine Katze.
aufgrund	+ Genitiv	Aufgrund des Fußballspiels kommt es überall zu Verkehrsstaus.
aus	+ Dativ	Ich hole schnell den Käse aus dem Kühlschrank.
außer	+ Dativ	Außer deiner Kreditkarte musst du nichts mitnehmen.
außerhalb	+ Genitiv	Unsere Wohnung liegt außerhalb des Dorfes.
bei	+ Dativ	Ich bin bei einer Freundin gewesen.
bis	+ Akkusativ	Wir bleiben bis nächsten Montag in Frankfurt.
bis	+ andere Präposition	Ich fahre bis zum Zentrum. Der Weg geht bis an den See.
durch	+ Akkusativ	Wir mussten sehr lange durch den Wald laufen.
entlang	+ Akkusativ	Er geht die Straße entlang. (Position nach dem Substantiv)
	+ Genitiv	Entlang des Baches stehen hohe Bäume. (Position vor dem Substantiv)
für	+ Akkusativ	Ich habe eine Überraschung für dich.
gegen	+ Akkusativ	Wir sind gegen diesen Beschluss.
gegenüber	+ Dativ	Das Postamt befindet sich gegenüber der Kirche.
		Der Mann stand genau mir gegenüber. (nach dem Personalpronomen)
hinter	+ Akkusativ	Die Maus lief hinter den Schrank.
	+ Dativ	Hinter dem Haus ist der Garten.
in	+ Akkusativ	Ich lege meine Kleider in den Koffer.
	+ Dativ	In unserem Haus wohnen mehrere Familien.
innerhalb	+ Genitiv	Innerhalb weniger Tage wirst du wieder gesund sein.
mit	+ Dativ	Ich gehe heute mit meiner Kollegin ins Kino.
nach	+ Dativ	Nach dem Mittagessen wollen wir einen Ausflug machen.
neben	+ Akkusativ	Im Zug setzte sich ein unsympathischer Mann neben mich.
	+ Dativ	Unser Klavier steht neben dem Fenster.
ohne	+ Akkusativ	Ohne deine Hilfe hätte ich das nie geschafft.
seit	+ Dativ	Seit meinem Urlaub bin ich erkältet.
trotz	+ Genitiv	Trotz meiner Erkältung bin ich heute zur Arbeit gegangen.
	+ Dativ	Trotz meinem Husten gehe ich in die Arbeit.
über	+ Akkusativ	Geh bitte vorsichtig über die Straße!
	+ Dativ	Die neue Lampe hängt über dem Sofa.
um	+ Akkusativ	Du musst dir keine Sorgen um uns machen.
unter	+ Akkusativ	Komm doch zu mir unter den Regenschirm!
	+ Dativ	Ich lag unter dem Baum und schaute in den Himmel.
von	+ Dativ	Dieses Buch habe ich von einem Freund geliehen.
vor	+ Akkusativ	Er hat ihr einen Blumenstrauß vor die Tür gelegt.
	+ Dativ	Wir treffen uns heute Abend vor dem Theater.
während	+ Genitiv	Während meines Studiums habe ich viele Leute kennen gelernt.
wegen	+ Genitiv	Wegen ihrer Krankheit musste sie heute zu Hause bleiben.
	+ Dativ	Wegen dir konnte ich nicht ins Kino gehen! (*vor allem bei Personalpronomen*)
zu	+ Dativ	Er fährt morgen zu seinem Bruder nach Berlin.
zwischen	+ Akkusativ	Hängen wir das Bild zwischen den Schrank und das Regal?
	+ Dativ	Siehst du das kleine Haus zwischen den beiden Geschäften?

Die Zahlen beziehen sich auf die Kapitel.